U0878596

表里山河

十五讲

李广洁 · 主编

山西出版传媒集团
山西科学技术出版社
· 太原 ·

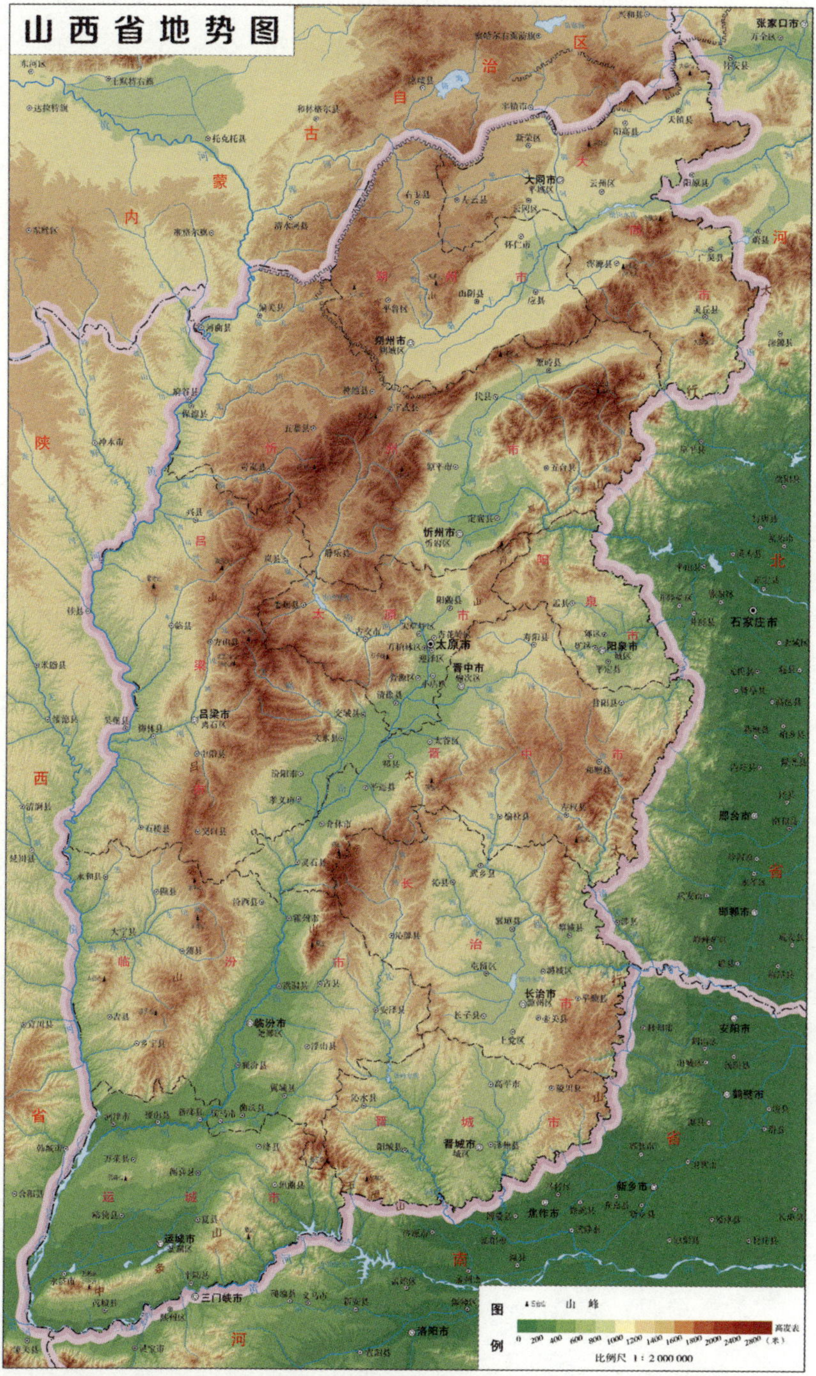

审图号：晋S（2021）005号 山西省自然资源厅 监制

序　从地理视角看山西丰富多彩的历史文化

山西的地理形势被古人概括为“表里山河”。山西以大河、大山与四邻为界，这一情形从“河东”“山西”的区域概念形成以来基本没有什么大变化。

黄河为襟带，在西和南成为山西与陕西、河南的界河；太行为屏障，在东和南构成山西与河北、河南的界山；阴山、大漠为险阻，在北边形成与内蒙古的分界。省境以内，吕梁山、太岳山、恒山、汾河、桑干河、滹沱河、漳河、沁河等山重水复。从军事地理的视角来看，山环水绕，表里山河，形成了山西天然的护卫体系。从全国地理形势来看，山西就是紧靠中原地区的一座巨大城堡。

“表里山河”一词出自《左传·僖公二十八年》。晋楚城濮之战前夕，晋文公对是否与强大的楚军作战有些犹豫，大臣子犯对晋文公说：“战也。战而捷，必得诸侯。若其不捷，表里山河，必无害也。”子犯向晋文公分析当时的形势：如果晋国一战而胜，遏制楚国对中原地区的进攻，将会得到各诸侯国的拥护；即便作战失利，晋国具有表里山河的自然屏障——在外围有太行山为屏、有黄河护卫，在国境内也是山重水复，可层层设防，足以阻挡楚国的进攻，不必有什么顾虑。“表里山河”一词，是古人对春秋初期晋国立足山西南部的地理形势的概括，但用“表里山河”来概括后来几千年的山西地理形势也是十分恰当的。“表里山河”的概念在历史上被学者们高度认同。唐代柳宗元的《晋问》有云“晋之山河，表里而险固”；元代郝经的《河东罪言》有云“夫河东，表里山河，形胜之区”；明末顾炎武的《肇域志》有云“临谷起堑，因山为障。带二水之双流，据百岭之重阻。左恒山，右大河，南孟门，北云中，四塞之国”。清初顾祖禹的《读史方舆纪要》有云“山西之形势，最为完固”。

“表里山河”是山西的地理特征，本书以“表里山河”为主线，以“史地结合、时空交织”为原则，选择了 15 个专题论述山西的历史地理，侧重从地理视角论述山西丰富多彩的历史文化。

在中国古代历史上，从西安至开封的一千里间，堪称中国古代的“王都线”，秦汉以后、元代以前大一统王朝的都城在这条横线上东西移动。山西的地理区位正好处在这条“王都线”以北。山重水复、南北纵长的山西高原在较长时期成为屏护华夏文明成长的天然堡垒。《表里山河：山西在中国历史上的战略地位》一讲主要论述山西特殊的地理形势在数千年历史上重要的战略地位。

在中国旧石器时代文化序列中，山西地区从旧石器时代初期240多万年前的芮城西侯度文化，到旧石器时代中期10多万年前的襄汾丁村文化，到旧石器时代晚期（3万年前—1万年前）的朔州峙峪文化、沁水下川文化、吉县柿子滩文化，直到距今4000年前后的陶寺文化、东下冯文化，每个阶段都有代表性的文化，成为全国为数不多的从旧石器文化到夏商文化环环相扣的区域。《文明源流：从西侯度到东下冯》一讲主要论述山西地区史前文明的分布与发展。

在上古时期，谁控制了河东盐池，谁就拥有了成为各部族间共同领袖的“资格证”。黄帝在涿鹿之战中战胜了蚩尤，牢牢控制了河东盐池，把握了中原地区的食盐命脉，最终成为各部族的首领。中外历史学家认为，作为内陆产盐之地的河东盐池，对中原地区的古文明发展起到特别重要的作用。《南风之薰：河东盐池的历史地理价值》一讲论述河东盐池在中国古代文明发展史上的重要作用。

春秋时期，晋国的霸业史也是一部晋国的疆域开拓史。春秋前期的历代晋君不断兼并小国，为日后对外争霸奠定了基础。晋文公即位后实施东进战略，晋国打破“表里山河”的束缚，进入中原“尊王攘夷”，这也是晋国霸业长期维持的地缘因素。此外，晋国兼并了戎狄部族的大量土地，这些部族迅速融入晋国并成为其对外争霸的重要力量。《山川环绕：特殊的地理形势与晋国的霸业之路》一讲论述地理形势对晋国疆域的拓展作用。

秦汉以来，在中原王朝对北方游牧势力的防御中，太行山的战略作用十分明显。不论中原王朝的政治中心是在关中、河洛，还是在北京，都有赖于山西强有力的拱卫。山西在数千年历史上对历朝首都的拱卫作用，与山西居高临下、地处太行山上游，与历代都城呈肩背之势有极大的关系。《天下之脊：太行山对山西战略地位的提升》一讲论述太行山对山西战略地位的提升作用。

雁门关和连绵的内长城因为地处高大的恒山之上而成为地理景观上的南北分界。以关塞作为地理景观南北分界的标识，这在历史上是很少见的。雁门关不仅是地理标识，而且在文化上有象征意义，在军事上有重要的战略地位。《屏障南北：雁门关的地理意义与历史文化象征》一讲主要论述以雁门关为代表的山西关塞文化，长城不再作为一讲单独列出。

山西南北纵长，长达600多千米，处于农牧过渡带。由于山西毗邻蒙古草原，山西北部成为北方游牧民族南迁的第一站。匈奴、鲜卑、乌桓、羯、氐、羌、高车、突厥、契丹、沙陀、女真、蒙古等游牧民族曾经先后大量入居山西，有不少游牧民族在山西建立政权。“表里山河”的山西是古代各民族的竞技场和融合的大舞台。《南北交融：山西民族史的高光时刻》一讲主要论述山西在民族交融史上的重要地位。

因为山西地处农牧过渡带，每当北方游牧民族南犯中原时，大量的游牧民族入居山西，与之相应的是大量的汉民族向南迁移。

西晋末年、北宋末年的北人南迁首先从山西开始，明代初年的山西移民更是影响深远。移民问题是山西历史上具有全国意义的话题，《走向天下：山西古代移民的地理背景与特点》一讲主要论述山西古代的移民问题。

黄河是山西与陕西、河南的天然界河，山西文化是黄河文明的重要组成部分。一方水土养一方人，一方水土哺育一方文化。山西境内山重水复，以汾河、桑干河、滹沱河、漳河、沁河等几大河流为中心，在山西境内形成了几个特色鲜明的文化亚区，《一方水土：山西的水系与区域文化》一讲主要从区域地理角度论述山西境内几个文化亚区的形成与区域特征，黄河文化不作为一讲单独列出。

石窟寺是我国极具代表性的重要文化遗存。它集造像、壁画、建筑于一体，艺术形象美轮美奂，除了重要的历史文化价值，对于反映中华文化特征、中外文明交流、民族融合具有重要意义。山西的石窟寺遗存丰富，共有石窟寺（含摩崖造像）481 处，其中石窟寺 278 处、摩崖造像 203 处。《石破天惊：山西石窟寺的分布与艺术价值》一讲主要论述山西石窟寺的地域分布及艺术价值。

中华文明源远流长，但大多数文明的成果都是通过历史文献的记载才流传下来，极少数的文明成果通过考古发掘得以再现。遗存下来的古代建筑无疑是后世的人们直观感受古代文明的最好载体，但我国古代的建筑多为土木结构，经过历史上的战争、自然灾害等劫难，大多数古代建筑已经荡然无存。幸运的是，在山西的山川之间遗存了数量可观的古代建筑珍品。全国遗存的唐代到元代的600多座古建筑中，有82%在山西境内。“表里山河”的山西是保存华夏文明成果的存储器，《土木华章：山西唐至元木构建筑区域分布及结构特征》一讲主要从地理视角论述山西的古建筑遗存。

五台山既有“山顶平坦如台”的独特地理景观，又拥有东亚乃至世界现存最庞大的佛教古建筑群，珠联璧合地将自然地貌和佛教文化融为一体，典型地将对佛的崇奉凝结在对自然山体的崇拜之中。又因为五台山靠近历代王朝的都城，历代皇室都对五台山的佛教发展予以重视，五台山成为持续1600余年的佛教文殊信仰中心。《五台圣境：山西走向世界的一张文化名片》一讲主要从地理角度论述五台山佛教文化的发展。

山西地区是元杂剧创作和演出的四大活动中心之一。元代山西杂剧的繁荣与山西地区独特的地域文化有着密切的关系：靠近开封的地理区位为晋南地区从宋代以来戏剧的繁荣提供了得天独厚的先天条件；长期的民族交融形成的相对开放、宽松的文化环境为晋南地区的戏剧繁荣提供了必要条件。《歌舞千年：山西戏剧独领风骚的历史地理环境》一讲主要论述山西元杂剧在全国的重要引领作用。

明朝政府为了解决长城沿线驻军的军粮运输问题，实施“开中法”，军队守边，商人供饷，以盐为中介，故曰开中。把食盐的专卖权授给商人，条件是由商人承担运粮任务，由此就产生了不少粮商、盐商。山西紧邻蒙古草原，又是传统的产盐地。在这样的背景下，晋商应运而起，很快就在南北贸易中占有重要地位。《晋通天下：晋商兴起的地理背景与历史贡献》一讲主要论述明清时期晋商兴起的地理背景与晋商在多方面的历史贡献。

抗日战争时期，“表里山河”的山西成为中国共产党领导的敌后抗日主战场，八路军和太行、吕梁人民为抗日战争的胜利，进行了艰苦卓绝的斗争，付出了巨大牺牲，孕育了伟大的太行精神、吕梁精神，是中国共产党人精神谱系的重要组成部分。《中流砥柱：山西在抗日战争中的地位和作用》一讲论述山西在抗日战争时期的巨大作用，太行精神、吕梁精神不作为单独的一讲列出。

“表里山河”的山西不仅在中国古代历史上发挥了重要的作用，而且对当代中国的经济发展也做出了巨大贡献。煤炭是现代工业的“粮食”，因为拥有巨大的煤炭储量，在中华人民共和国成立后，山西成为全国的能源基地。山西的煤炭产量占全国总产量的 1/4 以上，其中 70% 外运至全国 2/3 以上的省份。“表里山河”的山西，在当下的中国经济发展中承担了“驱动器”的作用。

山西是华夏文明的发祥地之一，山西是古代各民族的竞技场和民族交融的舞台，山西是中华文明成果的存储器，山西是拱卫历代王朝都城的军事堡垒，山西是全国抗日战争的中流砥柱，山西是中外文化交流成果的主要呈现地，山西是中国戏剧文化史上长盛不衰的常青藤，山西是中国古代商业文明的集大成之地，山西是当代中国经济发展的驱动器。

全方位了解山西，从阅读《表里山河十五讲》开始。

目录

第一讲　表里山河：山西在中国历史上的战略地位

李广洁

在中国古代历史上，山西地区是唯一的既“近畿”又“临边”的区域。山西地处北方游牧区与中原农耕区的过渡带，南北纵长的山西使中原王朝拥有了足够的战略纵深；高大连绵的恒山山系横亘在山西北部，使中原王朝拥有了天然的战略屏障；军事重镇太原距离河北平原只有 200 千米，对从河北平原南下的敌人形成强大的战略威慑；山西南部的河东、上党对古都所在的关中、河洛地区形成有力的战略拱卫。特殊的地理区位，使山西对国家兼具战略纵深、战略屏障、战略威慑、战略拱卫四大功能，从而在数千年的历史上有着极其重要的战略地位。

一、先秦时期：山西南部是天下的战略枢纽

远在商周之际，山西南部的河东、上党已经显示出重要的战略地位。商朝中期的都城安阳、后期的都城“朝歌（今河南省淇县）都地处古代的“河内之地”，河内与上党分布在太行山东西两侧。为了拱卫首都，商朝在太行山之西的上党台地建立了重要的属国黎国（今山西省黎城县）。因为黎国距离安阳、朝歌很近，直线距离在百里左右，是商朝的王都近畿。周人欲灭商，先控制河东地区，再从朝歌的西北屏障上党台地入手。《尚书·西伯戡黎》：“西伯既戡黎，祖伊恐，奔告于王。”周人征伐黎国，目的是控制上党台地，对商朝的王畿形成威慑。周人通过“戡黎”行动控制了上党台地和太行山通道，拉开了灭商的序幕。

西周时期，都城在关中地区的镐京（今陕西西安市）。河东地区与关中一河之隔，对都城有拱卫作用。这里又是周人先祖生活的故地。周王在河东分封了晋国等大量的同姓诸侯国，在关中的东部拱卫王室。西周末年，政局动荡，王室的危机已经无法避免，《国语》记载了郑桓公与史伯的一段对话，预测周室衰落后的政局走向。史伯分析说，晋国地处形势险要之地，周边都是小国，如果修行德政，就可以强盛起来。几年后镐京被犬戎攻陷，晋文侯西赴关

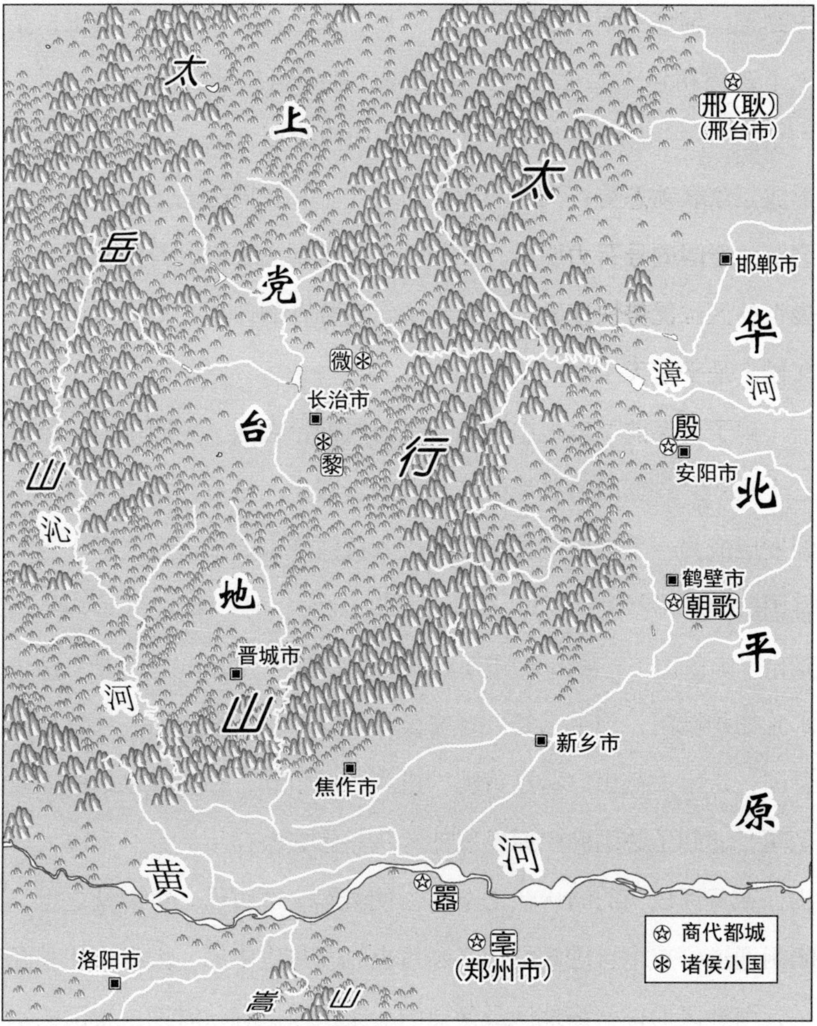
太
上
太
邢(耿)
(邢台市)
岳
党
邯郸市
华
微
漳
河
长治市
殷
台
黎
行
安阳市
北
山
沁
鹤壁市
地
朝歌
平
晋城市
河
山
新乡市
焦作市
原
河
黄
嚣
亳
(郑州市)
商代都城
诸侯小国
洛阳市
嵩
山

1.1 黎国与商代都城

中勤王，辅佐王室东迁洛阳。十年后，又是晋文侯杀死周携王，结束了东周初年“二王并立”的局面。地处河东地区的晋国，因为“居险”——地处关中与河洛之间的山川险要之区，与关中、河洛形成三角联动态势；又因为“邻于小”——在周边弱小诸侯国的环绕下，晋国的号召力明显。在周朝王室遇到危难时，晋国凭借“近畿”的区位优势快速勤王，起到了定海神针的作用，史书上说“晋文侯于是乎定天子”。

到了公元前7世纪中叶的晋献公时期，晋国“并国十七，服国三十八”。占据战略要地河东地区的晋国，大量吞并周边小国，已经发展成为一个地跨黄河东西、进入黄河之南的地区性大国。当时晋国的疆域形势为：“景、霍以为城，而汾、河、涑、浍以为渠。”景山（中条山）、霍山分居南北，像两座城垣，而汾、河、涑、浍诸水犹如护城河，山重水复。晋文公时期，以“表里山河”为依托的晋国，走出太行山，跨过黄河，进入中原争霸，在城濮之战中大败楚军，遏制了楚国向中原发展的势头。晋襄公初年，晋军南出太行山，在黄河以南的崤山伏击秦军，使秦军全军覆没。终春秋之世，崤函通道一直由晋国掌控，秦国再也无力东进中原。太行山轵关陉是晋南地区通往河洛地区最便捷的一条道路。春秋时期，晋国的军队多次耀武于中原，都是从轵关陉出兵。从春秋时期的地缘战略来说，秦国一直想走出函谷关插手中原事务。晋国控制太行山—秦岭走廊，对东出的秦军形成威慑，在战略上一直占据上风，秦军只好退回关中向西发展。晋国向南、向东穿过太行山，越过黄河，把天险山河纳入国境之内。凭借太行山、黄河的屏护，晋国既可以拒敌于国门之外，又可以通过太行山的陉道快速地进军中原，阻击南边的楚国进入中原，迫使东边的齐国无法西进。晋国在春秋时期能够成为一流的军事强国，让周王朝的中原成为晋国控制的中原，号令诸侯，与晋国特殊的地理区位关系很大。

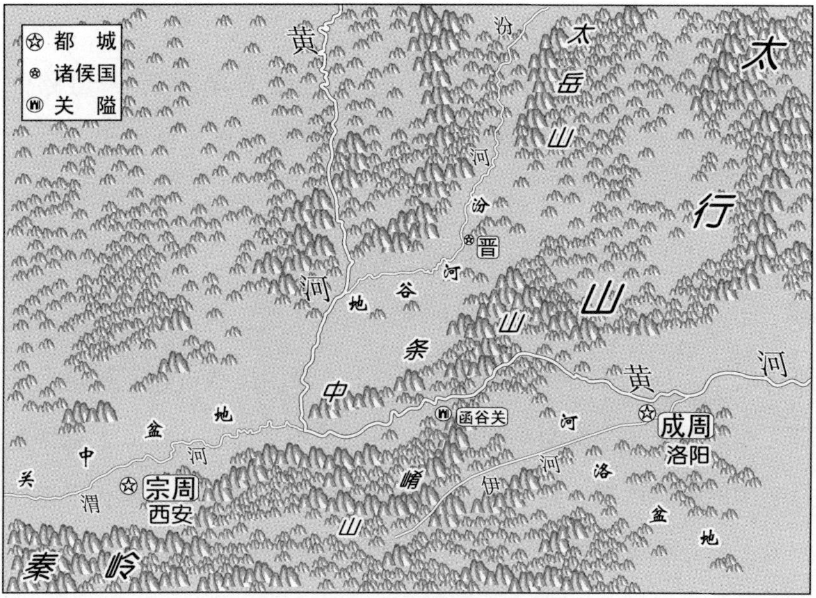

1.2　西周时期晋国形势图

战国前期，魏国以河东地区为基础向西发展，占有秦国的河西地区，恢复了原来晋国对秦国形成的军事态势，充分发挥河东地区的战略进攻作用，将秦国压制在洛水（洛水为渭河的支流，在今陕西大荔县汇入渭河）以西长达80年，使秦国不得与中原交通。后来，魏惠王把发展的方向放在南边，尤其是把都城从安邑南迁到大梁（今河南开封市），明显放弃了战略重地河东，没有继续向西挤压秦国的生存空间，使得秦国有了喘息的机会。到了秦惠文王时期，秦国开始谋划收复河西失地。公元前292年，魏国割让河东地区给秦国。秦国控制河东地区，是进军中原的第一步。在关中、河洛、河东三角战略关系中，秦国控制了其中的两个角，完全占据了战略上的主动。秦国以河东地区为向东征伐的前哨，另一个战略价值极高的区域上党台地紧邻河东地区，暴露在秦军的打击之下。20多年后，周赧王四十五年（前270），秦军进攻赵国的军事要地阏与（今山西沁县西南），开始了蚕食上党台地的步伐。控制了上党，向东、向南可以威慑赵都邯郸、魏都大梁、韩都新郑，得上党可得天下。周赧王五十三年（前262），秦国出兵占领了韩国上党郡之南的野王（今河南沁阳市），目的是不战而取上党。上党台地是赵国的命脉所在，赵国不能坐视秦国获取上党，秦、赵长平之战爆发，赵军全军覆没。秦国在长平之战后的次年就由司马梗率兵北上进攻，尽有上党之地。失去了太行山滏口陉的控制权，赵国的太原郡无法与都城邯郸相呼应，处境都十分危险。秦军占领上党后，很快就从河东出兵东出太行山围攻邯郸。没有了太行山之西的上党台地作屏障，邯郸城危在旦夕，要不是魏国、楚国等诸侯国救援，邯郸城就被秦军攻破了。后来，秦军在前 247 年、前 236 年又两次出兵上党。秦军完全控制了上党郡、太原郡之后，赵都邯郸孤立无援，落入秦国之手已经毫无悬念了。秦国自孝公以后，穷六世之力而攻占三晋的河东、上党、太原地区，这一过程虽然艰难，却十分必要。从秦国兼并六国的过程来看，公元前 292 年秦国得到魏国的河东地区是其兼并战争的开始点；公元前 260 年秦赵为争夺上党爆发的长平之战是其兼并战争的转折点；公元前 229 年秦军大将王翦从太原东出太行山灭赵是其兼并战争的加速点。秦国的兼并战争，是从逐步控制河东地区、上党地区、太原地区开始的，这一过程用了 60 多年，而最后阶段消灭六国的战争仅用了 10 年，充分说明河东、上党、太原在战国时期重要的战略地位。

二、汉魏晋北朝时期：山西之得失关乎王朝之兴亡

公元前 205 年，楚汉相争时，刘邦在彭城之战中大败，原来归降刘邦的魏王豹在河东地区对抗刘邦。刘邦派韩信平定河东，然后从河东进军上党，在军事要地阏与生擒代相夏说，接着从阏与北上，从井陉道东出太行，在井陉之战中消灭割据河北的赵王歇，控制了河北平原。韩信在河东、上党等地的军事行动轨迹，和战国末年秦国控制河东、进攻上党、东出太行山几乎一样，说明了山西地区在争霸天下的战争中具有举足轻重的地位。

西汉初，汉高祖刘邦率数十万人马北伐匈奴，兵败于平城附近的白登山。白登之战后，汉对匈奴采取和亲之策，这一国策持续时间近70年。到了汉文帝晚年，匈奴又开始不断地南下骚扰。汉朝派大将驻防北边的句注塞、飞狐口以备匈奴。恒山以北是汉王朝防御匈奴的重点区域。函谷关和崤山以及秦晋之间的黄河，自古是划分关中、关外的地理参照。西汉前期，关中地区是朝廷直接控制的核心区域，关外地区为诸王的封国所在。为了首都的安全，“诸关用传出入”，没有特别的通行证，关外的人员是不能轻易入关的。汉武帝时期，为了扩大朝廷直接控制的区域，在元鼎年间施行了“广关”之举，将函谷关东移到洛阳附近的新安县，在北边“以常山为阻”。常山即太行山支脉恒山，“关东”的界线由原来的黄河一线东移到太行山一线。从汉武帝“广关”之后，“关东”是指新函谷关——太行山以东，太行山从此成为中国东部与西部的分界线，整个山西高原都进入“大关中”的范围，战略地位变得越来越重要。

东汉初，建武元年（25）正月，刘秀派大将邓禹率军由轵关陉北上，通过河东之战大破王匡军，平定了河东。河东平定之后，邓禹又率大军于汾阴渡口（今山西万荣县西庙前渡）渡河，进入夏阳（今陕西韩城），开始平定关中。邓禹首先平定河东，为刘秀定都洛阳建立起北部屏障，也为大军西渡黄河奠定了军事基础，河东地区的重要战略作用在改朝换代之际再次体现出来。

东汉末年，建安十年（205），并州刺史高干反叛，占据了上党郡，对曹操的大本营邺城（今河北临漳县）形成威胁。曹操进军上党，大败高干，保障了邺城的安全。上党台地对河北平原重要城市的拱卫作用，从商代末年、战国晚期以来又一次凸显。对于河东地区，曹操更为重视，认为这里是“吾股肱郡，充实之所，足以制天下”。曹操委派能臣治理河东，依靠河东地区充足的后勤供应，平定了关中。当历代王朝在关中定都时，进军河东是其平定中原的首要军事部署；当在河洛定都时，进军河东是其平定关中的必要军事部署。

“胡马南徙”始于东汉初年。经过 270 多年的时间，中原王朝的战略防御区域南移了约 500 千米，基本上都在太行山以西的并州诸郡南移。从东汉初年到西晋末年的历史发展轨迹看，中原王朝在并州诸郡的民族容纳政策有失误，导致了军事防御区域的不断南缩，从另一方面说明了并州地区在南北民族对峙时期具有重要的战略作用，西晋失去并州诸郡，最终带来的是汉民族的大规模南迁。在西晋末年，当南匈奴控制了平阳一带，继而控制了河东之后，数年之内向南攻陷洛阳、向西攻陷长安，西晋灭亡。西晋“失河东而失天下”，河东的战略地位可见一斑。

汉代以来，处于临边之地的太原和塞北地区，成长了大批擅长骑射的强悍骑兵，被称为“并州游侠儿”，与幽州突骑、凉州大马并称三大骑兵劲旅。曹植的《白马篇》云：“白马饰金羁，连翩西北驰。借问谁家子，幽并游侠儿”。“羽檄从北来，厉马登高堤。

长驱蹈匈奴，左顾凌鲜卑。弃身锋刃端，性命安可怀？父母且不顾，何言子与妻！名编壮士籍，不得中顾私。捐躯赴国难，视死忽如归！”诗中生动呈现了“并州游侠儿”与匈奴、鲜卑军队作战时视死如归的豪侠气概。并州骑兵在三国时期成为一支重要的军事力量，名将张辽就是出身“并州游侠儿”的佼佼者。

十六国时期，北方黄河流域常形成关中势力与河北势力的对峙局面，河东为双方的必争之地，谁拥有河东，谁就会占据上风。因为失去河东，关中的长安将危在旦夕，所以当后赵的四万大军进入河东时，前赵皇帝刘曜率精锐之师救援河东；当前燕的大将慕容舆卿从轵关陉进攻河东时，前秦派大将邓羌赴河东迎战。十六国时期，有几个政权都以邺城为都，上党台地成为拱卫首都的重地。洛阳、太原是邺都的外屏，而上党台地的壶关城（今长治市区）是邺都的肘腋，是邺都的第一道防线。太和五年（370），前秦的王猛率领 6 万军队攻克前燕的上党郡治壶关城，上党各县闻风归附。王猛率军在浊漳河谷地击溃前燕的 30 万大军，然后东下太行山攻克邺城，灭掉前燕。太元十九年（394），后燕和西燕为了争正统，在上党地区发生了台壁之战，西燕大败，很快灭亡。这两次战役，都是典型的“失上党而失天下”。占据关中的前秦消灭河北的前燕，和战国末年秦灭六国、北朝末年北周灭北齐一样，都是先控制山西高原。

鲜卑拓跋部趁前秦淝水之战兵败后复国，建立北魏，逐步向南发展，恢复其在塞北地区的故地，平城成为北魏在塞北地区的军事重镇，并在桑干河之南建立大本营。皇始元年（396）八月，魏王拓跋珪率大军40万南下，攻克后燕的晋阳城，然后从晋阳城东出井陉关，进入河北平原，各地的后燕守军望风而逃。北魏占有了原来后燕的大部分地盘，疆土向南、向东拓展了很多，要对新征服的地方进行有效的统治，政治中心远在蒙古草原就显得鞭长莫及。皇始三年（398），北魏迁都平城，恒山以北的塞北地区成为拱卫首都平城的畿辅重地，战略地位空前提高。在北魏迁都洛阳之前的近百年间，塞北地区作为畿辅重地得到重点开发。北魏以塞北的军事力量控制太行山以东的河北平原，为此专门修建了从平城通往河北平原的“灵丘道”。北魏击垮后燕后，关中的后秦与北魏形成对峙之势，河东又成为必争之地，双方最终在柴壁（今襄汾县柴庄）决战，后秦大败，国势日衰，因为蒲州未失，后秦才得以在长安苟延残喘。后秦被东晋消灭后不久，夏国一度控制了关中、河东，北魏统一北方，先拿下河东，长安很快易手，西北割据势力望风归附，此可谓“得河东而得天下”。

北魏末年，在镇压北方地区各族起义的过程中，世居塞北地区北秀荣川的尔朱荣势力开始崛起，塞北武人集团控制军事重镇晋阳城，对洛阳的北魏朝廷构成威胁。后来高欢以晋阳城为大本营遥控洛阳朝政，完全是尔朱荣坐镇晋阳城的翻版，导致北魏分裂为东魏、西魏。作为东魏政权的实际操控者，高欢长期居住在晋阳城遥控太行山之东的邺城。东魏与西魏的对峙、北齐与北周的对峙，实际上是长安、晋阳两大军事重镇的对峙。从尔朱荣在北魏末年坐镇晋阳城遥控朝政开始，到北齐灭亡的50多年间，晋阳城的战略地位得

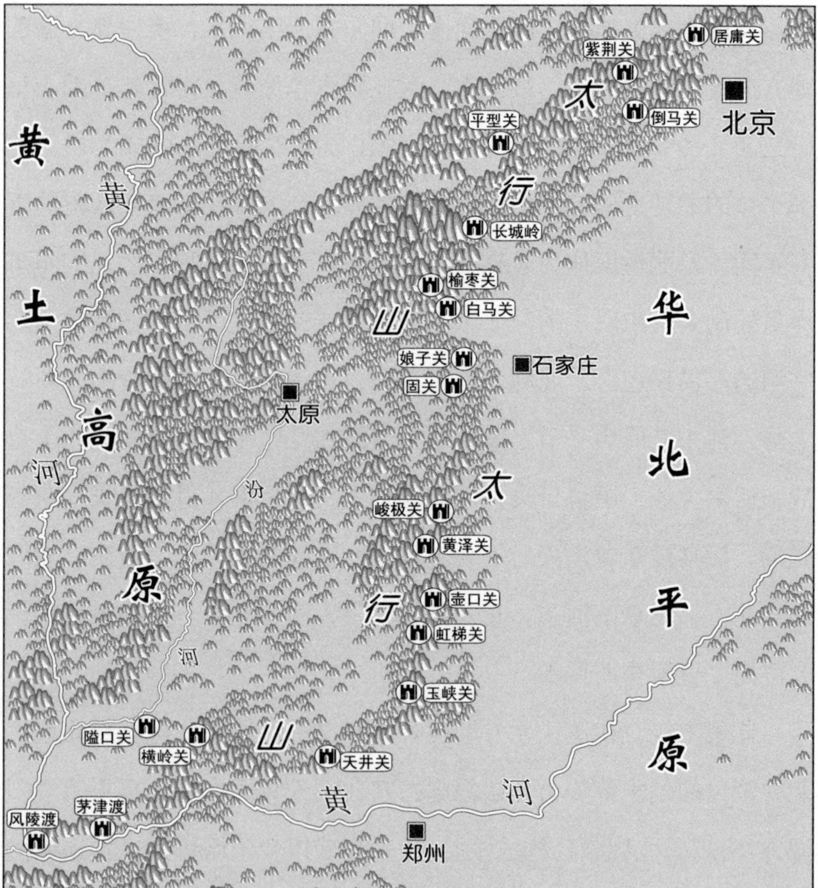

1.3 太行山古关隘

到前所未有的提高，左右着天下的形势。在长安、晋阳两大军事重镇对峙时期，平阳城以及汾河之南的峨嵋原的战略地位就显得十分重要。东西魏时期，为了争夺峨嵋原的控制权，高欢不惜南下与西魏决战，进行了两次玉壁大战。北周在建德五年（576）部署的平阳之战，击溃了北齐南下的援军，不仅控制了平阳城，还一路北上攻克晋阳城。高欢失去战略要地河东，东魏的势力只得北缩到汾河以北。北齐失去平阳城，导致接连失去晋阳、邺城，后很快亡国。

西晋末年，导致大一统出现南北分裂局面的直接原因是刘渊在吕梁山建立了匈奴汉国，灭了西晋。南北朝时期，北方的统一是由在平城建立的北魏完成的。而北魏分裂为东魏、西魏，是由晋阳城的高欢造成的。北朝末年，北周通过平阳之战消灭了北齐，实现了北方的统一，为几年之后隋朝统一全国奠定了基础。260 多年间，国家分裂与统一局面的形成，都与山西地区武装力量的兴起与衰落有关。

三、隋唐五代时期：国之根本、中原北门

隋代，晋阳城是抵御突厥南下的屏障，也是控制太行山以东河北平原诸郡的军事重镇。隋初，在晋阳设置河北道行台尚书省，隋文帝的几个儿子杨广、杨俊、杨谅轮流坐镇晋阳，掌管华山以东、黄河以北的地方，晋阳被称为“天下精兵处”，晋阳的战略地位由此可见

一斑。隋代以军事重镇晋阳控制太行山以东的河北平原诸郡，是东魏、北齐时以晋阳城控制邺城等地的延续。隋炀帝即位初，杨谅起兵于晋阳，一路南下，接近蒲州，长安受到威胁。虽然杨谅因为决策失误没有进入长安，但却证明了军事重镇晋阳城对首都长安来说是一把双刃剑，可以是长安的北大门，也可以威胁长安。隋末，李渊坐镇晋阳城防御突厥，镇压附近的农民起义，在天下动荡之时，起兵于晋阳，进入长安建立唐朝。从北魏末年尔朱荣进驻晋阳城开始，经过北魏、东魏、北齐、隋代四朝近百年的经营、锤炼，晋阳城终于被打造成一座北方最强的军事雄镇，成为唯一可以和长安抗衡的战略重镇。大唐发祥于晋阳，是晋阳城近百年军事能量的迸发使然，是山西重要的战略地位使然。

唐朝刚在长安建立，就遭遇了来自塞北刘武周的威胁。刘武周在突厥的支持下沿汾河谷地南下，沿线的城邑纷纷陷落后，逼近关中。唐高祖准备放弃黄河以东地区，而李世民对太原城和河东的战略地位有清醒的认识："太原王业所基，国之根本，河东殷实，京邑所资。"太原对于唐王朝具有重要的象征意义，富庶的河东紧邻长安，是首都的财赋重地。太原必须收复，河东不能放弃，李世民请缨率兵东征。唐军东渡黄河，进驻峨嵋原北端的柏壁。李世民以柏壁为大本营，发挥峨嵋原的战略防御与战略攻击的双重优势，持久战与奇袭战相结合，用了5个多月时间收复了河东和太原，保障了长安东北方向的安全，使唐军可以放开手脚平定中原。唐初，突厥不断南下侵扰，太原成为唐朝抗击突厥的重镇。唐太宗派名将李勣镇守太原 16 年，突厥不敢南下。太原城在唐朝前期向北防御的战略作用明显。因为太原对洛阳、长安的重要屏障作用，武则天长寿元年（692）、唐玄宗开元十一年（723）两次在太原置北都，使太原的战略地位进一步提高。至德元年（756）十一月，唐肃宗与谋士李泌在彭原（今甘肃省宁县）讨论平定安史之乱的策略。李泌提出："贼之骁将，不过史思明、安守忠、田乾真、张忠志、阿史那承庆等数人而已。今若令李光弼自太原出井陉、郭子仪自冯翊入河东，则思明、忠志不敢离范阳、常山，守忠、乾真不敢离长安，是以两军絷其四将也，从禄山者，独承庆耳。愿敕子仪勿取华阴，使两京之道常通，陛下以所征之兵军于扶风，与子仪、光弼互出击之，彼救首则击其尾，救尾则击其首，使贼往来数千里，疲于奔命，我常以逸待劳，贼至则避其锋，去则乘其弊，不攻城，不遏路。来春复命建宁为范阳节度大使，并塞北出，与光弼南北犄角以取范阳，覆其巢穴。贼退则无所归，留则不获安，然后大军四合而攻之，必成擒矣。"李泌的对策极具战略眼光，他提出以河东道的太原、蒲州两地制约叛军控制的范阳、常山、长安、洛阳，以河东道为根据地，用游击战的方法让叛军在数千里的战线上疲于奔命，唐军以逸待劳消灭叛军的有生力量，足见河东道战略地位之重要。只是唐肃宗急于收复两京，未完全采纳李泌的对策，没有充分发挥蒲州、太原的战略牵制作用从而彻底消灭叛军，酿成了持续 100 多年的河北三镇割据之恶果。因为顾虑太原对河北平原的威慑作用，叛军在攻占长安后，便把主要兵力调往太原。叛军的四路人马10万人，从北、东、南几个方向对太原实施合围。李光弼以不足1万人的兵力坚守一个多月，消灭其有生兵力7万多人，足见太原城防御能力之强。太原保卫战牵制、消灭了大量的叛军，扭转了战争形势，有效地发挥了朝廷赋予的战略防御作用。杜甫的《八哀诗·故司徒李公光弼》有诗句："司徒天宝末，北收晋阳甲。胡骑攻吾城，愁寂意不惬。人安若泰山，蓟北断右胁。朔方气乃苏，黎首见帝业。"诗句概括了李光弼镇守太原城时发挥的三大作用：消灭大量叛军、威慑敌巢范阳、屏障朔方（今宁夏吴忠市）新帝。这也是唐代人对太原城战略地位的共识。处于河东黄河之滨的蒲州，因为与关中仅一河之隔，在唐代承担着拱卫长安的重任，属于"四辅州"之一，战略地位超过以前任何时期，曾一度设立过中都。在平定安史之乱时，唐军先收复蒲州，南下占领潼关，切断长安与洛阳叛军之间的联系，然后以蒲州为根据地，向东、向西收复长安和洛阳，充分显示了蒲州在黄河三角地带的战略堡垒作用。在平定安史之乱期间，鉴于蒲州战略地位之重要，朝廷在蒲州设置了河中节度使，形成以蒲州为中心的河东道西南部军事防御区，主要职责是拱卫长安。在唐末，蒲州对长安的拱卫作用再次显现，王重荣以蒲州为大本营，打败了黄巢在长安外围的农民起义军，然后与李克用的军队共同收复长安，使得唐王朝的国祚又延续了20多年。唐代，河东道东南部的上党台地设置有泽、潞、沁、仪四州，上党台地的军事力量对河北藩镇具有震慑作用。在平定安史之乱期间，朝廷设置了上党节度使，形成了以潞州为中心的河东道东南部军事防御区，主要职责是牵制河北叛军。唐德宗建中初年，将太行山之东的邢、洺、磁三州划归潞州的昭义军管辖，就是以上党的军事力量对河朔三镇形成战略威慑。唐武宗会昌年间，刘从谏在潞州拥兵自重，不听命于朝廷。朝廷为了将太行山东西五州重新归于统辖之下，出兵平定了泽潞之乱。为了免除后患，朝廷把原来属于昭义军的泽州划归河阳节度使管辖，以泽、潞分治来限制上党台地武装力量的膨胀，也说明了上党台地战略地位之重要。

在唐朝末年的军阀割据战争中，朱温以汴州（今河南开封市）为大本营，李克用以太原为大本营，都想消灭对方。处于太原与汴州之间的军事重镇潞州对双方都十分重要，尤其是对汴州更为重要。因具有巨大的战略价值，潞州成为两大军事集团争夺的焦点，在唐末十年之间，数次易手。地处太原、汴州、长安大三角中间的河东军事重镇蒲州，也是朱温与李克用争夺的重点。天祐元年（904），朱温从轵关陉北上赴蒲州坐镇，长安震动，唐室被迫东迁洛阳。这次东迁洛阳，表明关中从此失去王都的地位，标志着中国政治中心的东移最终完成。拱卫历代王都1000余年的晋西南地区，把拱卫河洛地区新王都的接力棒交给了晋东南地区。

大唐王朝的兴亡与河东息息相关。李渊父子起兵于太原，太原是唐朝的发祥地；柏壁之战是大唐开国第一战，李世民在河东为唐王朝建立起军威；贞观年间，唐军从河东北上驱逐突厥，消除边患；安史之乱爆发后，唐军在河东的静边军取得平叛战争的第一场大捷，并形成针对叛军的三大军事重镇——太原、蒲州、潞州，最终以蒲州为根据地收复了两京；唐末，王重荣以蒲州为大本营，与李克用联合收复长安，为唐王朝续命 20 多年；朱温控制蒲州后，唐朝在军事上失去了李克用的策应，在经济上失去了河东盐池的赋税命脉，被迫东迁。908 年，唐哀帝被朱温杀害，河东籍的著名诗人司空图在中条山王官谷为大唐王朝绝食殉葬，司空图以悲壮之举为大唐在河东奏响一曲挽歌。大唐因得河东而兴，又因失河东而亡。

五代时期，从塞北兴起的沙陀族以太原城为大本营，相继建立了后唐、后晋、后汉三个政权，均以太原为北都。这一时期，太原的军事力量对河洛地区形成强大的威慑力，其情形和东魏、北齐时期相仿。李存勖消灭后梁后，于开平二年（908）在上党台地取得“三垂冈大捷”，以太原为大本营，拉开了灭后梁建后唐的大幕。石敬瑭消灭后唐建立后晋，在契丹军队的支持下，也是控制太原之后，南下上党，进入洛阳。石敬瑭割让“幽云十六州”给契丹，使中原王朝的北部屏障尽失，此举导致长达 300 余年的南北分裂局面。在五代时期，控制了太原和上党台地，就可以左右天下。显德元年（954）正月，后周太祖郭威去世。太原的北汉主刘崇也想像后晋消灭后唐一样大举南下，经过上党进军开封，但被刚即位的周世宗部署的军队堵在太行山以北的上党台地进行决战，后周大获全胜，确保了上党台地对首都开封的屏护。

四、宋元明清时期：拱卫京华的屏障

北宋刚刚立国，就遇到了和当初周世宗一样的问题，驻防潞州的大将李筠在北汉支持下举兵伐宋。赵匡胤当年曾跟随周世宗北上太行山，打败了北汉军队的进攻。他深知上党台地的战略价值，故部署军队快速出击，占领要塞，把李筠堵在上党台地消灭了。上党台地、太原城，在北宋立国之初就显示出非同一般的战略价值。能否拿下太原城，对北宋来说具有重大的象征意义。如果让北汉在北方契丹的支持下向南进攻，北宋就有可能像后唐一样被北汉与契丹的联军消灭；如果坐视北汉占据太原一带，北宋就和之前的五代一样，成为一个割据政权。为了解除来自北方的威胁，北宋总共对北汉进行了三次北征，在立国 19 年之后，才消灭了北汉。由于太原城的防御能力和进攻能力都很强，所以从唐末开始在此产生了三朝政权，宋太宗为了消除这个心病，下令毁灭了这座上千年的军事重镇。一个城市的战略价值太高了，被征服者火烧、水淹予以毁灭，这在中国历史上是罕见的。因为北宋没有收复“幽云十六州”，恒山成为宋辽两国的分界线，雁门关一带成为北宋抵御辽军的前哨，太原城则是防御辽军南下的军事重镇。因为辽军逼近雁门关，所以太原城在北宋时期的战略防御任务比以往任何时期都要重。北宋新建的太原城，防御能力远低于古晋阳城，这让北宋在后来金兵南下时自食恶果。

北宋为了防御西夏,在河东路西北的黄河以西设置河外三州。宋朝供给河外三州的粮饷，都是通过河东岢岚军（今山西岢岚县）前往保德军（今山西保德县）的黄河渡口输送，因而塞北地区西部的临河地带在北宋时期的战略地位陡然升高。庆历年间，朝廷曾派欧阳修、范仲淹等人到岢岚军一带出巡，加强边防建设。为了解决军粮运输问题和临边耕地被蚕食的问题，欧阳修建议在临边地区实施军屯。朝廷在岢岚军、火山军（今山西河曲县）等临边地区招募弓箭手，亦耕亦战，耕战合一。这些弓箭手精于弓马，勇于战斗，谙熟山川出入道路，是对北宋边防体系的有益补充。北宋定都开封，河东地区既有拱卫首都的重任，又可防御北方军队的南下，当时就有官员指出河东防务事关天下安危：“河东天下根本，安危所系，无河东，岂特秦不可守，汴亦不可都矣。”金兵南下时，西路金兵被牵制在太原城下难以脱身，金人便向宋朝提出以割让太原、中山、河间三镇作为撤军条件。太原—中山—河间一线，是北宋向北防御的第二道防线。金人要求北宋割让太原，就是要把太原这座太行山之西的军事重镇收归己有，成为金军南下的堡垒和后援，而不让其成为北宋东出太行山切断金军南北联系的抗金重镇。上党地区以太行之险屏护汴洛，是宋朝向北防御的最后一道防线，宋朝应该在立国之初就重点部署。但北宋的军事重点一直在北部、西北部的边疆地带，从未考虑北方军事势力会兵临开封城下，忽视了上党地区对首都的屏护作用。军事重镇潞州城在北宋100多年都没有进行过修缮，平时也没有多少军队驻防，在金兵南下时竟然无兵可守。北宋王朝担心在地方上形成割据势力，故没有像汉唐那样对最具有军事价值的河东路进行重点经营，比如像唐朝那样在太原置北都以加强防御，或像北魏那样把河东南部纳入中央直辖的王畿以加强拱卫。在金兵南下进攻时，仓促调集军队救援太原，太原陷落、上党失守，河东路无法有效地发挥对首都的屏障作用、拱卫作用。北宋失去战略重地河东路，首都开封无险可守，导致江山很快易手。

女真人的金国在消灭了辽国之后，把大同作为他们南下进攻中原的桥头阵地。大同城对金军来说具有重要的战略意义。宣和六年（1124），坐镇大同的金军主帅完颜宗翰在大同设立枢密院。枢密院当时被金人称为“西朝廷”，其战略地位比契丹时期更高了。宣和七年（1125），金兵的西路军队以大同城为大本营南下中原。在女真人统治中国北部的100多年间，大同一直是金政权的西京。大同在辽、金两朝作为西京的170多年，是大同在北魏平城时代之后的又一个辉煌时期。金朝末年，蒙古大军准备灭金，于大安三年（1211）先进攻金朝的西京大同，向东威慑中都（今北京市），向南打通进入河东的通道。金朝的西京有留守军队7000人，接战不久就弃城而逃。轻松攻占大同，增强了成吉思汗灭金的信心。金人准备迁都。因为河中（今永济市蒲州镇西）背负关陕五路，南阻大河，有人建议迁都河中。从当时的迁都之议，可以看出河中城重要的军事价值。兴定六年（1222）后，河中城在金军和蒙古军队之间数次易手。在战争最激烈时期，8个月的时间里4次易手。在金人迁都开封之后，金代末年面临的军事形势就是北宋末年的翻版。河东地区既是拱卫首都的屏障，又是抵御北方蒙古军队南下的前哨，战略地位陡然增高。面对蒙古军队的南下，根据防御形势的变化，金朝对河东地区的行政区划进行调整，提升一些军事价值较高县份的行政级别，以适应战时的军事指挥需要。从1218年到1222年，蒙古名将木华黎在河东各地到处征战，几乎占领了从北到南的主要城市，金人的河东屏障尽失。木华黎于元光二年（1223）去世后，金人为了恢复河东屏障，从1223年到1229年进行反击，收复了平阳、霍州、泽州、潞州、太原、忻州等军事重镇。正大七年（1230）窝阔台汗即位，开始灭金总攻击，被金军收复的地方又到了蒙古军队手中。当金人在河东的最后两座军事重镇潞州、河中被蒙古军队攻陷后，金人已经无险可守，大势已去。

元代，山西属于中书省，由中央直辖，设置河东山西道，属于“腹里”重地，拱卫着元大都西翼的安全。元代末年，至正十七年（1357）六月，红巾军三路北伐，中路军的任务是由山西、河北向北进攻，“由朔方攻上都”。至正十八年（1358）三月，元军名将察罕帖木儿本来要奉诏赶赴涿州，但是因为红巾军从山东的曹州、濮州“分道逾太行，焚上党，掠晋冀，陷云中、雁门、代郡，烽火数千里，复大掠南且还”。为了防止红巾军从山西进攻大都，察罕帖木儿又奉命留在山西阻挡红巾军的进攻，在中条山大败红巾军，“遂分兵屯泽州，塞碗子城；屯上党，塞吾儿峪；屯并州，塞井陉口，以杜太行诸道”。试图通过重点防守这几处太行山关隘的办法，把红巾军阻挡在太行山之下。后来，红巾军从各处的太行山隘口进攻，都被元军阻击于太行险关之外。察罕帖木儿带领的元军在防御红巾军的战争中，以山西为根据地，发展成为元末最强大的军事力量。在元朝镇压红巾军的过程中，察罕帖木儿统辖的山西军队发挥了关键作用，“中原底定，山东荡平，皆调兵于晋”。元至正二十一年（1361），察罕帖木儿指挥山西军队东出太行山消灭太行山以东的红巾军：发并州军出井陉，发辽、沁军出邯郸，发泽、潞军出磁州。山西的暂时稳定，不但保障了大都侧翼的暂时安全，还对太行山之东各地形成震慑，山西在天下动荡之际的战略作用明显。

明代初年，蒙古草原上的元朝残余势力对北部边疆形成威胁，山西的塞北地区因为毗邻蒙古草原，成为防御元朝残余势力南下的重点区域。洪武时期陆续在塞北地区设立镇西卫（今岢岚县）、镇武卫（今代县）、宁化所（今山西省宁武县），形成了塞北地区两卫一所的防御体系。嘉靖年间，山西北部最终形成了偏关、宁武、雁门三关防御体系。在明代的九边重镇中，大同镇、山西镇都地处塞北地区。大同是防御蒙古骑兵南下的第一道防线，偏头关、宁武关、雁门关是第二道防线，这两道防线同时屏护着北京和山西的安全。永乐十九年（1421）迁都北京之后，大同因为靠近北京，第一个军事功能就是拱卫北京。土木堡之变后，大同都督郭登坚守大同城，打退蒙古军队的多次进攻，与北京城的明军形成呼应。在明景

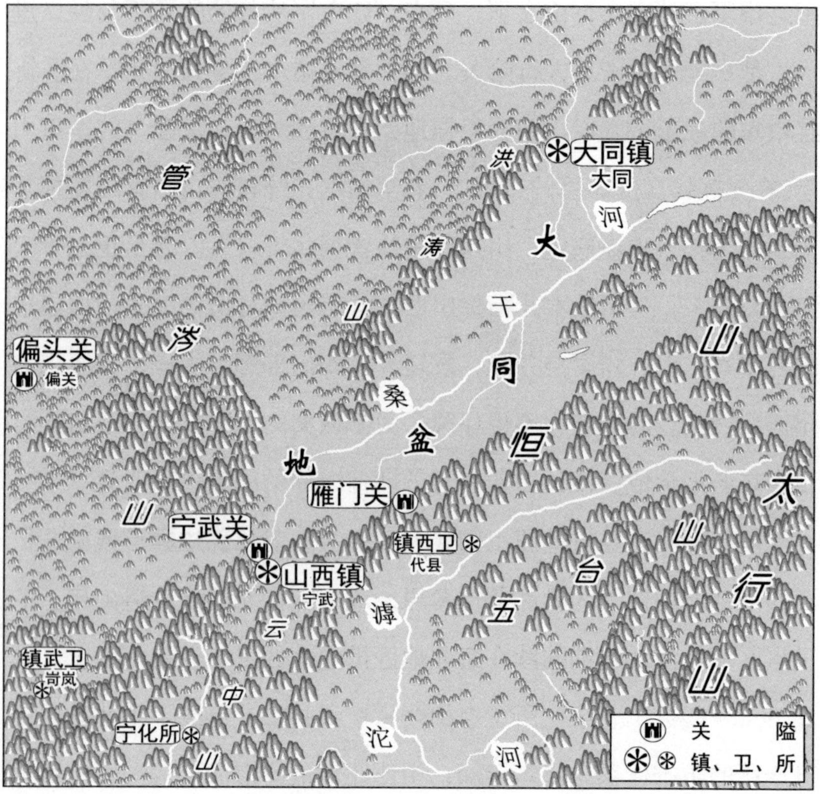

1.4 明代大同城与外三关

泰之后，国力转弱，大同防线已难以阻挡蒙古骑兵南下，导致外三关防线频频告急。明代，山西战略地位的重要性，主要体现在大同城和外三关在北京外围形成对蒙古骑兵的防御线。

清代后期，咸丰三年（1853），北伐的太平军进围怀庆府（今河南沁阳市），计划从太行陉北上山西，迂回进攻北京，不料两个多月未能攻克怀庆城。当时清军的防守重点在河南黄河沿线，晋南的防御薄弱，为避免腹背受敌，太平军向西取道轵关陉入晋，从洪洞县向东穿越太岳山到晋东南，经黎城县东阳关下太行进入河北平原，逼近保定。太平军迂回到晋南然后东出太行，彻底打乱了清军的布防，清廷惊慌失措，咸丰皇帝一天连下15道谕旨调兵遣将。在天下动荡之际，山西又一次显示出影响全局的战略地位。

山西临边近畿的区位特点，从商周之际开始，持续到清代末年，在将近3000年的历史中，山西一直对国家发挥着重要的战略作用，周、秦、汉、北魏、唐，因为得山西而兴；商、西晋、北魏、北齐、唐、宋，因为失山西而亡。从军事地理的视角来看，山西区域对中国历史发展的影响是最大的，山西是中国历史上的核心战略区。

参考文献

1. 春秋左传注 . 北京：中华书局，1990

2. 国语 . 上海：上海古籍出版社，1998

3. 战国策 . 南京：江苏古籍出版社，1985

4. 史记 . 北京：中华书局，1959

5. 汉书 . 北京：中华书局，1962

6. 晋书 . 北京：中华书局，1974

7. 魏书 . 北京 : 中华书局，1974

8. 北史 . 北京：中华书局，1974

9. 水经注 . 上海：上海人民出版社，1990

10. 旧唐书 . 北京：中华书局，1975

11. 新唐书 . 北京：中华书局，1975

12. 宋史 . 北京：中华书局，1985

13. 元史 . 北京：中华书局，1976

14. 明史 . 北京：中华书局，1974

15. 读史方舆纪要 . 北京：中华书局，2005

作者简介

李广洁，男，山西万荣人，山西省历史学会副会长，编审，研究方向为历史地理、山西历史文化。

第二讲　文明源流：从西侯度到东下冯

冀瑞宝

如果将地球46亿年的历史浓缩为24小时的话，我们山西这个区域是在约25亿年前的五台运动中开始孕育的，此时约为上午10点57分；约17亿年前，吕梁运动结束，华北板块隆起，成为中国范围内最早而且面积最大的一块古陆地，此时相当于15点07分左右；1.37亿—0.65亿年前，即相当于23点17分到23点40分的燕山运动中，太行山隆起，山西中部的地堑开始形成；到约300万年前的新生代第四纪，相当于23点59分前后黄河贯通，表里山河的山西地形地貌基本形成。在24小时的最后一分钟——新生代第四纪，由于喜马拉雅新构造运动的剧烈作用，山西地质变迁变得十分强烈。第四纪更新世初期，位于山西地堑的串珠状盆地大部分为湖水占据，吕梁山一带和盆地周边以及中条山南麓堆积了午城黄土。

到中更新世初期，山西地堑受板块抬升和流水下切的共同作用，串珠状盆地所形成的湖泊萎缩，河流逐渐形成，汾河也终于在约 65 万年前贯通诞生。河谷两侧及山麓地带堆积了大量离石黄土，大同湖除稍稍萎缩之外未受到大的影响。系舟山断层的抬升，则使得忻州盆地水系格局发生重大变化；原本注入汾河的滹沱河切穿太行山向东奔入海河水系。而侯马紫金山及峨嵋台地上升，令汾河向西折去，流经新绛、河津、万荣注入黄河。晚更新世山西现代河流水系基本形成，黄土地区以及河湖相沉积之上普遍覆盖了马兰黄土，最终形成由山地、高原、丘陵、盆地和河谷组成的表里山河的山西地貌。

一、山西是中国旧石器考古的“聚宝盆”

当地球进入新生代第四纪之后，人类才真正意义上迎来了属于自己的时代。山西地处黄土高原的东部边缘，丰富的地形地貌和多样的生物资源，使得山西成为远古人类非常理想的生活场所。因此，山西是中国旧石器时代遗址最为丰富的一个地区。迄今为止，考古工作者在山西境内陆续发现了 700 余处旧石器时代文化遗存，证明 200 多万年以来一直有人类在这片土地上不断演进。正如贾兰坡先生在为《山西旧石器时代考古文集》作序时所说：“山西省境内的旧石器时代遗物之丰富，条件之良好，在国内来说是首屈一指的。”

中条山南麓、晋西南黄河沿岸，是山西发现旧石器时代早期文化遗存最多的地区。20世纪50年代以来，考古工作者在这一区域发现了约200处石器地点，包括芮城县风陵渡一带的西侯度、匼河遗址群和垣曲盆地南海峪洞穴遗址及150余处旷野型石器地点。其中，尤以西侯度遗址最为重要。在西侯度遗址被发现之前，中国境内最早的古人类是距今50万年前的“北京猿人”，或称“中国猿人”。1957年，贾兰坡、王建两位先生提出：“中国猿人不是最早的，在他之前的泥河湾期的地层中应有人类及其文化存在。”（《泥河湾期的地层才是最早人类的脚踏地》）而在山西西南部，有着与泥河湾同属早更新世的“三门期”地层，贾兰坡、王建等考古学家将寻找“最早人类的脚踏地”的目光投向了这里。

1959年，考古工作者在芮城县风陵渡镇西北7000米的西侯度村附近的地层中发现了距今100多万年前的早更新世轴鹿角化石和具有人工痕迹的石块。西侯度村地处中条山西南端向黄河倾斜的丘陵地带，高出黄河河面170余米，这里的第四纪地层发育完善，出露良好，是观察研究第四纪地质不可多得的理想地点。1961—1962年，西侯度遗址在王建先生主持下进行了两个年度的发掘，出土了石制品、烧骨和动物化石。此次发掘出土的石制品共30余件，主要包括石核、石片、砍斫器、刮削器、三棱大尖状器等。其中，三棱大尖状器是我国旧石器时代的一种重要工具，在晋、陕、豫三省交会的三角地带以及汾河流域都有出土。西侯度遗址三棱大尖状器的发现，可以将这一工具的传统上溯到 100 多万年前。

西侯度遗址还出土了刺猬、巨河狸、鬣狗、剑齿象、平额象、纳玛象、李氏野猪、布氏真梳鹿、粗面轴鹿、山西轴鹿、晋南麋鹿、双叉麋鹿、步氏羚羊、古中国野牛、粗壮丽牛、山西披毛犀、古板齿犀、中华长鼻三趾马、三门马等 20 多种哺乳动物化石。这些动物全部为绝灭种，被称为西侯度动物群。这一动物群的成员既包括鬣狗、三趾马、三门马、披毛犀、麋鹿、羚羊等草原动物，也有野猪、野牛、粗壮丽牛、剑齿象、平额象等森林动物。由此可知，当时的西侯度附近应为疏林草原环境，气候比今天要干燥凉爽一些。在西侯度遗址还发现了一些烧骨。这些烧骨可能是人类用火的证据，也可能是自然火烧死的动物遗骸。

根据古地磁测定，西侯度遗址距今约 180 万年；这是中国第一个被发现的属于早更新世初期的旧石器文化遗址。这不但证明了此前贾兰坡、王建等先生提出的泥河湾期的地层中有更早人类的观点，也使学术界开始重新审视周口店“北京猿人”是不是最早的人类这一问题。

然而，由于第一次发掘出土的石制品数量有限，加之石制品因水流搬运冲刷导致人工痕迹比较清晰，为此学术界提出质疑。面对这些分歧和争论，2005 年，山西省考古研究所的王益人老师率科研团队对西侯度遗址进行了 50 余天的发掘，出土石制品和动物化石

1500 余件。这次发掘工作在发掘方法、石制品打击痕迹与自然碰撞的对比，以及原料环境、埋藏环境、河流流向、石料来源等问题的研究方面都取得了重要突破。分析研究表明，西侯度石制品虽然受到河流搬运及埋藏的影响，但人类行为及其特征毋庸置疑。

近年来，由山西省考古研究院王益人研究员与南京师范大学沈冠军教授，以及美国普渡大学和南非金山大学学者等组成的研究团队对西侯度遗址采集的样品进行了铝铍同位素比值埋藏测年分析。结果表明，西侯度遗址的同位素年龄为距今约 243 万年。我们相信，随着科学技术与考古学的不断发展，西侯度遗址的科学研究会有更多的突破。

在西侯度遗址发现、发掘前，山西已有一项举世瞩目的旧石器考古发现——丁村遗址的发现。丁村旧石器文化遗址分布于临汾盆地南端的襄汾县丁村汾河两岸，发现于 1953 年，于 1954 年进行了第一次调查发掘。调查发现旧石器地点 11 处，发掘并获得石制品 2005 件、人类牙齿化石 3 枚、哺乳动物化石 27 种、鱼类化石 5 种、软体动物化石 30 多种。1976 年又于丁村人牙齿化石出土地点发现一块幼儿右顶骨化石。2012 年 12 月初，在石沟村砂场采集到两块可以完全粘接在一起的人骨化石残片，属于同一个体，经专家确定为人类枕骨化石。2013—2018 年，考古工作者在丁村遗址群东北部塔儿山至汾河之间的黄土塬区调查中，发现旧石器地点 80 余处。至此，丁村遗址成为遍及汾河两岸，由上百个地点组成的，包括旧石器早、中、晚三个不同时期遗存的大型遗址群。

丁村遗址是第一个由中国人自己发现、发掘和研究的旧石器时代考古遗址，极大地推动了山西乃至全国旧石器考古事业的发展。1954 年发现的“丁村人”牙齿化石，是我国首次发现的早期智人化石，介于直立人与晚期智人之间，填补了我国早期智人化石的“缺环”。出土的大量石制品，显示出以大石片、砍砸器、三棱大尖状器、石球等为组合的文化特征，其独特的类型组合和技术特点，填补了我国旧石器时代中期文化的空白。

丁村遗址发现的多件人类化石反映出丁村可能是现代型人类在中国的发源地之一。“丁村人”化石为阐明中国人类进化和现代人的起源做出了贡献：门齿齿根粗壮，齿面较宽，内侧两边有棱，就像炒菜的铲子，所以称为铲形门齿。中国境内发现的古人类门齿化石，几乎都是铲形的。即使是现代人也有百分之八九十是铲形的，而欧洲现在的白种人绝大多数都没有铲形门齿。顶骨化石和枕骨化石表明“丁村人”存在顶枕间骨。顶枕间骨位于顶骨与枕骨之间的人字点附近，因首先发现于南美洲印加人中，也称印加骨，顶枕间骨在蒙古人种及黄种人中出现频率较高。中国发现的北京猿人、丁村人、许家窑人化石上都有顶枕间骨，而且一直延续到现代人。这些化石是中国古人类发展早期连续进化的证据，支持了中国人类进化“连续进化附带杂交”的假说。

20 世纪七八十年代，贾兰坡先生提出华北大小石器两大文化传统：“匼河—丁村系”或“大石片—三棱大尖状器传统”、“周口店第1地点——峙峪系”或“船底形刮削器—雕刻器传统”。丁村文化是以大石器为特征的，其文化圈包括临汾盆地、运城盆地及中条山南麓黄河沿岸，贾兰坡先生称之为“匼河—丁村系”或“大石片—三棱大尖状器传统”；而峙峪文化作为周口店第一地点、许家窑遗址、峙峪遗址这一代表华北旧石器文化发展进程的极其重要的组成环节，其文化圈包括大同盆地、河北泥河湾盆地以及周口店地区，贾兰坡先生称之为“周口店第1地点—峙峪系”或“船底形刮削器—雕刻器传统”。

许家窑遗址位于大同市阳高县古城镇许家窑村南1500米处。遗址距今约10万年，属旧石器时代中期。从1973年发现以来，先后进行5次发掘，共发现3万余件石制品、大量哺乳动物化石和分属10多个不同个体的20余件人类化石。许家窑遗址石制品多以脉石英为原料，除石球之外粗大的石器非常少见，几乎都是加工精致的细小石器，反映出当时的石器技术已相当进步。许家窑遗址出土了上千件石球，这些石球大小不一，大的重量超过1500克，直径超过10厘米；小的则不足100克，直径不到5厘米。通过这些发现，我们可以遥想10万年前许家窑人的生产生活：他们利用大型的石球直接投掷野兽，而中小型的石球则用来制作飞石索，投击野兽的要害部位、羁绊猎物腿脚。那些细小的刮削器、尖状器、小型砍斫器、雕刻器等则被用来处理兽皮、切割肉类、挖掘植物等。

近年，利用 CT 技术和镜像原理，科学家复原出许家窑人较为完整的头盖骨，推算出许家窑人脑容量约为 1700 毫升。而现代人的脑容量约为 1400 毫升，正常变异范围为 1100~1700 毫升。也就是说，许家窑人脑容量为现代人脑容量变异范围的上限，他们是迄今为止发现的中更新世脑容量最大的早期智人。

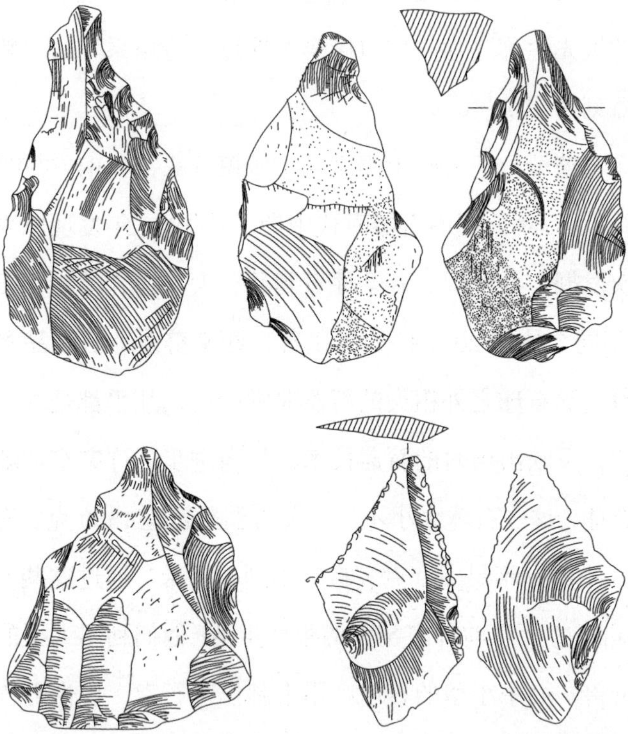

2.1.1　三棱大尖状器（丁村遗址出土）

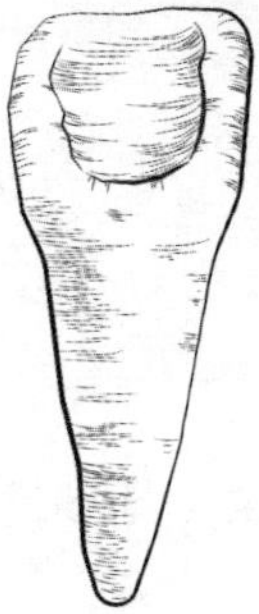

2.1.2　铲形门齿（丁村遗址出土）

与许家窑遗址同属于大同盆地、桑干河流域的峙峪遗址，是旧石器时代中晚期的遗存。遗址位于朔州市西北桑干河上游黑驼山东麓丘陵地带一个小土丘上。1963 年，对许家窑遗址进行了发掘，出土 15000 余件石制品、1 块人类枕骨化石、大量动物化石以及用火遗迹灰烬层等。据碳 14 测年，距今 28945 ± 1370 年。峙峪遗址的石制品通常较小且制作规整，以尖状器、雕刻器和形式多样的刮削器为主。小石刀、石镞和穿孔石墨装饰品，均体现出极高的加工技术。尤其是石镞的出现，表明当时人们已学会使用弓箭，狩猎技术已获得长足发展。出土动物化石中有蹄类所占比例最大，种类上占 70%，数量上占 95%以上，包括典型的草原动物普氏野马、野驴、普氏原羚等。发现野马和野驴的完整牙齿化石 4000 多个。据此分析，这批发掘资料中至少有 128 匹野马和 88 头野驴。因此，“峙峪人”被誉为“黑驼山下的猎马人”。

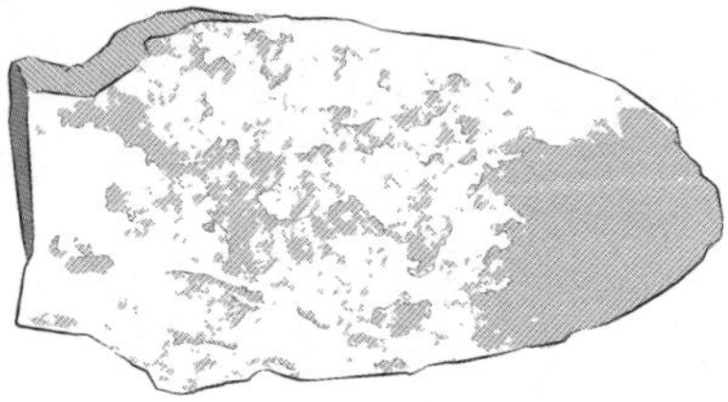

2.1.4　石镞（峙峪遗址出土）

山西东部，以太行山脉为主体，恒山、五台山、系舟山、太岳山、中条山等星罗棋布，发育有桑干河、滹沱河、漳河、沁河等水系。太行山基岩的主要构造是石灰岩，在长期的河流、雨水侵蚀以及风力等自然力的共同作用下，很容易形成洞穴、裂隙、岩棚等，这些成为原始人类最理想的栖息地。因此，太行山区旧石器时代洞穴考古成为学界关注的重点课题，下川遗址便是人类最早踏足太行山区域的证据。以沁水县下川村为核心的下川遗址群，分布在中条山东端的垣曲、沁水、阳城三县毗连的纵横各二三十千米的范围内。经过三次考古发掘和系统研究，确立以各种形制的细石核和细石叶、尖状器、雕刻器、琢背小刀、石镞、石锯、锥钻、石核式石器以及各种刮削器等为特征的下川文化。最新研究成果表明，分布于太行、太岳、中条三大山系衔接处的下川文化可以分为距今 4.3 万年—3.9 万年、距今 3.9 万年—2.9 万年、距今 2.9 万年—2.6 万年和距今 1 万多年 4 个发展阶段。下川文化对于我国乃至整个东北亚细石器的起源、时代特征以及技术体系演变等方面的研究起到很大的推动作用。

晋西吕梁山脉是我国重要的第四纪黄土堆积区，自黄河东岸向东延伸至汾河谷地，宽度40—120千米，南北长约450千米。以山脊线作为天然分水岭，两侧发育有大量河流。良好的水资源，是人类生存的基础条件。考古工作成果也显示出，吕梁山脉中众多河流两岸或多或少都有人类活动遗留下来的文化遗存。例如，在古交遗址群发现的石制品，时间最早约为40万年前。吉县柿子滩遗址群，出土石制品、动物化石、装饰品等遗物近10万件，发现火塘等遗迹300余个。这些发现展示了距今2万年—1万年前，人类在这一地区生产加工细石器，制作原始装饰品，使用石磨盘、石磨棒，熟练用火等生产生活场景，反映了旧石器时代晚期狩猎采集生活方式向新石器农耕文明过渡阶段的文化面貌。近年来，有关柿子滩遗址群的考古研究成果为研究细石器的起源及相关工艺的发展、华北地区粟作农业的起源等问题的研究提供了重要资料。

山西的旧石器遗存，从晋西南黄河沿岸、中条山南麓、汾河流域，到雁门关以北的大同盆地桑干河流域，再到山西东西两侧的太行山、吕梁山地区，在上百万年的时间跨度里，同周围地区的陕西蓝田人遗址、北京周口店遗址、泥河湾盆地旧石器遗存等相互影响和衔接，形成了在华北地区占据主导地位的旧石器文化发展序列。

山西南北迥然不同的自然环境与地形地貌，也使得不同区域的旧石器文化在石器传统和生产生活方式上呈现出区别：南部的西侯度人、匼河人和丁村人，主要使用粗大石器工具，过着以采集业为主的经济生活，狩猎活动虽存在但没有充分开展；而北部的许家窑人和峙峪人，因地制宜，创造了工艺水平较高的细小石器工具，大力发展了原始狩猎经济。这说明在遥远而漫长的旧石器时代，随着时间的推移和生态环境的变迁，生活在山西南北两地的古人类，其生活方式和文化风貌已经表现出明显的差异。这对于后来的山西历史进程产生了深远的影响。南部地区大石器传统和以采集为主的生产方式，一步步发展出原始农业工具和原始种植业经济，为晋南地区后来成为我国古代重要的农耕文化区埋下了伏笔；北部地区的细小石器工具和以狩猎为主的生产方式，则是晋北地区后来成为我国古代游牧文化区的历史先声。因此，西周至春秋战国时代，晋与三晋大地“作为北方、中原两大古文化区间的枢纽部分”，至秦汉山西成为农耕文明与游牧文明、华夏民族与草原民族交融的“大熔炉”，是有历史根源的。

二、山西是中华文化的“直根系”

距今1万年前后，人类历史进入新石器时代。山西新石器时代文化遗存遍布全省，已发现2000余处。从枣园文化到西阴文化再到陶寺文化，文明的坐标越来越清晰。

由于人类社会进程的复杂化和历史发展的不平衡性，具体到不同的地区，进入新石器时代的时间各有早晚。目前山西发现的最早的新石器时代文化遗存为距今7000到6400年的枣园文化。枣园文化是1991年在翼城东部的考古调查中发现并确认的。考古发掘的主要遗物是陶器，另外还发现磨制精美的石器和骨角器。陶器的典型器物有泥质陶壶、钵、盆、罐、器座和夹砂罐等，皆为红色或红褐色，多数为素面，部分装饰有弦纹、条带纹，已经开始出现简单的彩陶。枣园先民居住在地穴式的房子里，最主要的生计来源为原始农业。他们使用磨制石器和骨角器种植以粟为主的农作物，用石磨盘、石磨棒将这些农作物脱壳后加工成小米。

依托汾河谷地和太岳山作为传播廊道，枣园文化分布范围可由山西南部到河南西部，主要遗址有翼城枣园、垣曲古城东关、芮城清凉寺等，是庙底沟文化的主要源头。在枣园文化之后，山西南部发展起来的是以翼城北撖遗址为代表的考古学文化，分布范围与枣园文化接近。北撖遗址与枣园遗址一样，都位于太岳山向汾河谷地过渡的山前地带。

众所周知，山西西、南黄河环绕，西部依吕梁山脉，南端临中条山脉，分别与陕西和河南隔黄河相望，陕西、河南、山西三省交界的“黄河金三角”地带是古代中原的核心区域。从枣园文化时期开始，晋西南与豫西地区就关系密切，而同时期陕西的关中地区则是不同的文化面貌。在北撖遗存的早期阶段，晋豫交界地区的文化与关中地区的文化相融合，来自晋南北撖遗存与来自关中半坡文化的两种因素在山西最南端的芮城境内交流、融合。至此，在相当长的时间内相互对峙的两个文化系统，冲破了各自区域独立发展的格局，逐渐交融并形成一个新的综合体。

时间回到1926年——山西新石器时代考古的起步之年。这一年李济先生主持发掘了夏县西阴遗址，这是我国学者第一次独立主持田野考古工作，在我国考古学史上具有里程碑意义，李济先生也因此被尊称为“中国考古学之父”。西阴文化（也称庙底沟文化）距今6000年至5200年，发源于晋陕豫交界处，是上述黄河流域东西方文化交流的产物。西阴所在的运城盆地自然环境优越，水土丰饶，是史前人类理想的定居之所。公元前4000年东亚季风南撤，黄河流域发生显著的气候变化，更加适宜多种农作物栽培。生产工具的进步、蚕桑业的兴起以及花卉纹彩陶的传播，为史前人口增长和文化交流互鉴提供了物质基础。西阴先民们生活在环壕聚落中，日出而作，日落而息，种植狩猎，采集捕鱼，养蚕缫丝。西阴，无疑是史前满天星斗的漫漫长夜里的一颗启明星。

6000年前，西阴文化以其强大的文化辐射力和极快的速度向周边地区扩张，开启了史前时期的“高光时刻”。在中条山区垣曲盆地的下马、古城东关、上亳、小赵等遗址，中条山南侧的芮城西王村、桃花涧等遗址，运城盆地的夏县西阴、辕村、师村、崔家河等遗址，临汾盆地的河津固镇、临汾桃园、襄汾小王村、新绛光村等遗址，太原盆地的清徐都沟、尖草坪镇城等遗址，吕梁山区的柳林杨家坪、方山峪口等遗址，以及大同盆地的马家小村遗址都发现文化面貌高度一致的西阴文化遗存。把视野再放大一些，我们发现以五边形房子、花卉纹彩陶（盆、钵、罐）、小口尖底瓶等为典型特征的西阴文化在北抵阴山、南至长江、东临大海、西达甘青的广袤区域内广泛存在。在整个史前时期，只有西阴文化对外的影响力达到这样的高度。西阴文化与周边同期文化不断碰撞、融合，在中华大地上形成以晋陕豫交界区为中心的早期中国文化格局。

2.1.5　花卉纹彩陶（西阴遗址出土）

西阴文化开始逐渐向外扩张的时候，除晋南外，山西其他地区多以山地、丘陵为主，并不适合发展农业。汾河谷地中除临汾盆地外，其他盆地可能还是湖泊或沼泽。王京燕老师在《从文物资料看历史上昭馀祁泽薮的变迁》一文中提出，夏商及史前时期“昭馀祁泽薮”的北界在晋中鸣谦镇至太原金胜镇一线。在此时期，“四界范围内，没有发现人类活动遗迹，推测那时的昭馀祁水位较高，是连绵的湖泊湿地”，不适宜人类生产和生活，因而西阴文化在这些地区主要分布于盆地边缘。然而，考古成果告诉我们：吕梁山区在这一时期得到开发，吉县沟堡遗址、离石德岗遗址都展现出西阴文化的生命力与传播力。相比西阴文化“西上吕梁”的坚韧，山西东南上党盆地内属于西阴及后续文化的长治小神和黎城东阳关遗址，则反映了西阴文化“东出太行”的魄力。创造了西阴文化的人群还沿着山西中部一系列盆地的边缘地带和两侧山地一路北上进入大同盆地，故位于桑干河支流御河东岸的大同马家小村遗址兼容了西阴文化和红山文化的不同元素。

1985 年 11 月，中国著名考古学家苏秉琦先生在侯马“晋文化研究座谈会”上提出：从关中西部起，由渭河入黄河，经汾水通过山西全境，在晋北，向西与内蒙古河套地区连接，向东北经桑干河与冀西北，再向东北与辽西老哈河、大凌河流域连接，形成考古学界熟知的‘Y’字形文化带。它在中国文化史上曾是一个最活跃的民族大熔炉，也是中国文化总根系中一个重要直根系。这就是“Y”字形文化带。山西境内发现的西阴文化遗存，就在这一条文化带上，它起到了纽带的作用，这是我们山西人的文化自信！为此，苏秉琦先生还做了一首诗：

晋文化颂

华山玫瑰燕山龙，大青山下斝与瓮。

汾河湾旁磬和鼓，夏商周及晋文公。

注：“华山玫瑰”指的是西阴文化彩陶，“燕山龙”指的是红山文化的玉猪龙，“大青山下斝与瓮”主要指大青山一带以斝和三足瓮为代表的朱开沟文化等史前文化遗存；“汾河湾旁磬和鼓”是指陶寺文化。

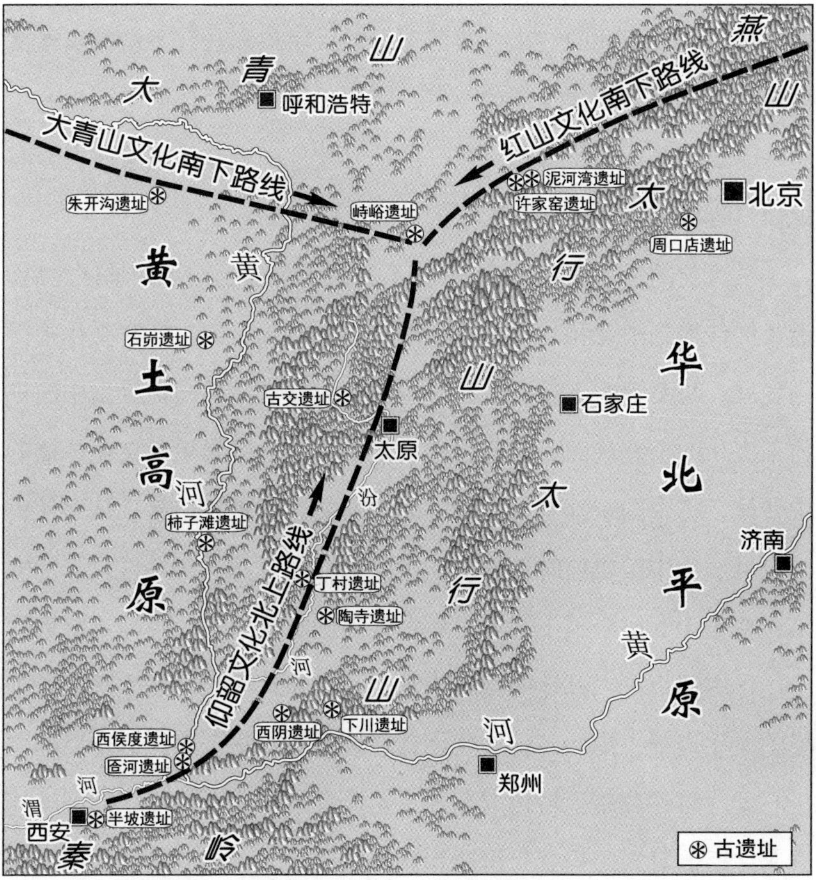

2.2 “Y”字形文化带

继西阴文化之后，受黄河下游的大汶口文化等影响，晋南地区发展出庙底沟二期文化。庙底沟二期文化是从仰韶文化到龙山文化过渡阶段的遗存，属于中原地区龙山文化的早期。芮城清凉寺墓地是晋南庙底沟二期文化的代表性遗存，墓葬以随葬玉石器并殉人为特色。中原地区在庙底沟二期文化以前的新石器文化中没有随葬玉器的传统，而东北的红山、黄河下游的大汶口和长江下游的良渚文化却较早出现了随葬玉器的习俗，中原地区这一习俗的出现极有可能是受到这些地区的影响。整个清凉寺墓地的墓葬排列有序，分布规律，等级鲜明，表现出阶层的划分。

从目前的考古发现来看,随葬玉器的传统影响到晋南地区之后，沿黄河传播到陕北和甘青地区，并在当地龙山文化、齐家文化中得到发展，与黄河中下游、长江下游的同时期文化共同勾勒出中国史前玉文化的全盛局面。包括晋南在内的中原地区是史前文化传播的中转站，将中国东部与西北地区的史前文化联系在一起，从而使黄河流域成为中国史前时期的文化中心和文明起源的核心区域。2005年，在第十五届全国十大考古新发现评选中评委们对清凉寺墓地给予这样的评价："墓地的现象表示当时中原地区正在发生一次大规模的文化变革，周边各种文化因素和理念在这里汇聚。这个以随葬玉石器、特殊葬制为特色的墓地，对诠释这一地区经历了仰韶晚期衰落之后的复兴历程具有毋庸置疑的重要性，对中原地区文明起源及与此相关的学术课题研究也将有所助益。"

在晋中地区，汾阳杏花、太谷白燕、平遥弓村等遗址的发掘研究表明，这些文化对南北方不同传统的文化进行了整合。灵石马和、逍遥及洪洞候村分别位于韩信岭北、南两侧，连接起北方文化因素向南传播的路线。在越过霍山进入临汾盆地后，北方文化与中原庙底沟二期文化发生碰撞，加之与其他地区的互动，大量各具特色的先进因素不断融汇。

在忻定盆地，仰韶晚期因湖泊干涸出露的盆地中心此时逐渐繁荣起来。结合原平辛章、五台阳白、定襄青石、忻州游邀等遗址的发掘情况来看，此地先民发展出具有全新特点的陶器群，其中尤以陶鬲为代表，以陶鬲的发明为标志，整个黄河流域进入龙山时代。此后数百年间，忻定盆地在保持其文化面貌的同时与桑干河流域的文化互通有无。大同吉家庄遗址就映射出南北方文化之间频繁的交流，甚至与欧亚草原的部族也存在往来，进而将中原的文明化进程融入更加宽广的体系中。

到了中原龙山时代，晋南陶寺文化一枝独秀。从20世纪70年代开始，在陶寺遗址陆续发现了规模空前的城址，秩序井然的分区，气势恢宏的宫殿，等级分明的墓葬，中国最早的观象台，高规格的礼乐器、文字、早期铜器……其历史年代、地理位置、文化内涵、文明程度等，与史籍所载的“尧都”高度吻合。陶寺文化主要分布于临汾盆地，遗址多达百余处，形成以陶寺为中心的聚落群，呈现出早期国家的形态。陶寺文化吸纳草原大漠的游牧文化，以及黄河流域与长江流域的农耕文化，在碰撞与交融中，将东西南北的多元文明基因根植于晋南，繁衍出中华文化总根系中一个最重要的直根系。

几乎与陶寺文化同时，在晋陕蒙交界的黄河大拐弯地带生活的先民游猎采集、以石筑城，孕育出另一支强势的文化，考古学上称之为“老虎山文化”，陕北神木石峁遗址为其代表。在城市规划、城垣结构、典型陶器、用玉制度、丧葬习俗、暴力现象、特殊器物等方面，石峁遗址与山西襄汾陶寺遗址表现出诸多相似之处，二者关系之密切毋庸置疑。“石峁兴，陶寺废”的基本态势，暗示了包括石峁在内的老虎山文化人群的南下，阻断了晋南陶寺文化的文明步伐，为接下来中原文明核心区的进一步演化创造了条件。在二者的交流与碰撞中，共同推进了中华文明一体化格局的形成。无独有偶，在黄河岸边的偏关天峰坪、兴县碧村也发现了石城，其石城结构、筑城理念等与石峁遗址极其相似。其中，碧村遗址与石峁遗址的直线距离仅为 50 千米。二者是连接陶寺和石峁的重要节点。

距今 4000 年时，以河南偃师二里头遗址命名的二里头文化横空出世，成为学界公认的探究中华文明起源与早期国家形成相关问题最重要的突破口。二里头文化主要分布在豫西和晋南。豫西以二里头遗址为代表，晋南则以东下冯类型为代表。东下冯遗址位于夏县境内，面积约 25 万平方米。发现有房屋、水井、陶窑、墓葬、灰坑等。遗址共分六期，其中一至四期在年代上与二里头文化一至四期基本一致。五六期相当于商代二里冈时期。东下冯遗址正处在文献记载的“夏墟”范围，其大致年代又在夏纪年内，对于探索夏文化有着极其重要的意义。

东下冯遗址内发现了密集的圆形建筑基址群，对其土壤进行化学成分分析后证实是储存池盐的盐仓。据初步估计，总储盐量可达 12075 吨，这在今天仍是一个相当可观的数字。而近年在夏县发掘的师村遗址，距运城盐池仅 7000 米，不排除 6000 年前的师村人对河东盐池的利用与开发。芮城清凉寺墓地也有证据表明：距今约 4300 年前，居住在清凉寺一带的先民有过贩运食盐的活动；北宋的金石学著录中收录了一件春秋早期“晋姜鼎”，铭文中有如下记载：“……嘉遣我易卤积千辆……征繁汤□，取厥吉金，用作宝尊鼎”。讲述的是晋国以大量的盐前往繁汤交换铜料。保利艺术博物馆收藏的戎生编钟铭文也记载了同一史实，可见盐湖的开发及池盐外销对中原历史发展进程具有重要意义。

东下冯遗址还出土了一组铸造铜器的石范，以及大量铜镞和一件铜爵，表明当时已经进入青铜时代。近年，在晋南地区有两个关于夏商时期铜矿采冶方面的重大发现。其中一个是闻喜千金耙遗址。这是一处夏商时期的铜采冶遗址，是迄今为止我国发现的最早一处采铜及冶铜遗址，为中原地区青铜时代早期铜料产地研究提供了重要资料。另一个是绛县西吴壁冶铜遗址。该遗址作为中原地区已知时代最早、规模最大、专业化水平最高的夏商冶铜遗址，弥补了从铜矿开采到集中铸造之间所缺失的冶炼环节，填补了中国冶金考古的一个重要空白，具有重要的学术意义。千金耙、西吴壁、东下冯等遗址共同反映出山西南部地区早期青铜工业的全链条状态，为中原青铜时代的到来和发展奠定了重要基础。晋南地区史前文明的繁荣和夏商时期政治军事据点的建立，与早期国家获取和控制当地的重要资源——盐和铜密不可分。

最新的考古发现还从另一个方面为晋南早期文明做了注解。2022 年 6 月，闻喜上郭遗址出土了 1 枚距今约 5200 年的仰韶时期的石雕蚕蛹。其实早在 1926 年，在距离上郭遗址 10 多千米的夏县西阴村遗址，李济先生就发现过距今约 5500 年的半个蚕茧。1960 年，考古工作者又在芮城县西王村发现 1 件仰韶晚期的蚕蛹形陶饰。近年来，夏县师村遗址共发掘出土 5 枚石雕蚕蛹和 1 枚陶制蚕蛹。运城地区发现的多个蚕茧、蚕蛹传承有序，说明山西南部运城盆地、涑水河流域的先民们在仰韶文化时期已经养蚕。当时这里气候湿润，水草丰美，桑树成荫，具备养蚕缫丝的生态环境，“嫘祖养蚕”的古老传说照进了现实，为丝绸起源与养蚕缫丝技术的传播等问题的研究提供了重要线索。

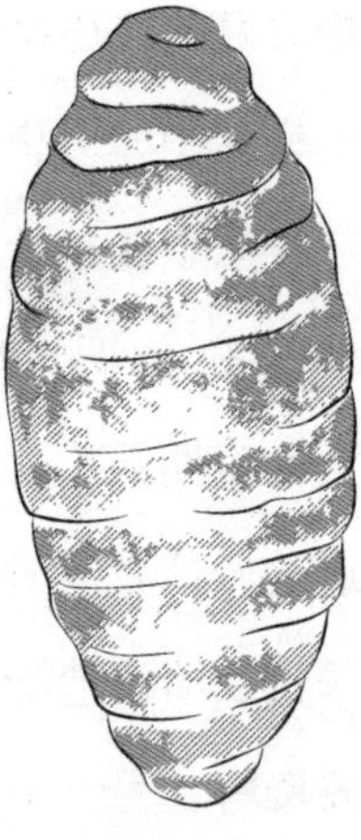
2.1.6 石雕蚕蛹

位于黄土高原东部边缘的山西，从来风

物殊佳，山川形胜。北望阴山，南临中条，苍茫吕梁据其西，雄奇太行亘其东，蜿蜒汾水贯其中，而黄河则犹如一条奔腾的巨龙揽山西于怀中。新生代第四纪以来形成的“表里山河”之势，造就了山西独具魅力的地域特色与文化亮点。从西侯度到东下冯，山西历史从200多万年前的旧石器时代发端，历经连续不断的文明演进，脉络清晰，框架完整，文明进程从未间断，影响深远，全面而生动地诠释了中国远古人类进化繁衍和中华文明起源发展的基本历程。带着远古积淀的深厚底蕴一路走来，历经夏商周及至晋国和三晋时期，山西形成有别于其他地域的显著文化特征。秦汉以来，山西历史文化兼容并蓄、海纳百川，愈发多姿多彩。山西历史文化的完整性、先进性以及艺术性，对中华文化产生了巨大的辐射力、渗透力和影响力。

作者简介

冀瑞宝，男，山西寿阳人，太原市文物考古研究院文博馆员，考古领队，主要从事田野考古、晋文化及青铜器等研究。

第三讲　南风之薰：河东盐池的历史地理价值

李广洁

古老而神奇的盐湖

南风之薰兮，

可以解吾民之愠兮。

南风之时兮，

可以阜吾民之财兮。

相传这是舜帝所作的《南风歌》，表达了上古时期先民在盐池产盐时节，对“南风”既赞美又祈盼的感情，其大意为：

南风徐徐吹过来啊，

可以解除万民的愁苦啊。

南风适时吹过来啊，

可以丰富万民的财物啊。

在运城市盐湖区南面的中条山下，有一东北—西南走向的狭长盐湖，周长约 60 千米，总面积 132 平方千米。这就是著名的盐池，是世界三大硫酸钠型内陆盐湖之一，因为位居黄河以东，古称河东盐池。古老而奇特的河东盐湖就像一个仙湖，从遥远的上古时期起一直流传着她的故事，可以说她陪伴着华夏民族一路走来。

3.1 河东盐池周边地势

河东盐池古称“盬”（gǔ）。《说文 盐部》：“盬，河东盐池也。”因为河东盐池太古老了，古人要专门为她取个专名。唐人孔颖达说：“盬虽盐，惟此池之盐独名盬，余盐不名盬也。”“盬”这个字是专为河东盐池所造，其他地方的盐是不能称为“盬”的。古人专门为河东盐池造字，是因为她有神奇之处——无海盐煎煮之劳、无井盐穿凿之艰，聚天地之精华、得河山之灵秀，潴而为天然之池。经过太阳暴晒、南风吹拂，自然结晶成盐。西晋时，籍贯河东的文学家郭璞的《盐池赋》有云“水润下以作咸，莫斯盐之最灵”。籍贯河东的唐代文学家柳宗元在《晋问》中这样赞美盐池：“猗氏之盐，晋宝之大者也。人之赖之与谷同，化若神造，非人力之功也。”

一、盐池与中国上古史

河东盐池是大自然给山西南部地区的恩赐，是大自然送给华夏民族的厚礼。人类生活不可无盐，世界上的其他古文明，如古埃及文明、古希腊—罗马文明、两河流域文明、古印度文明，都诞生在海洋附近，因为人类要凭借海洋的盐分。只有华夏文明发祥于远离海洋的内陆黄河三角地带，河东盐池的客观存在是一个重要的因素。从传说的炎黄联盟与蚩尤大战于盐池附近的“涿鹿”（浊卤），到尧、舜、禹在晋南地区的众多传说，再到夏、商、周三代在河东、河洛、关中地区的发展和繁荣，都在河东盐池周边数百里的范围内。从尧、舜、禹三王到夏、商、周三代的都城分布，基本上形成了一个“环盐池都城圈”。2019—2021年，考古工作者对夏县师村发现的仰韶早期聚落遗址进行了调查和发掘。该遗址距离盐湖只有7000米，昭示着6000年前的先民“临盐湖而居”。而考古工作者在夏县的东下冯商城遗址中发掘出大量的盐仓，是河东盐池与商代城邑、商代王畿之间关联密切的实证。初步估算，这些盐仓可以储存12000多吨食盐，是用来向商朝都城地区供应食盐的仓库。尽管这个盐仓建于商代，但它的渊源可上溯到更早。东下冯商城位于轵关陉出山口西南方的运城盆地，距离河东盐池只有30千米。河东地区的盐是当时中原一带唯一的战略物资供应地，商王朝当时修建东下冯商城，就是为了把河东的盐源源不断地通过轵关陉运输到河洛地区。钱穆先生认为，在上古时期，谁控制了河东盐池，谁就拥有了成为各部族间共同领袖的“资格证”：“解县附近有著名的解县盐池，或为古代中国中原各部族共同争夺的一个目标。因此，占到盐池，便拥有了做各部族共同领袖之资格。”传说黄帝在涿鹿之战中战胜了蚩尤，牢牢控制了河东盐池，把握了中原地区的食盐命脉，最终成为各部族的首领。许多中外历史学家都认为，作为内陆产盐之地的河东盐池，对河东周边地区的古文明发展起到了特别重要的作用。日本著名汉学家宫崎市定认为：“因为盐池利益重大，控制了盐池就具有支配古代社会的能力，唐尧、虞舜、夏、商、周的兴亡也只是执掌盐池之富的势力的更替。”河南的偃师商城、郑州商城与晋南的垣曲商城、东下冯商城都属于商代早期的城邑。偃师商城、郑州商城的规模大，属于商代早期的都城；垣曲商城、东下冯商城的规模较小，属于军事防御性的城邑。垣曲商城扼守轵关陉的交通要冲，对南边的河洛地区起着拱卫作用；东下冯商城处于轵关陉出山口不远的地方，说明东下冯商城负有保障盐池生产、运输安全的责任。有不少学者认为，周人的先祖发祥于河东盐池附近，王国维认为周初的莽京在河东盐池西南的永济蒲州，钱穆则认为莽京在今天盐池附近的安邑。

在上古时期，河东盐池就是华夏文明发展的能量库、发动机。

二、南风与盐池

河东盐池最初是采取“捞取法”：太阳暴晒，自然结晶，产盐全部依靠自然的力量。借助南风，是上古时期河东盐池的一个突出特点。每年夏季，从中条山吹来的南风穿过山谷，吹散了晒卤水时产生的水蒸气，使阳光能更有效地照射卤水。卤水持续蒸发，加快了盐晶体的析出。南风和持续的高温暴晒，是河东盐池自然成盐的两个必备条件。在出盐时节，如果吹来南风，盐池中的盐花——“榻花”就可以浮起来。如果吹来的是东北风或西南风，“榻花”就浮不起来，呈沸粥状，这种现象叫“粥发”，其味道又苦又涩，不能食用。先民已经注意到南风对盐池生产的重要作用，故称之为

“盐南风”。宋代科学家沈括在《梦溪笔谈》中总结说：“解州盐泽之南，秋夏间多大风，谓之盐南风，其势发屋拔木，几欲动地。然东与南皆不过中条，西不过席张铺，北不过鸣条，纵广止于数十里之间。解盐不得此风不冰……”《南风歌》表达了古人对河东盐池平稳生产的美好愿望，也显示了上古时期先民对自然风与河东盐池关系的认识。元代诗人王恽有诗句歌咏南风：“日融池面烂生红，更有南山障碧空。一夜高风浑如洗，世人说是广南风。”因为南风对于盐池意义重大，所以明代以来，在祭祀盐池之神的池神庙中，风洞神一直和池神并列尊位。

三、历代对河东盐池的重视

在春秋初年，河东的池盐已经十分著名。公元前 740 年晋国铸造的“戎生编钟”，其上的铭文有 153 个字，记载了晋国用河东盐池出产的盐换取南方的铜。“嘉遣卤积，卑潜征繁汤，取厥吉金，用作宝协钟”，即晋国派遣大批车队运输食盐前往楚国的繁汤（今河南新蔡县韩集镇的繁阳故城）。这八只编钟就是用换回来的铜冶炼铸造的。这次用河东食盐换取铜料之事，在晋国的另外一件青铜器——“晋姜鼎”的铭文上也有记载：“嘉遣我，易卤积千辆……征繁汤☐，取厥吉金，用作宝尊鼎”。晋国用从楚国换回来的铜料分别铸造了乐器编钟和礼器宝鼎。晋国当时一次往南方运出 1000

车食盐，足见其产销规模很大，也说明河东的盐已经在商品交换中充当重要角色，地处淮河流域的楚国已经开始食用河东盐。后来，猗顿因为经销河东之盐，成为富比王侯的大商人。公元前 585 年，晋国准备迁都，在晋南物色合适的建都地点。许多人都建议把河东盐池西北的“郇瑕之地”作为新都城，说这里“沃饶而近盐”，有盐利可资。但韩献子等大臣持反对意见：“夫山、泽、林、盬，国之宝也。国饶，则民骄佚，近宝，公室乃贫，不可谓乐。”他们担心靠近盐池，百姓会弃本逐末，以盐池之利崛起的商人势力对国家的统治不利，于是把国都迁到了新田（今侯马市）……

东汉末年，曹操认为河东是“充实之所，足以制天下”，主要是因为河东盐池为黄河三角地带的财赋重地，控制盐池之利就可以养精兵，就足以左右天下。北魏郦道元在《水经注》中这样描述盐池的情形：“今池水东西七十里，南北十七里，紫色澄渟，潭而不流。水出石盐，自然印成，朝取夕复，终无减损。……池西又有一池，谓之女盐泽，东西二十五里，南北二十里，在猗氏故城南。”北魏孝昌三年（527）十月，雍州刺史占据长安反叛，朝廷任命长孙稚前往讨伐。长孙稚没有先讨伐关中的叛军，而是先消灭围攻蒲坂、控制盐池，并与叛军呼应的薛凤贤、薛修义的势力。他事后对皇帝解释说，先解河东之围，并不是以长安为缓而以蒲坂为急，而是因为蒲坂一旦失守，朝廷就会失去盐池，三军势必会缺乏供应。可见河东盐池对当时经济、军事的影响力。

唐初，蒲州城久攻不下，塞北的刘武周又南下河东，唐高祖李渊考虑放弃河东。李世民认为河东对国家太重要了，“河东殷实，京邑所资”，坚决主张收复河东。而京邑所资者，河东盐池之利也。唐代河东盐池的发展进入一个新时期，出现了“垦畦浇晒法”——就像种地一样，垦地为畦，将卤水灌入畦内，利用日光和风力蒸发，晒制成盐。唐代学者张守节对此有详细的描述：“作畦，若种韭一畦。天雨下池中，咸淡得均，即畎池中水上畔中，深一尺许坑，日暴之五、六日则成，盐若白矾石，大小如双陆及棋，则呼为畦盐。”晒盐时，开始用淡水搭配卤水，由于淡水温度低，卤水温度高，卤水原来的温度得到了调整，硫酸镁、硫酸钠等杂质就分解出来形成“硝板”。盐工把结晶畦修筑在硝板上，这样生产出的盐不再发苦，而结晶的时间也大大缩短，五六日即可成盐。每年六七月份为主要产盐期。柳宗元在其名作《晋问》中描写了唐代河东盐池垦畦晒盐的盛况——“回眸一瞬，积雪百里”。“垦畦浇晒法”分为五个步骤：集卤蒸发；过箩调配；储卤；结晶；铲出。所以又称为“五步产盐法”。唐代河东盐池的“垦畦浇晒法”，缩短了成盐周期，提高了食盐质量，是世界盐业史上一个划时代的变革，比欧洲的天日制畦晒盐早了将近1000年，反映了我国唐朝生产力发展水平处于世界领先地位。唐代河东池盐的行销地区为“雍、洛二都三十郡”，相当于今天的河北、河南、陕西、山西、甘肃的部分地区，有160多个县。唐大历年间，全国财赋收入为1200万缗，其中盐利收入为600万缗。唐顺宗时期，河东盐池的盐利达150万缗，占全国财赋的八分之一、全国盐利的四分之一。据日本僧人智证在858年从长安到河东盐池游览时的记载，河东盐池“耕造取之，形似霜柱，其味稍涩，两京吃之”。长安和洛阳都要食用河东盐池的盐。唐宣宗时，司空图的父亲司空舆在河东盐池任职，“更立新法，其课倍入”。唐代末年，王重荣坐镇蒲州，将河东盐池的财税收入作为军费，联合李克用西入关中打败黄巢的起义军，收复了长安。几年后，围绕着河东盐池控制权的争夺，还爆发了一场战争，皇帝因此从长安出逃。当时河中节度使王重荣专有盐池之利，每年向朝廷提供3000车盐。当权的宦官田令孜借口为中央禁军解决军饷，想把盐池的征税权收回中央，控制在自己手中。光启元年（885）四月，田令孜自兼河东两池榷盐使，而王重荣赶走了田令孜派去交接的官员。田令孜让皇帝下诏把王重荣调离河中。王重荣在平定黄巢起义时有大功，他认为田令孜有意为难自己，拒绝离开河中。田令孜调动军队准备对付王重荣，王重荣向太原的李克用求援。李克用、王重荣以清君侧的名义渡河西进，逼近长安，田令孜挟持皇帝出逃。天复元年（901），朱温攻占蒲州，逼迫朝廷让他兼任河中节度使、安邑解县两池榷盐使。朱温此举，既切断了李克用与长安联系的渠道，又控制了朝廷的财税命脉，完全左右了天下形势。

到了宋代，河东盐池的“垦畦浇晒法”得到进一步的发展：

“垦地为畦，引池水沃之，谓之种盐，水耗则盐成……岁二月一日垦畦，四月始种，八月乃止。”宋代河东盐池的产量比唐代时有了大幅度的提高。宋仁宗天圣年间，河东盐池产量为 3800 万千克，供应三京（东京开封、西京洛阳、南京商丘）和二十八府、州、军食用。在宋代，包拯等名人都为河东盐池的发展做出过贡献。史载，包拯“经度解盐，以通商贩，军国赖之”。

元代是河东盐业发展史上的一个重要节点，元代末年，主持河东盐务的官员那海德俊在盐池附近兴建了盐务专城——运城。这是中国历史上唯一的因盐而设的城市，今天的运城就由此发展而来。也是在元代，由河东盐运使奥屯茂创建了专门接纳盐商和盐丁子弟就读的教育机构——运学，类似行业子弟学校，这在全国也是一个创举。

为了保护盐池，防止有人盗盐，至迟在唐代就在盐池周围筑起了围墙，“画野标禁，堑川为壕”，以护卫盐池。唐时在盐池周围 60 千米修筑禁墙，禁墙也叫“拦马墙”，有一人高。宋代有军队在盐池常驻，在盐池周围巡逻，称为“护宝都”。明代成化年间，在拦马墙外侧又修筑了 2500 余堵禁墙。盐池的禁墙开设三个禁门，中禁门与运城的南城门相对，东禁门距离安邑县城 2500 米，西禁门距离解州城 5000 米。

为了防止中条山上的水流入盐池，古代在盐池周围还修筑了很多水道，引导中条山的雨水，避免这些雨水进入盐池。主要的排水道有22条，其中最大的一条是姚暹渠。姚暹渠把夏县境内的水集中到苦池，然后再从苦池的北面引入今永济的伍姓湖，最后注入黄河。姚暹渠历史悠久，最晚在北魏正始二年（505）已存在。这条水道不仅保护盐池，还有舟楫之利，曾作为运河用来运盐。

历代在盐池附近刻立了不少碑刻，最著名的是《大唐河东盐池灵庆公神祠颂碑》，韦纵书，贞元十三年（797）刻立。碑文中记载了唐代河东盐的行销范围，“度土定食，止于中州，济于横汾。爰距陇阪，东下京郑，而抵于宛。”朝廷派遣大臣主持解县、安邑两池整修事宜，“以前詹事府司直陆位知解县池，前大理评事韦纵知安邑池”。

四、历代皇帝与河东盐池

从原来的安邑县城（今盐湖区安邑街道）向南约2500米有一个村庄叫庙村，位于盐池北岸的卧云岗东端。历代皇帝驾临安邑，巡视盐池，庙村为必经之地。最早祭拜盐神的庙，就在庙村。庙村地处盐池之阳，紧邻古盐道，这可能就是原来的池神庙选址于此的原因。西汉永始四年（前13），汉成帝在汾阴（今万荣县）祭祀后土之后，到安邑“览盐池”。东汉元和三年（86）秋，汉章帝至河东“观盐池”。唐代，贞观十二年（638）二月，唐太宗“车驾观盐池”。唐代宗大历十二年（777），“荐灵庆以号神，索氤氲而建庙”。唐代宗诏封盐池之神为“灵庆公”，建立池神庙进行祭祀，这是河东盐池之神纳入国祭之始。清代康熙四十二年（1703）十一月初八，康熙皇帝驾临河东，视察河东盐池。“万姓结彩，山呼夹道。初九日，驾进中禁门，御熏风楼，阅视盐池。”面对茫茫盐湖，康熙皇帝赞叹不已。

五、盐池与晋商

河东盐池的食盐供应中原地区的百姓食用，要把河东之盐运往各地，盐商、盐道与盐业生产几乎同步。早在春秋时期，由河东运往河南地区的食盐，要通过中条山脉，人们修筑了著名的虞坂古盐道，史学家称其为“最古老的国道”。著名的“伯乐相马”“献公借路”“唇亡齿寒”等故事就发生在虞坂盐道上。春秋时，晋献公向虞国借道讨伐虢国，所借的就是虞坂盐道。“伯乐相马”的故事也发生在虞坂盐道上。一匹年老的千里马拉着运盐的车，要翻越虞坂的陡坡。这段山路实在陡峭，那匹马疲惫徘徊，不能前进。伯乐知道这是一匹千里马，却用来运盐，十分惋惜，“下车攀而哭之”，脱下自己的衣服给马盖上。那匹马“于是俛而喷，仰而鸣，声达于天，若出金石声者，何也？彼见伯乐之知己也。”在险峻的虞坂古道上，伯乐与千里马相遇相知，也成为千古绝唱。

战国初期，猗顿因为经营河东池盐而成为巨富，《史记·货殖列传》说到他致富的原因——“猗顿用盬盐起”。他是见于文献记载的最早的大盐商。北魏时，因为靠近盐池，“河东俗多商贾，罕事农桑，人至有年三十不识耒耜”，河东太守元淑劝民农桑。北宋庆历、嘉祐年间，范祥在河东进行盐政改革，实行“钞引法”，将官营、官运食盐改由商人交钱领钞券，凭钞券到河东盐池领盐，运到有关地区自行销售。就是给商人提供食盐销售的特许证，国家以此项利润解决当时巨大的边防开支。据《宋史·食货志》记载，实行“钞引法”之后，可助边费十分之八。范祥的“钞引法”实行后，每年可节省数百万缗的运输费用，又增加了国家财政的收入。“钞引法”也催生了一批从河东盐池起家的山西商人。

明初，为了解决边塞的军粮运输问题，仿效宋代的“钞引法”，实行“开中法”——“召商输粮而与之盐，谓之开中。”鼓励商人运输粮食到边塞地区而给予食盐销售权，政府发给商人领盐的凭证——“盐引”。“开中法”的实行，对于解决边塞地区的粮饷问题、食盐运销问题都是有利的。因为销售食盐的利润可观，商人参与“开中法”的积极性很高。山西北近蒙古草原，南有河东盐池。在明代的“九边重镇”中，山西北部就有大同镇（驻大同）、山西镇（驻宁武）两处，临近山西的还有宣府镇、延绥镇两处。较之于其他地区，山西商人的地利优势十分明显，而河东地区在历史上就不缺商人，这样很快在河东盐池附近产生了大量的盐商。当时在河东地区从事食盐运销的盐商有500多家。政府还允许商人自备工本在盐池采盐，商人得三成，算作工本，政府得七成，但商人不再纳税，进一步刺激了盐池的产量。万历年间河东盐池的年产量曾高达 1.4 亿千克。盐池产量的提高，又催生了大批的盐商。明人张瀚的《松窗梦语》说到："独蒲坂一州，富庶尤甚，商贾争趋。"明清时期，因为有河东盐池的强大吸引力，周边地区的白银源源不断进入河东，为晋商的崛起奠定了雄厚的基础，可以说河东盐池催生了纵横天下五百年的晋商，河东盐池是晋商之源，是晋商的孵化基地。明清时期的许多晋商，都是在河东盐池挖到了他们经商的第一桶金。第一代晋商都是大盐商。明代的河东地区，出现了一批官商一体的大家豪族，如张四维家族、王崇古家族、刘敏宽家族等，都是从盐商起步的。明代的长芦（位于渤海之滨）也是重要的盐区。据《长芦盐法志》记载："明初，分商之纲领者五：曰浙直之纲，曰宣大之纲，曰泽潞之纲，曰平阳之纲，曰蒲州之纲。""纲"是长芦盐商中以籍贯区分形成的一种早期行帮形式。长芦盐商的五纲中，山西独占了四纲，可见晋商在全国的地位，而其中的潞泽商人、平阳商人、蒲州商人、宣大商人都是在河东盐池积累了经营盐业的经验，并积累起一定的财富后，才涉足长芦盐区的。明弘治年间，河东盐商刘家以运城盐池为依托，将生意一直做到两淮的海盐产区。河东盐池的"垦畦浇晒"工艺由此逐渐推广到全国的海盐产区，对明清时期全国盐产量的大幅提高做出了贡献。清代，晋中的商人开始崛起，他们的祖上大都是从河东盐池开始原始积累的。

六、河东盐池的盐运之路

几千年来，河东盐池的外销，形成了以盐池为中心，辐射四方的盐运之路。

虞坂道—颠軨坂道—黄河渡口：虞坂道俗称青石槽，北起运城市盐湖区东郭镇磨河村东南，穿越中条山，经过平陆县的坪头铺村，到卸牛坪村出山。两地直线距离约8000米，高差达372米，沿途山势险峻，坡道盘曲，路面坎坷。在锁阳关一带，路南侧为悬崖绝壁，路北侧为深渊大沟。古道上的千年车辙至今犹存。虞坂古道上深深的车辙，令途经此地的金代文学家元好问慨叹不已，他的《虞坂行》云："虞坂盘盘上青石，石上车踪深一尺。当时骐骥知奈何，千古英雄泪横臆。"古道上深深的车辙，犹如一层层历史的年轮，见证了河东的池盐源源不断地南销中原。运盐的车子通过蜿蜒曲折的虞坂古道时，牛马脖子上的铃铛声会传到数里之外。即将出山的一段道路被称为响铃弯，附近村子里的百姓听到响铃声，就会准备接待打尖歇脚的运盐人。出了虞坂道之后，地貌由砂石变为黄土，道路才相对平缓，两侧遍布沟壑，沟深近70米，黄土梁上的道路犹如一列连绵不绝的天桥，古人称之为軨桥。从卸牛坪村经过张店镇到南边的軨桥村，约 8500 米，这一段是颠軨坂道。从軨桥村南行 12 千米到平陆县城，从圣人涧南行 5000 米，就到了茅津渡，在茅津渡上游不远有大阳渡（今称太阳渡）。过黄河到河南陕县（今河南三门峡市陕州区），东运至洛阳。

刘茅道：在盐池正南方向，还有一条取道车辋峪的古道。由盐池南边的刘范村南直上中条山，翻越中条山，再下至平陆县的柏树岭，到核桃凹出山，再经过上牛村、下牛村、大坪头村、下庄村、寺坡底村、风泉口村，到平陆县城与虞坂道—颠軨坂道汇合后至茅津渡。取道车辋峪的刘茅古道是穿越中条山的捷径，几乎是一条直线。因为山道多石，无法行车，只是一条驮运路，故北魏时称之为石门径，唐代称之为白径。郦道元《水经注》云：“《山海经》谓之盐贩之泽也。泽南面层山，天岩云秀，地谷渊深，左右壁立，间不容轨，谓之石门，路出其中，谓之曰径，南通上阳，北暨盐泽。”刘茅古道上遗存有北周、宋代、元代三个时期的摩崖石刻，石刻的内容都是有关古道治理的。北周的石刻时间为大象二年（580）二月，题记中有“开两谷古路”的语句，即治理了分别通过两个山谷的虞坂古道、刘茅古道。元代的石刻文字记载当时治理了五处盘曲陡峻的大坡。

轵关陉（含山路、含口道）：由盐池向东北经过夏县、闻喜进入绛县盆地，在中条山的冷口峪入山，沿冷口峪河谷南下，经过横岭关分水岭后沿着亳清河谷地抵达黄河之滨，然后向东沿着王屋山南麓进入河南。此路，唐代称为含山路，宋代称为含口道。北宋前期，因为河东池盐由蒲坂等地走水运，要经黄河砥柱之险，又远又不安全。不少人都建议从含口道运盐南下，司马光的父亲司马池说："古人为什么会舍近求远？一定是含口道有不方便的地方。"众人不以为然。没多久，山洪爆发，运盐的车子和牛都被冲入河中，含口道的运盐功能一度废弃。到了宋哲宗元祐年间，含口道才又开始运盐。

运城—灵石道：由盐池东北的陶村镇经过夏县水头镇，闻喜县郭家庄镇、东镇，侯马隘口村，曲沃县高显镇，襄汾县赵曲村，向北经过临汾、洪洞、霍州市、霍州师庄、灵石县仁义村，翻越韩信岭到灵石。从运城到灵石 275 千米，限定 9 日到。

运城—洪洞—黎城道：洪洞以南的路线与运城至灵石的路线相同。从洪洞曲亭镇经过安泽县良马镇、上党关、屯留县（今屯留区）丰宜镇、长子县鲍店镇、潞城县（今潞城区）到黎城县。洪洞曲亭为潞盐东运的中转站。潞安府八县之盐都从曲亭通过，曲亭成为一方巨镇。从运城到黎城 420 千米，限 14 日到。光绪六年，朝廷拨款平治屯留之西的盐道。

运城—曲沃—陵川道：曲沃以南的路线与运城至灵石的路线相同。从曲沃经过翼城、乌岭关、沁水、阳城、凤台（今晋城市城区）到陵川县。从运城到陵川 350 千米，限 12 日到。

运城—吉州（吉县）道：从运城（今盐湖区）北相镇经过万泉县皇甫村（今属万荣县）、里望乡，乡宁县西坡镇、宽井村，吉州三堠村到吉州。从运城到吉州 160 千米，限 5 日到。

运城—洛阳道：从运城圣惠镇（今盐湖区庙村）经过东郭镇，取道虞坂道，经过平陆县张店镇、八政村到茅津渡，过黄河至陕县会兴镇，向东经过渑池县、新安县至洛阳。从运城到洛阳计程 195 千米，限 12 日到。

运城—河南卢氏道：从运城经过解州（今盐湖区解州镇）、芮城县陌底渡（今陌南镇）、河南灵宝县、卢氏县官道口到卢氏县城。从运城到卢氏 140 千米，限 9 日到。

运城—陕西咸阳道：从运城经过盐池西北的赤社、临猗东张、夹马口到黄河岸边，走水运，在华阴三河口上岸，经过华阴、华州、渭南、临潼、西安到咸阳。从运城到咸阳 305 千米，限 28 日到。

七、池神庙：历史上唯一列入国家祀典的盐神庙

盐池的池神庙起源应该很早，但见于文献记载是在唐代。根据《新唐书》和《唐会要》的记载，池神庙兴建于唐代大历年间。大历十二年（777），户部侍郎韩滉请求给河东盐池的池神加封号为“灵庆公”，皇帝给河东盐池赐名为“宝应灵庆池”，朝廷在盐池附近的卧云冈修建了池神庙，“开殿设像，容卫毕备”。宋代崇宁年间，分祀盐池的东池、西池二神，封东池神为资宝公，封西池神为惠康公。大观二年（1108），池神的封号由公晋升为王。元至元十二年（1275），池神的祭祀场所由庙晋升为祠，名曰“宏济祠”。元大德三年（1299），封东池神为“永泽资宝王”，封西池神为“广济惠康王。”明万历十七年（1589），赐盐池神庙为“灵祐祠”。

唐宋时期的池神庙在金代末年毁于战火。元代皇庆二年（1313），在现在池神庙的位置重修池神庙。元代的池神庙与现在供奉的三位大神有所区别。元代的池神庙正殿供奉东西两池神，正殿之后有寝殿。明代初年，池神庙供奉五位神仙，中殿供奉的是东西两池之神，左殿供奉中条山神、风洞神，右殿供奉关帝。万历年间重修时，中殿供奉池神、左殿供奉中条山神、右殿供奉风洞

神，新建了太阳祠。清代嘉庆二十年（1815）的地震，池神庙毁坏严重，道光年间进行了重建，供奉池神、风洞神、太阳神。道光时期，正是河东盐政的全盛时期，因而这次重修十分讲究。

池神庙的总面积为2.6万平方米，现存建筑除正殿为明嘉靖十四年（1535）遗构外，其余大部为清代重修。庙内现存元、明、清石碑17通，记载不同时期修建庙宇的经过。池神庙的主体建筑为三大殿——池神殿（灵庆公神祠）居中，左右两边为"条山风洞神祠"和"雨师太阳神祠"。三座重檐歇山大殿一字排开，四周有回廊。三大殿内分别供奉着青铜铸造的池神、风神、太阳神三尊神像，体现了盐池生产与风、太阳的自然关系。三大殿的形制、规模、结构几乎完全相同，比肩为邻，并列尊位，在中国古代庙宇建筑史上绝无仅有。大殿四周环廊，檐下斗拱出檐适度，翼角飞起，颇为壮观。其下檐斗拱为四铺作单下昂，上檐斗拱为五铺作双下昂，转角铺作为鸳鸯交首拱，在古建筑中十分罕见。

池神庙内的连三戏台也是值得欣赏的特色建筑。因为要给三位神演出，戏台呈一字线布局，这样的戏台布局在全国是孤例。戏台为七间，中台三间，两侧各二间。台下为拱形门洞，供行人通过。

海光楼上的一副对联非常引人瞩目："常平乃关壮缪故里，辖其民也，理应忠心报国；解池本包孝肃旧制，治此盐者，首当铁面无私。"意思是若要当运城的官、管理好河东盐池，就得像关羽那样精忠报国、像包拯那样铁面无私。

池神庙居高临下，面临盐湖，别具风光。拜谒池神庙，极目远眺，中条在望，盐湖俯瞰，“千古中条一池雪”（田汉先生诗句）的奇景赫然在目。微风轻拂，可以在此地想象一下先民劳作的情形。悠悠南风，吹开雾气，带来财富，带来文明，值得来感受一番。

运城盐池的“五步产盐法”在2007年被确定为山西省非物质文化遗产，2014年被列入国家级非物质文化遗产目录。近年来，千年前的“五步产盐法”又在运城盐池得到延续。如果在6月份游览盐池，还可以看到产盐的具体场景。

古老的河东盐池，在黄河三角地区孕育了华夏文明。数千年来，河东盐池以其特有的“天然成盐”，为河东周边人民的生活提供了用之不竭的食盐，成为历代王朝的财赋重地。河东盐池就像一个天然的聚宝盆，源源不断地为中华文明的发展提供前行的能量。我们应该珍视河东盐池厚重的历史文化遗产，不忘她的巨大历史贡献，保护好大自然的馈赠，走可持续发展之路。

参考文献

1. 汉书 . 北京：中华书局，1962

2. 魏书 . 北京： 中华书局，1974

3. 水经注 . 上海：上海人民出版社，1990

4. 旧唐书 . 北京：中华书局，1975

5. 新唐书 . 北京：中华书局，1975

6. 唐会要 . 上海：上海古籍出版社，1990

7. 宋史 . 北京：中华书局，1985

8. 梦溪笔谈 . 北京：中华书局，2009

9. 河东盐法备览合集简注 . 郑州：中州古籍出版社，2020

第四讲 山河环绕：特殊的地理形势与晋国的霸业之路

雷鸮宇

疆域是一国生存与发展的空间，晋国霸业的建立与维持在一定程度上是以其不断开疆拓土为基础的，而晋国疆域的开拓又与其山河环绕的地理形势有密切关系。西周时期晋国虽是小国，但“距险而邻于小”的疆域形势为日后发展提供了一个有利的地理环境。春秋前期的历代晋君，尤其是晋武公、晋献公不断兼并小国，为日后对外争霸奠定了基础。晋文公之后实施的东进战略使得晋国疆域拓展到了黄河中下游的中原地区，是其霸业长期维持的地缘因素，大量兼并戎狄之地使得晋国“国险而多马”亦是其重要优势。下面，我们围绕晋国疆域的历史变迁来探究各个时期晋国的发展空间，进一步分析山河环绕的地理形势对晋国霸业之路的影响。

一、西周时期晋国的疆域形势

地理形势对一国发展有至关重要的影响，故学者试图从西周初年晋国始封之地探究后来晋国建立霸业的奥秘。如著名历史学家吕思勉先生曾说：“盖河、汾本沃土，晋始封于是，亦已植富强之基。”河、汾一带的沃土对晋国发展固然有益处，但仅凭此恐怕不足以奠定晋国的霸业之基。《国语·郑语》中记载了西周末年有人对晋国的预测：“距险而邻于小，若加之以德，可以大启。”“距险”和“邻于小”两个特点，才是晋国在地理上最实质的优势。

西周时期晋国“距险”的疆域形势要从晋国始封地说起。早期文献对晋国始封地的记载较为含糊。《左传·定公四年》记载了卫国大夫祝佗追述鲁国、卫国与晋国的历史时，说当初晋国始封君唐叔虞是被“封于夏虚”。《史记·晋世家》叙述唐叔虞初封之地时说“唐在河、汾之东，方百里”。“河、汾之东”只有一个大体的地理范围，“夏虚”所在又有争议，所以过去学者对唐叔虞始封地的看法分歧很大。不过根据近些年来山西考古工作的新成果，唐叔虞始封之地在今临汾盆地的翼城县、曲沃县可能性最大。唐叔虞之后晋国曾经有过迁封。新出土的西周早期青铜器觉公簋铭文提到了“王令唐伯侯于晋”的信息。有关学者推测簋铭中提到的“唐伯”就

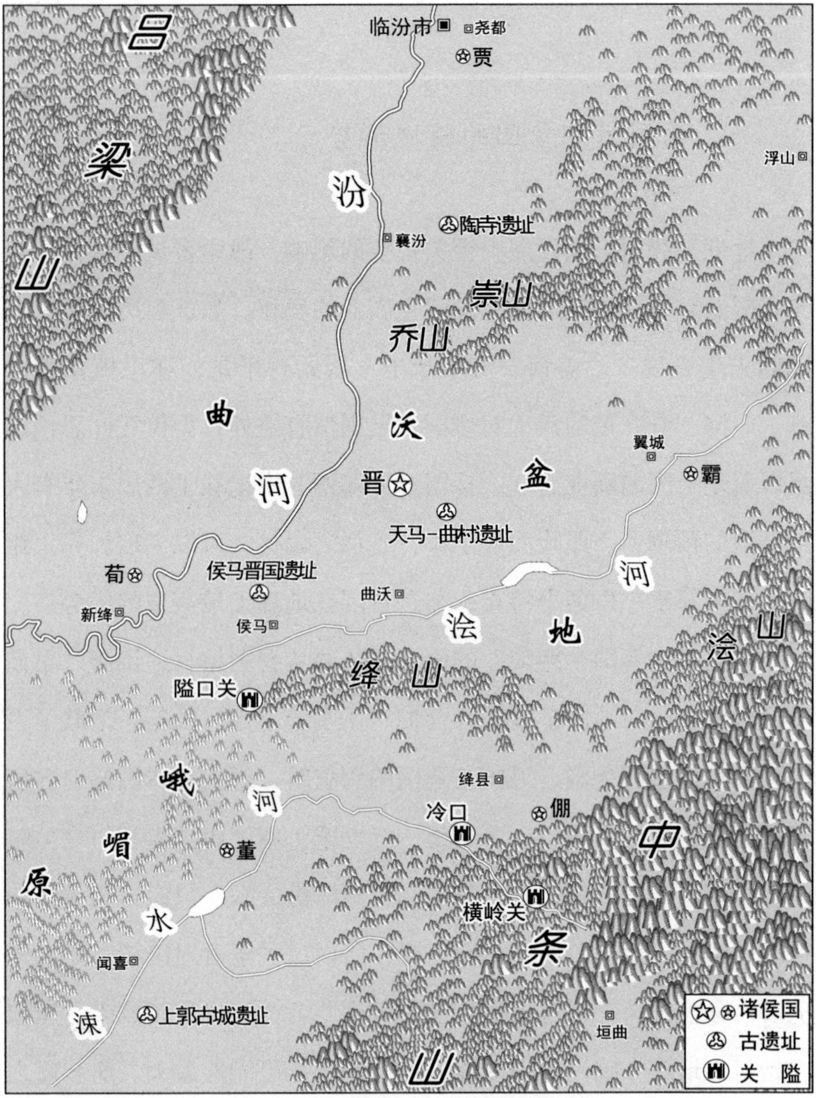

吕
梁
山
临汾市
尧都
贾
浮山
汾
陶寺遗址
襄汾
崇山
乔山
曲
沃
河
晋
盆
翼城
霸
天马-曲村遗址
荀
侯马晋国遗址
河
曲沃
新绛
侯马
浍
地
浍
山
绛
山
隘口关
峨
河
绛县
冷口
倗
中
嵋
董
原
横岭关
水
条
闻喜
涑
上郭古城遗址
垣曲
山
诸侯国
古遗址
关
隘

4.1 西周时期晋国疆域

是文献中的晋侯燮父。从唐地迁封至晋地，国名随之更改。而考古工作者在位于今山西曲沃县和翼城县交界处的曲村—天马遗址发现了晋侯墓地、晋国平民墓地、居址区、手工业作坊，以及多件包含“晋”或“晋侯”铭文的青铜器。学者多认为遗址中部的北赵晋侯墓地中年代最早的M114墓主就是晋侯燮父，年代最晚的M93墓主很可能就是晋文侯。故可推断曲村—天马遗址是西周时期晋国都邑性质的遗址。据《古本竹书纪年》记载，直到西周晚期晋国与所谓北戎还战于“汾隰”，说明当时晋国疆域之西最远到达汾河沿岸。经考古发现，晋国周边有位于今绛县横水镇的倗国、位于翼城隆化镇的霸国，以及文献所记载的位于洪洞的杨国、尧都区的贾国等小国，学者推测整个西周时期晋国疆域范围并不大，大致是东到浍山（今翔山），西到汾河，北到乔山、崇山（今塔儿山），南到绛山（今紫金山），其统治中心应在山河环绕的今曲沃盆地。这里三面环山，一面临河，且地处轵关陉道进入临汾盆地的入口附近，正与史伯所谓的“距险”之说吻合。

晋国的地理形势“有天险可守”，是指有利于防守外部势力入侵。晋国疆域“可以大启”则得益于另一个优势“邻于小”，即晋国周边都是一些较弱小的邦族。《国语》（韦昭注）将晋国所邻之“小”解释为“虞、虢、霍、杨、韩、魏、芮之属”，都是西周分封的小诸侯国。但晋国周边的邦族实际上分为两类，除了周王朝分封的小国，更多的是那些非华夏的戎狄部族。《左传·昭公十五年》记载了晋国大夫籍谈向周景王描述晋国受封之初的情形：“晋居深山，戎狄之与邻，而远于王室。王灵不及，拜戎不暇。”而周景王反驳说，唐叔虞受封时“匡有戎狄”。籍谈所谓早期晋国要和周边戎狄部族结好，不能说完全没有发生过，但绝非西周晋国史的主流。那些所谓戎狄部族基本都是自然形成的原生形态的部落，一般比晋国这种周王朝分封而形成的次生形态的邦更小。所以周景王说西周时期晋国“匡有戎狄”，即对周边戎狄部族拥有主导权甚至是领导权。《左传·定公四年》载祝佗之言说晋国立国之初的政治方略就是“启以夏政，疆以戎索”。“启以夏政”是因为唐叔虞受封之地为“夏墟”，“疆以戎索”是因为晋国周围甚至国内有众多被称为“戎”的非华夏族群。一直到春秋前期晋献公在位之时，文献中还以“戎、狄之民实环之”来描述晋国四邻。也就是整个西周时期甚至到了春秋前期，晋国一直与周边不少戎狄部族相邻。西周时期晋国与戎狄之间的战争是从晋穆侯时期开始才见于文献。《竹书纪年》有周宣王讨伐条戎、奔戎失败的记载。据《左传》与《史记·晋世家》，晋穆侯也是重要参与者。条地在今山西闻喜县鸣条岗，距离后来晋国所分封的小宗曲沃极近。这一次晋国与周王朝联军伐条之战虽然大败，但后来还是将该地纳入版图。虽然晋国与戎狄的战争互有胜负，不过更多的时候戎狄部族与晋国对抗都处于劣势。《竹书纪年》记载伐条之战后紧接着发生的就是：“晋人败北戎于汾隰。”进入春秋以后晋戎之间的差距更日益悬殊，这为晋国疆域的扩张提供了天然的地理条件。

晋国周边除了被称作“戎狄”的非华夏部族外，还有不少周王朝分封的华夏小邦。顾栋高《春秋大事表·晋疆域论》说东周初年晋国的周边邻国有：“沈、姒、蓐、黄，处在太原；虞、虢、焦、滑、霍、杨、韩、魏，列于四境。晋于其中，特弹丸黑子之地，势甚微。”其实除了顾栋高所列之国，见于文献的还有荀、贾、董等。这些小国在春秋时期大都并入晋国版图。反过来思考，晋国“距险而邻于小”的地理形势在西周时期一直如此，那为何西周时期晋国没有大规模地开疆拓土呢？这是因为西周时期晋国不仅仅是晋侯的晋国，更是周王朝分封体系下的晋国。在这个分封体系下，周王将直接统治的强大周邦与分封出去的庶邦组成一个有中央集权性质的早期统一国家。这时包括晋国在内的庶邦某种意义上带有周王朝政区的色彩。顾栋高将东周初年晋国疆土喻为“弹丸黑子之地”，并称之“势甚微”，是相对于西周王朝而言，不是相对于那些同样是“弹丸黑子之地”的邻国而言。所以西周时期晋国即便拥有相对周边小国较强的军事实力，也没有胆量挑战周王朝的分封体系来随意兼并同为这一分封体系下的小国。相反，晋国的军事力量要首先听命于周王朝的军事部署。如晋侯苏编钟铭文就记载周王调遣晋献侯苏劳师远征在今山东的夙尸（夷）。所以直到西周末年，晋国的疆域基本上局限于今曲沃盆地。

尽管西周时期晋国疆域没有太大的扩张，但“距险而邻于小”的疆域形势为其日后发展提供了一个有利的地理环境。

二、晋国霸业建立前疆域的拓展

晋国的霸业是晋文公正式建立的，不过文公之前晋国疆域已经得到很大扩展，或者说晋文公霸业建立的重要基础之一就是前代君主的开疆拓土。有的文献将晋文公刚即位时的晋国疆域描绘得极小，是为了与文公之后形成强烈反差的夸张之辞。如《国语·楚语》说晋文公刚回国即位时的情形是：“其入也，四封不备一同。”所谓“一同”就是地方百里。若果真如此，则还是维持着西周初晋国始封时的水平。这种说法就把文公之前历代晋君尤其是其父献公的功绩一笔抹杀，罔顾事实，也不合情理。

晋国在周王朝发挥举足轻重的作用是从两周之际的晋文侯开始的。《左传·隐公六年》载周桓公之言曰：“我周之东迁，晋郑焉依。”据新出土文献清华简《系年》，晋国为东周王朝的建立所作贡献尤大。《系年》简文先叙述晋文侯除掉了周平王在政治上的竞争对手携惠王余臣，然后拥立周平王即位：“晋文侯乃逆平王于少鄂，立之于京师。”自《系年》公布以来，学者们对京师所在何处有不少推测。不过晋文侯拥立平王是要使列国诸侯、邦君承认其正统地位，“京师”只有在宗周王畿地区才能达到这一政治目的。简文在叙述完晋文侯对周平王的功勋后，接着说平王东迁成周后“晋人焉始启于京师”，即从此晋国开拓京师附近的地区。晋国能“启于京师”与简文提到的“郑武公亦正东方之诸侯”两件事，正是“我周之东迁，晋郑焉依”后两国各自从周王朝获得的实际利益。宗周王畿之地位于晋国西方，晋文侯“启于京师”实质上是晋国实施西进战略。因平王东迁后宗周王畿地位已不复往日，晋文侯西进取得的实际收益并不大。晋文侯去世后晋国陷入长期内乱，再加上秦国的东进，晋国在宗周王畿开拓的领土并未维持多久。

晋文侯虽是一代雄主，但真正让晋国发展走上快车道的却是其弟曲沃桓叔一系的小宗。周代曲沃位于今山西闻喜县上郭村一带，正式受封是在晋文侯之子晋昭侯即位之初。高士奇分析晋国别建桓叔于曲沃，初衷是“借之以为公室辅，庶防缓急足恃耳”。可惜事与愿违，曲沃从被分封之初就不甘于做一个辅翼公室的附庸，而是积极谋求取大宗而代之。《史记·晋世家》载：曲沃被分封第七年，晋国大夫就弑君迎立曲沃桓叔而未果，之后晋国内乱延续了60年。曲沃除了与晋国大宗斗争外，也不断蚕食周边小国。曲沃兼并周边小国可能在武公时期成果最为卓著。《左传·襄公二十九年》载晋国大夫女叔侯回顾历史说：“武、献以下，兼国多矣。”曲沃代翼后仅仅一年，晋武公就去世，所以其兼并小国大都是在统一晋国之前，如《古本竹书纪年》载晋武公所灭之荀。《左传·桓公九年》载荀国曾与虢、芮、梁、贾几国联军伐曲沃。曲沃在日益强大的过程中，将周边一些敌对小国吞并也在情理之中。对1974年出土于山西闻喜县上郭村的贾子己父匜和荀侯匜进行考古研究后推测，在曲沃代晋重新定都于绛之前，贾国与荀国一样都已被灭，另外还有董国。《古本竹书纪年》载晋武公元年董国与荀国同时叛曲沃，其结局应该也差不多。其他未见于文献记载的应该还有不少。

真正让晋国疆域大幅扩张的是晋武公之子晋献公。晋献公在位26年，即位之初晋国疆域还不大。《国语·晋语一》载晋献公伐骊戎前，大夫郭偃称晋国为“偏侯”，且“其土又小，大国在侧”。伐骊戎一事，《史记·晋世家》系于晋献公五年，此时郭偃仍然说晋国“其土又小”是相对于“大国在侧”而言的。因为当时晋国与齐、秦二国比土地确实相对狭小。骊戎居于今陕西临潼的骊山，西周时期正是在宗周王畿之内。晋献公劳师西征，是否效仿晋文侯“启于京师”的西进战略已不可考，但这样做并没能为晋国疆域开拓带来实际益处，所以之后晋献公征伐的对象主要是位于今山西南部的小国。《韩非子·难二》记载烛过对赵简子说：“昔者吾先君献公并国十七，服国三十八，战十有二胜。”《吕氏春秋·贵直》也有类似记载，只是叙述晋献公所灭国数不同。晋献公所灭之国具体数量已不可考，其中战略地位较重要的是文献中格外关注的耿、霍、魏、虞、虢等国。

霍国本是周文王之子霍叔处的封国，位于临汾盆地的北缘。《国语·晋语一》记载晋国为了灭霍扩充了军队建制，由一军增至二军。

不过《左传·闵公二年》载晋献公作二军的目的是灭耿、霍、魏三国。耿位于今山西河津，地处汾河与黄河交汇之地。晋灭耿后西界直邻黄河。魏位于今山西芮城，晋国灭魏后西南境延伸至黄河北岸。对比《国语》的记载还是看出霍的战略地位较耿、魏二国为高。霍国位于临汾盆地北缘，是抵御北方戎狄的重要屏障。《国语·晋语二》说晋献公晚年晋国的地理形势是“景、霍以为城”，北方的霍山就像晋国的外城保护着山北的北方人群。此外霍山还是上古原始信仰体系中重要的山川崇拜对象。《史记·赵世家》记载晋国灭霍后遭遇大旱灾，占卜得到的结果是“霍太山为祟”，于是只好将已经流亡齐国的霍君召回“以奉霍太山之祀”。直到战国初年，赵氏还号称得到了上天使者“霍泰山山阳侯”的朱书。这种神鬼为祟之事固不可信，但可见霍山在当时人心目中的重要性。

吞并虞、虢二国是晋献公改善晋国生存发展空间的另一项大的举措，“假途灭虢”这个典故就出自于此。从第一次向虞国借道伐虢到彻底吞并二国，历时四年。虞国位于今山西平陆，虢国位于今河南三门峡。虞、虢二国被灭后，周王室与宗周故土的联系被彻底切断，秦国试图东进时也受到滞碍。对晋国而言，不仅南境延伸到黄河南岸地区，而且完全占领了穿越中条山的虞坂道，控制了渡河南下的重要通道，为向中原地区扩张做好了准备。《左传·僖公十五年》载晋惠公为争取秦穆公的支持，向秦国割让领土：“河外列城五，东尽虢略，南及华山，内及解梁城。”据《左传·僖公三十年》

记载，河外列城可确定的有焦（今河南省三门峡市）、瑕（今河南省灵宝市西北），即所谓的桃林之塞。焦、瑕二地都在黄河之南，控制秦国东出的重要隘道。包括焦、瑕在内的河外列城都是晋献公灭虢后进一步开拓的疆土。

晋献公所兼并的小国有相当数量的当为戎狄之国。《国语·晋语一》中骊姬谓晋献公："狄之广莫，于晋为都。晋之启土，不亦宜乎？"推测晋国从周边戎狄手中获得的土地必然不少。如《左传·闵公元年》载晋伐东山皋落氏（今垣曲县皋落乡）即是一例。

到了晋献公晚年，《国语·晋语二》中周王朝大夫宰孔描述晋国疆域为"汪是土也"，早已不是晋献公初期郭偃所谓"其土又小，大国在侧"的"偏侯"了。宰孔还称晋国的地理形势是"景、霍以为城，而汾、河、涑、浍以为渠"，南边的景山（中条山中部）与北边的霍山如同外城，汾河、黄河、涑河、浍河如同护城河，都是晋国的天然屏障。《史记·晋世家》描述献公晚年的晋国疆域形势曰："当此时，晋强，西有河西，与秦接境，北边翟，东至河内。"晋献公晚年的疆域大体上北至霍山，南过黄河，东到太岳山乌岭山脉，西边越过黄河与秦国为界。之后晋国疆域虽不断扩张，但献公奠定下的疆域一直是晋国的核心地区。直到战国初年，韩、魏两国的都城也在这一区域。核心区域山河环绕易守难攻是晋国国家安全的重要保障。用《左传·僖公二十八年》中子犯在城濮之战前的话就是："若其不捷，表里山河，必无害也。""表里山河"最初指的就是晋文公称霸前晋国的地理形势。后来晋国在对外争霸中虽然未能一直占上风，但其核心地区除西边秦国开始还能偶尔东渡黄河外，基本不受外来威胁。这也是晋国对外强硬的底气之一。

三、晋文公霸业建立后疆域的开辟

晋献公开拓的疆域除了西部领土有部分在惠公、文公时短暂丧于秦国，其他地方的疆域直到晋文公称霸前大致延续。清华简《系年》载晋惠公即位前对秦穆公的允诺是“使君涉河，至于梁城”。晋惠公回国后背弃诺言，六年后发生秦晋韩之战，秦国进入河东并“置官司”。两年后秦晋和谈，秦国又将河东之地归还给晋，晋国的“河外列城”还是没有保住。晋文公也是在秦国的支持下才回国即位的，虽未像惠公以割地为交换条件，但《左传·僖公二十四年》载秦军护送重耳回国时“济河，围令狐，入桑泉，取臼衰”。令狐、桑泉、臼衰皆在今山西临猗县，秦军进入这些城邑后文献并未记载归还晋国，所以学者推测此时晋国西境退守在涑水沿线。《左传·成公十三年》载吕相绝秦书说晋文公“征东之诸侯、虞夏商周之胤，而朝诸秦”，虽是粉饰夸张的外交辞令，但晋文公的总体战略是西线对秦有所退让、东线不断进取，应该符合史实。文公之后的历任晋君不再向秦国示弱，秦、晋二国在黄河沿岸地带不断上演拉锯争夺战，但晋国最终也只是把疆域西界推进到河西的今大荔一带。即便如麻隧之战和所谓“迁延之役”中晋师深入秦国腹地的泾河以西，也是战后立即还师而没有占领城邑土地。这说明晋国在西部疆界上的考量主要还是以遏制秦国东拓为主，而对进一步西扩兴趣不大。

晋文公建立霸业过程中有两个标志性事件，一为平定周襄王之弟王子带之乱，一为击败楚国的城濮之战。这两次行动让晋国势力成功深入中原地区。《国语·晋语四》记载子犯劝晋文公出兵平定王子带之乱时，刻意强调还可趁机“启土安疆”，可见晋国想东扩之心昭然。晋文公在出兵讨伐王子带前，先“行赂于草中之戎与丽土之狄，以启东道”。“丽土之狄”意思是附着于土地上的狄人，“草中之戎”意思是逐水草而居的戎人，大概位置当在晋东南山地一带。从此晋国开启了东进的第一步。

晋国平定王子带之乱后，周襄王为酬谢晋文公赏其“南阳”之地。《左传·僖公二十五年》记载：“与之阳樊、温、原、欑、茅之田，晋于是始启南阳。”《国语·晋语四》的记载是：“赐公南阳阳樊、温、原、州、陉、絺、组、攒茅之田。”二书对周王赏赐之地的罗列详略不同，但都指出这是所谓“南阳”之地。春秋时期的“南阳”之地大致范围为太行山以南，古黄河以北，东界于卫，西至王屋山。这些地区本是周王朝畿内的采邑，被称作“王官之邑”。但在春秋时期某些采邑也同外服诸侯一样，脱离了周王朝控制。比如《左传·僖公十年》说温地采邑主苏子之前就“叛王即狄”，这与《左传》认为周桓王对苏忿生之田是“已不能有”正相吻合。再如《左传·庄公二十九年》载阳樊的采邑主樊皮“叛王”，到周王将阳樊赐予晋国时，“阳人不服”，且当地还有“樊仲之官守”。“南阳之地”的其他地方情形应当都类似。《左传·隐公十一年》记载这片土地早在周桓王时就被拿来送给郑国，以换取郑国其他地方。《左传》批评这种行为是“已弗能有，而以与人”。所以周襄王将之赐予晋文公的心态可能与其祖周桓王相同，只是将名义上属于自己但不能控制的地区送人作顺水人情。晋国依靠强大的武力，对阳樊、原进行征伐。在控制了南阳之地后，晋国才更有影响中原诸侯国的地理条件。

《国语·晋语四》与《左传·僖公二十七年》讲述了晋文公建立霸业前做了三件事，分别是“纳天子以示之义”、“伐原以示之信”和“大搜于被庐以示之礼”。通过向民众展现“义”、“信”、“礼”从而提升国家软实力，固然对战前凝聚民心士气有重要作用。不过从地缘政治角度观察，三件事也是晋国东进拓展战略的具体步骤。此外，《国语·晋语四》记载重耳流亡卫国五鹿时，子犯就预言将来“必获此土”，文公即位后果然命先轸“取五鹿”。很可能东进战略在晋文公团队流亡过程中已有蓝图。到了公元前 632 年确立霸业的城濮之战，虽是与楚国作战，战场却在卫国的城濮（今山东鄄城县西南）。晋国之所以能出兵卫国是因为之前已将势力延伸至该地区，城濮一战除了奠定晋国霸业基础外，又让其东部疆域进一步得到扩张。

晋国与春秋时期的其他霸主一样，常将“崇明祀，保小寡”和“兄弟之国”挂在嘴边，而中原地区的小国又大多符合其崇、保的条件。故晋国疆域东拓时不太好毫无顾忌地兼并小国，只能以夺取战略要地为主。晋国将与卫国的南部边界扩张到黄河古道之东。如《左传·文公元年》载晋国一度夺取黄河以东的戚地，七年后虽迫于形势又还给卫国，但之后晋国长期扶植卫国卿大夫孙氏为代理人控制戚地。直到《左传·襄公二十六年》载“孙林父以戚如晋”，终于将戚地正式吞并。戚位于今河南濮阳，在古黄河古道之东，晋国据此就可以直接威胁到距离甚近的卫国都城。《左传·襄公二十六年》载晋国与各国会盟于戚地附近的澶渊，之后《左传·哀公二年》载晋郑铁之战，《古本竹书纪年》载晋定公三十一年，城顿丘，也都是为了将疆界延伸至黄河东侧以直接威胁卫都。晋国与卫国的北部疆界则延伸到靠近齐国之地。《左传·襄公二十五年》载晋国迫使卫国献上夷仪。夷仪在今山东聊城西南，本是卫国北方靠近齐国之城邑，晋国据此则可威慑齐国。后来齐国也不断试图夺取夷仪，可见夷仪的战略价值。春秋末期，晋国继续东进。《左传·哀公十年》载，晋赵鞅帅师伐齐，“取犁及辕，毁高唐之郭，侵及赖而还”。晋东境又推进至大河以东，济水西侧，今山东临邑、禹城一线，也是为了进一步对齐国构成威胁。晋国对郑国疆域的吞并以占据虎牢关最具战略意义。《左传·襄公二年》载晋国“城虎牢”，本来背叛晋的郑国果然马上屈服。虎牢本为郑国西境要塞，此时已为晋所有。晋国从南阳之地南渡黄河时，虎牢是一个重要关口，由此向西就接近洛阳，向东可以居高临下进入郑、陈、蔡、宋等国。总体上看，晋国对中原小国领土的蚕食还是与战国时动辄灭国不同，主要还是以夺取战略要地来威胁他国臣服为主。

春秋中后期，晋国疆域得以大规模扩张的主要原因是将太行山区与霍山以北的大片戎狄部族活动地区据为己有。这些地区大多位于山西高原，故《左传·昭公四年》载人们描述晋国地理形势依然是"国险而多马"。

赤狄诸部族活动于太行山区中南部，是与秦、齐、楚并列的晋国四大强敌之一。但晋与赤狄的关系并非一直兵戎相见，反而大多数时间能和平相处。晋文公"启东道"时靠的是"赂"的方法，而非使用武力取得该地区部分土地。直到晋景公与赤狄决裂前，晋国还与当地最大的部族潞氏有婚姻关系。文、襄、灵、成等历代晋君都没有下决心解决赤狄问题，一方面因为晋东南山地不在中原争霸的中心舞台，另一方面赤狄对晋国造成的威胁也较小。盘踞在太行山区的赤狄主要威胁的是太行山下的华北平原地区。《春秋》和《左传》中记载的狄灭邢、灭卫、灭温即是其例。但自从晋文公启南阳之地后，逐渐继承了这些地区原来承受的赤狄威胁。到了晋景公时，《左传·宣公六年》载："秋，赤狄伐晋，围怀，及邢丘。"《左传·宣公七年》载："赤狄侵晋，取向阴之禾。"怀、向、邢丘都是南阳之地。晋国全面彻底解决赤狄问题也不是单纯依靠武力，而是先由晋国大夫郤成子团结当地大多数部族，孤立个别强势部族。《左传·宣公十一年》载：“秋，会于欑函，众狄服也。”然后晋国将赤狄诸族中较强势者次第翦灭。《左传·宣公十五年》载灭赤狄潞氏，《左传·宣公十六年》载灭赤狄甲氏及留吁、铎辰，《左传·成公三年》载灭廧咎如。潞氏、铎辰在今山西潞城，留吁在今山西屯留，甲氏在今河北鸡泽，廧咎如在今山西平顺。而更多的赤狄部族文献未记载其名，应当在欑函之会后就已经主动归附晋国了。自此，太行山中南部尽入晋国版图。晋国不仅解除了“南阳之地”的安全威胁，还更方便从太行山东下开疆拓土了。《左传·襄公三年》载晋国与列国“同盟于鸡泽”。鸡泽位于太行山东麓的今河北永年，此时应该也已入晋国版图。太行山东麓在春秋时被称作“东阳”之地。《左传·襄公二十三年》载赵胜率领“东阳之师”与齐国作战。东阳义取太行山以东朝阳之地，范围非常广大。赵胜之所以能统领“东阳之师”，就是因为晋国将太行山南段东麓的今冀南、豫北一带纳入了版图。

晋国向北的扩张在晋悼公之前都不甚积极。《左传·庄公二十八年》称晋献公晚年时“蒲与二屈”是其边疆。蒲在今山西隰县，二屈在今山西吉县，也就是晋国的西部边境在吕梁山西南麓一带。《左传·闵公二年》载晋献公灭霍，北方边境到达临汾盆地北缘。之后很长时间晋国对北方以守为主，甚至有戎狄南下侵晋之事发生。

如《左传·僖公十六年》载：“狄侵晋，取狐厨、受铎，涉汾及昆都。”狐厨、受铎在今襄汾县西北汾河以西，昆都在今临汾南，已突破晋国原有北疆边界。晋国在西北边境一直没有什么发展。《左传·成公十二年》载晋人败狄于交刚。交刚在山西隰县境，与晋献公时的西北边境差不多。直到《左传·襄公五年》晋悼公采纳“和戎”之策，晋国的北疆才以和平的方式得到扩张。当时主张“和戎”的魏绛建议这一政策时，主要理由之一就是“戎狄荐居，贵货易土，土可贾焉”。至于晋国与戎狄部族货易土的细节文献未载，但晋国疆域的确是不断北扩。《左传·襄公二十九年》记载晋人“城绵”。绵在今山西介休市东南，此时晋国的北境扩展到太原盆地的南缘。当然，晋国领土北扩除用赎买的方式外，也以军事手段为配合。《左传·昭公元年》载：“晋中行穆子败无终及群狄于大原。”这个无终本来是晋悼公和戎的主要对象，此时也兵戎相见。到了春秋末，晋国已将太原盆地大部分纳入版图。《左传·昭公二十八年》载晋国将原祁氏之田与羊舌氏之田分为十县：邬、祁、平陵、梗阳、涂水、马首、盂、铜鞮、平阳、杨氏。其中除了平阳与杨氏地处临汾盆地，铜鞮在晋东南外，其余诸县皆在太原盆地，如邬在山西介休东北，祁在山西祁县东南，平陵在山西文水东北，梗阳在山西清徐县，涂水在山西榆次西南，马首在山西寿阳东南，盂在山西阳曲东北。

春秋后期晋国的势力扩张到太行山东麓的肥、鼓、鲜虞等白狄族之地。肥在今河北藁城，鼓在今河北晋州市西，鲜虞在今河北正定北。《左传·昭公十二年》载晋国军队“假道于鲜虞”伐鼓，回师时灭掉肥。《左传·昭公二十二年》载晋国亚卿荀吴帅师“略东阳”，灭掉鼓国。荀吴所略之“东阳”是太行山中段东麓地区。不过该地区白狄族最强的鲜虞，一直与晋国对峙。终春秋之世，晋国北上扩张似乎并未突破雁门关一线。《史记·匈奴列传》说到了战国初年赵襄子时才“逾句注而破并代”，然后赵氏疆域才“有代、句注之北”。句注即今雁门关之西的白草口铁裹门。也就是说，诸夏势力直到战国时期才正式进入雁北地区。

到了春秋末期，晋国的疆域北境到达今太原、榆次、盂县一带，南境到达伊洛河上游及汝水之滨，西境伸入河西，与秦对峙在大河沿线，东境与鲜虞和齐国在太行山沿线至济水沿线的广阔地带对峙，横跨今山西、河北、河南、陕西、山东五省之地。新扩张的领土虽然逐渐被晋国内部强势卿大夫家族实际控制，但晋国作为一个整体依然是非常强大的存在。

总结晋国的霸业建立过程与疆域变迁的关系，有以下几点较值得注意：

首先，山川环绕的地理形势对晋国生存空间的保障作用贯穿始终。西周时就有人根据晋国“距险而邻于小”的地理形势预测其将来的发展前景。春秋时期“表里山河”的地理形势保障了晋国在

“大国在侧”之时依然安好，即便是晋献公去世后长期政局混乱时依然未遭到他国颠覆。直到春秋后期仍有人将“国险而多马”视为晋国的一个重要优势。

其次，晋国霸业重要的地缘因素是其疆域拓展到了黄河中下游的中原地区。如果一直固守于“表里山河”的天险之内，固然可以作为一个地方性大国屹立于春秋之世，但若国土未深入到中原地区，晋国对中原诸侯国的影响力势必大打折扣，即便一两次战争的胜利也无法建立持续性霸业。

最后，晋国疆域开拓重要的对象是所谓“戎狄”之地。但晋国对戎狄之地的兼并较多使用和平方式，如晋文公“行赂于草中之戎与丽土之狄”与晋悼公“和戎”。即便使用武力手段时也是先团结大多数戎狄部族而后针对个别强势部族出兵，如晋景公灭赤狄时先“求成于众狄”。因此大部分戎狄部族并入晋国后并没有太多抵触，而是迅速融入晋国并成为其对外争霸的重要力量。

参考文献

1. 顾栋高 . 春秋大事表 . 北京：中华书局，1993

2. 高士奇 . 左传纪事本末 . 北京：中华书局，1979

3. 李孟存，李尚师 . 晋国史 . 太原：三晋出版社，2015

4. 马保春 . 晋国历史地理研究 . 北京：文物出版社，2007

5. 马保春 . 晋国地名考 . 北京：学苑出版社，2010

6. 韩虎泰 . 春秋时期晋国疆域变迁考 . 历史地理，2019(2)

7. 陈康 . 论晋国早期都城与疆域 . 中国史研究，2021(4)

作者简介

雷鹄宇，男，山西朔州人，历史学博士，山西师范大学历史文化学院副教授，研究方向为先秦历史与文献。

第五讲　太行天下脊：太行山对山西战略地位的提升

李广洁

太行山纵贯南北，跨越千里，古代的农牧分界线在其北段穿过，其北部临近传统的游牧区，南端深入中原腹地。数千年来，在太行山前的平原上，发育了洛阳、郑州、开封、朝歌（今河南省淇县）、安阳、邺城（今河北临漳县）、邯郸、邢台、定州、北京等古都，加上西侧山西高原上的平城（今大同市平城区）、晋阳（今太原市晋源区）、平阳（今临汾市尧都区）、新田（今侯马市）、安邑（今夏县西北）等古都，形成了“环太行山古都带”。在华北平原上西望高耸入云、绵延起伏的太行山，确实有高山仰止的感觉，所以古人称太行山为“天下之脊”。

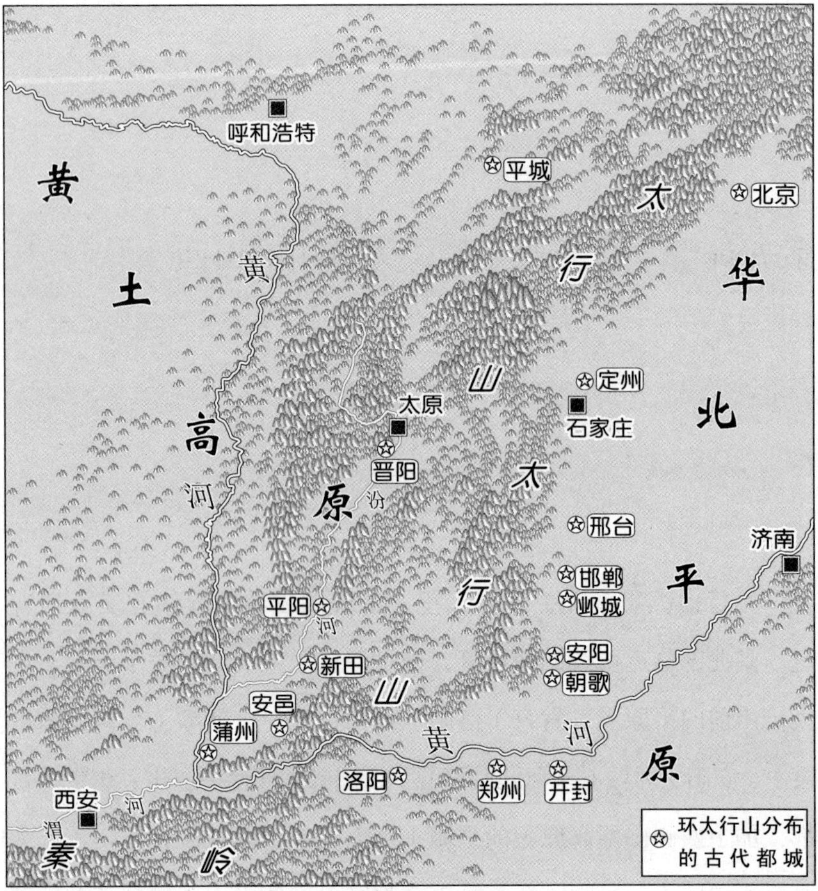

5.1　环太行山古都带

太行山在我国的史籍中早有记载，《尚书·禹贡》云：“太行、恒山，至于碣石，入于海。”《列子》谓之“太形山”，《淮南子》谓之“五行山”。“太形山”，言其山形高大。太行山在古代文学家的笔下多有记载。曹操《苦寒行》有云：“北上太行山，艰哉何巍巍！”苏轼有诗句“上党从来天下脊”。朱熹《朱子语录》曰：“太行山一千里，河北诸州皆旋其趾。潞州上党在山脊最高处，过河便见太行在半天，如黑云然。”唐枢《太行山记》云：“太行，中原之正脉，两腋如华盖，所以冒中原而重其力。惟其起张两腋，故身不自结，而凝为所冒之中。以其行局之宏，非太行不足以当之。”气势宏大的中原正脉之山，只有“太行”这个山名才能与之相称。

历史上，游牧民族南下，一般都是先控制燕山之南、太行山东北端的幽州（今北京）一带，这里是中原王朝防御胡马南下的第一道防线。从幽州往南，就是一望无际的河北平原，汉民族无险可守，而游牧民族的马队可以长驱直入。在太行山之西的山西高原上，从北到南分布着七个盆地，盆地之间有山脉相隔。这些盆地大多是传统的农耕区，资源丰富。重重的山岭形成一道道关隘，就像一道道大门，保护着山西高原的农耕区。连续不断的盆地，组成了山西高原上的农耕走廊，就像拱卫在华北大平原西侧的带刀侍卫，随时可以东下太行山，切断游牧民族南北联系的通道，形成威慑。也正因为如此，游牧民族南下时，往往都会东西两路并重，古幽州是其东路的桥头堡，而云州（今大同）一带是其西路的发力点。从大同南下，南边的太原、平阳、蒲州、潞州、泽州就不可避免地成为军事重镇，历史上许多重大战役都发生在太行山两侧。

气势雄伟的太行山，对洛阳、开封、安阳、邯郸、北京等古都，既是拱卫的屏障，也是威慑的发力点。在一定时段内，作为都城的洛阳、开封、安阳、邺城、北京等地就是天下的象征，太行山东西的军事形势，影响着这些城市，左右着天下安危。

在中国境内，没有一个山系像太行山这样影响历史数千年。太行山是中国地理的分界线，也是中国历史发展的轴线。秦汉以来，在中原王朝对北方游牧势力的防御中，太行山的战略作用十分明显。不论中原王朝的政治中心是在关中、河洛，还是在北京，都有赖于山西强有力的拱卫。山西在数千年历史上对历朝首都的拱卫作用，与山西居高临下、地处太行山上游，对历代的都城具有肩背之势有极大的关系。千里太行山提升了山西在中国历史上的地位，山西使太行山的历史更加丰富多彩。

一、周人灭商，从控制商都朝歌之西的太行山开始

商朝中期的都城在安阳，后期的都城在朝歌。安阳、朝歌都地处黄河以北太行山东麓的山前平原上，古代称这里为“河内之地”。安阳、朝歌之西不远就是太行山，太行山之西是上党台地。上党居高临下，处于上游。为了拱卫首都，商朝在上党台地建立了重要的属国黎国（今山西省黎城县）。因为黎国距离都城朝歌很近，是商朝的王都近畿。周人准备灭商，首先从朝歌的西北屏障上党台地入手，控制了上党台地之后，安阳、朝歌就危在旦夕。

《尚书·西伯戡黎》：“西伯既戡黎，祖伊恐，奔告于王。”在商周之际，“西伯戡黎”是重大事件。因为西伯所打败的“黎”临近商的都城，商朝的贤臣祖伊为商朝的安危担忧，向纣王进谏，“惟王淫戏用自绝”，规劝纣王不能一味淫戏寻乐，自绝于上天。“西伯戡黎”几年之后，商朝的军队在“牧野之战”中大败，商朝灭亡。周人通过“戡黎”行动，控制商都之西的太行山通道，拉开了灭商的序幕。这是历史上最早的控制太行山以左右天下的实例。

二、春秋战国时期：扼太行者得天下

晋国在晋献公去世后的十几年中，内乱不断，国力大受影响。晋国临近太行山以南、黄河以北的地区，当时属于周王室的辖地。晋文公即位不久，周王室发生内乱，晋国出兵勤王。根据《国语·晋语》的记载，晋国“乃行赂于草中之戎与丽土之狄，以启东道”。说明在此之前，从晋国东南出太行进入中原的道路还没有开通。周襄王为感谢晋文公的勤王之功，将阳樊、温、原等八邑（处于今洛阳、郑州以北，新乡之西的太行山前平原地带）赐给晋国，晋国的南部疆域扩展至太行山南、黄河以北，所以《左传》上说“晋于是始启南阳”，拉开了晋国争霸的序幕。晋国进入中原，取道太行山之南的“南阳”是一条最便捷的通道，即通过“太行八陉”的轵关陉。

从《国语》所说的“以启东道”和《左传》所言“始启南阳”，

可知晋国是在晋文公初年才控制了轵关陉。城濮之战时，晋国的军队就是通过这条道路向南出兵，耀武于中原。后来晋国多次出兵中原，都是凭借这条便捷的太行山要道。

晋景公时，在上党台地分布着一些赤狄部落，包括潞氏、甲氏、留吁、铎辰等分支。公元前 594 年夏天，荀林父统率晋军灭掉潞氏国（今潞城、黎城一带）。第二年春天，晋国又出兵灭掉了潞氏的同族部落甲氏、留吁、铎辰。晋国通过这两年的军事行动，消灭了居住在太行山之西的赤狄部落，基本控制了上党台地的中心地带。在此之前，晋国已经占有了邯郸一带。邯郸一带在太行山之东，因此称为“东阳”，晋国在此长期驻扎的军队被称为“东阳之师”。

晋平公时，在上党北部的铜鞮河畔建造了长达数里、闻名于诸侯国的铜鞮宫，说明太行山西南在当时已成为晋国东部的政治、军事中心。公元前 550 年秋，齐晋之间爆发了朝歌之役。齐庄公与晋国的大臣栾盈里应外合，率军攻打晋国。齐军撤退时，晋军将领赵胜率“东阳之师”追赶撤退的齐军。晋国在邯郸、邢台一带的“东阳之师”，以太行山为依托，保障东阳与上党之间的联系畅通，对河北平原的其他国家形成威慑。晋国在较短的时间内，就把太行山之南的“南阳”和太行山之东的“东阳”都纳入自己的版图，相当于把太行山的南段都作为晋国的战略依托，在中原争霸中占据了上风。

到春秋晚期，太行山的中段、南段，都已经成为晋国的境内山脉。晋国的东部跨越太行山，把太行山作为自己的“内山”。晋国从太行山的怀抱通向平原，“背靠大山”，把封闭自己的山系变为争霸中原的依托。晋国的争霸过程，就是不断地走出太行山的过程。晋国得太行而霸中原，为战国初期的韩、赵、魏跻身“战国七雄”奠定了雄厚的战略基础。

三家分晋后，赵国于公元前 425 年迁都中牟，韩国、魏国在随后的几十年间，先后把都城迁到太行山以南。从地理上来说，韩、赵、魏三国要与各国争雄，就要把自己的政治、军事中心迁移到中原地区，在政治中心上“出太行”。战国初年，太行山东麓的中段，邯郸以北，即原来晋国的“东阳之地”，属于赵国，赵国在这里设置邯郸郡。邯郸以南，属于魏国的东郡，重要的城邑有朝歌、邺。魏文侯曾经派西门豹治理邺县，使邺县成为魏国在太行山之东的重镇。韩国在太行山东侧虽然没有土地，但占据了上党台地的中南部，与其旧都平阳以及太行山以南的国土相连。上党台地对于韩、赵、魏三国来说都具有战略意义。赵国的旧都晋阳与新都邯郸之间的联系凭借太行山滏口陉，上党东北部是必经之地；从魏国的发祥地运城盆地、韩国的发祥地临汾盆地与他们在太行以南的新都相联系，上党中南部以及上党以南的“南阳之地”是他们的必经之地。

战国初期，在赵国的代地与邯郸之间，横亘着一个中山国。因为中山国的存在，赵国的东西国土、南北疆域被分割开来。在邯郸以北，两条穿行于太行山中的东西通道——井陉、飞狐陉都被中山国控制，中山国成为赵国的腹心之患。公元前 296 年，赵国灭掉中山国，史称“北地方从，代道大通”。赵国太行山东西两边、河北平原南北两块的国土连成一片。赵灭中山，控制了太行山的中段和北段，打通了由晋阳城通过太行山中部联系邯郸的道路，以及由邯郸北上通往代地的道路，为赵国在北方开拓疆域提供了强有力的保障。有邯郸之铁、代地之马、胡服之制，赵国的国力得到极大提升。

太行山西南隅的上党台地位置特殊，向东、向南都处于俯瞰之势，尤为各国所重视。野王城（今河南沁阳市）作为韩国在太行山之南的军事重镇，是韩国背靠太行、依托上党、连通中原的枢纽。太行山之北的上党台地有较长的战略纵深，防御指数、进攻指数都很高。但如果失去野王城，韩国的上党郡就成为远离大本营的孤军，在敌军的多路围攻下难以持久。敌军一旦占领野王城，等于把韩国拦腰切断，再以野王城为战略基地，既可以控制太行陉，把上党的韩军堵在太行山上，然后向南进攻；也可以把野王城作为堡垒，堵住韩军北上救援上党的通道，然后围歼上党的韩军。野王城不但能断绝太行陉的南下通道，还可以断绝轵关陉东出的通道。处于太行山前的野王城，在战国后期是韩、魏、赵、秦各国关注的焦点。公元前 262 年，秦军攻打野王城，“野王降秦，上党道绝”，迫使韩国的上党十七城归秦。秦国的计划是不战而取上党，然后从上党东出太行威慑邯郸。当赵国抢走秦国即将到手的果实时，打乱了秦国的计划，秦国不惜倾全国之力与赵国决战于上党。在最后几年的灭赵战争中，秦军一直在太行山东西两侧同时用兵。战国末期，秦国与赵国争雄，上演的就是一场“争太行”大剧。秦国部署的统一战争，先从控制太行山开始，充分说明了“扼太行者得天下”。

三、两汉至隋唐五代时期：太行左右天下

秦汉之际的井陉之战，韩信以数万人的劣势兵力对阵20万赵军，赵军先行占领太行山井陉隘道的出口，无论从兵力还是地形上，韩信的汉军都处于下风。韩信灵活用兵，背水为阵，把汉军置于死地，派小股部队奇袭赵营，前后夹击，一举击败强大的赵军。井陉之战成为中国古代战争史上以少胜多的著名战例。背水列阵是韩信善于用兵的典型战法。井陉之战虽然只是楚汉相争中的一个战役，但却是汉军“出太行”的关键，具有影响全局的战略意义。

函谷关和崤山以及秦晋之间的黄河，自古就是划分关中、关外的地理参照。汉武帝时期，为了扩大朝廷直接控制的区域，在元鼎年间施行了“广关”之举，将函谷关东移到洛阳附近的新安县，在北边“以常山为阻”。常山即太行山支脉恒山。“关东”的界限由原来的黄河一线东移到太行山一线，太行山从此成为中国东部与西部的分界线。从汉武帝时期开始，中央政府扩大了“关中”的范围，整个太行山以西的山西高原都进入“大关中”的范围，太行山与山西高原的战略地位变得越来越重要了。

东汉初，为了防御乌桓和匈奴，建武十三年（37），诏令上谷郡太守王霸治理飞狐道，东汉军队堆石布土，筑起亭障，自代（今河北蔚县）至平城（今大同市）300余里，修筑了一道防线。建武十五年（39），光武帝派人将雁门、代、上谷三郡的百姓6万多人迁到居庸关、常山关（今河北唐县倒马关）以东，以常山关与居庸关之间300多里的太行山作为防御匈奴的屏障。同时，从太原到井陉建构了第二道防线，这条防线也是借助了太原与井陉之间的太行山脉，将人工修筑与自然的山脉形势相结合。因为失去对太行山后地区的绝对控制，整个东汉时期对北方游牧势力就没有像秦朝和西汉时期那样强势，一直处于被动的防御，防线不断南缩。到了东汉末年，游牧势力已经深入并州诸郡的中南部，逼近中原河洛地区。实际上，所谓的“五胡乱华”，与西晋的“八王之乱”有一定的关系，但关系并不是很大，其根源在东汉初年没有在太行山北段采取强势的国策。

东汉末年，建安十一年（206），曹操率军征伐占据上党的高干，途径太行山险道羊肠坂（今壶关县东南），创作了流传千古的《苦寒行》。曹操的《苦寒行》诗作，虽然有文学作品的渲染成分，但应该是“羊肠坂”山道难行的真实写照。曹操抵达壶关城（今长治市潞州区）下，大军围城两个多月，收复壶关城，保障了邺城西侧的防务安全，太行山西侧的上党台地成为邺城的屏障。

十六国时期，当石勒在太行山以东崛起时，谋士张宾向石勒进言："邯郸、襄国，赵之旧都，依山凭险，形胜之国，可择此二邑而都之，然后命将四出，授以奇略，推亡固存，兼弱攻昧，则群凶可除，王业可图矣。"张宾建议石勒以邯郸、襄国（今河北邢台市）为大本营，这里西部靠近太行山，又有河北平原交通之便，在此建都，可以向各个方向出击，便于成就霸业。石勒于是在襄国建都。建兴四年（316）的坫城之战（坫城在昔阳县西南），是石勒在太行山上部署的伏击战。石勒大获全胜，不仅控制了其大本营襄国西翼的乐平郡，使太行山的中段成为其西部屏障，而且引起晋阳城震动。刘琨在晋阳城的部下投降，西晋在北方的最后一个军事重镇丢失，汉族的军事武装彻底退出黄河流域。

前燕以邺城为都，太行山和上党台地成为拱卫首都的重地。前燕大臣皇甫真认为割据关中的苻坚有兼并前燕之心，向皇帝慕容暐提出建议：洛阳城、晋阳城、壶关城，都应该加派军队，增强防守，以防患于未然。顾祖禹在《读史方舆纪要》中分析说，洛阳、太原是邺都的外屏，而壶关城是邺都的肘腋之备。太行山之西的上党台地是前燕首都邺城的第一道防线。太和五年（370）前秦与前燕潞川之战，王猛统率的前秦大军先平定上党，然后出潞川东下太行山，长驱直入夺取邺城。没有了上党台地作屏障，地处太行山东麓的邺城立刻暴露在前秦大军眼前。前燕之亡，亡于失上党、失太行。

太元十九年（394）后燕与西燕台壁之战，后燕皇帝慕容垂大张旗鼓地做出在太行山之东分路进击的态势，导致西燕也分兵把守。

接下来一个多月后燕按兵不动，让西燕产生误判，后西燕把防守的军队大部分调往太行山之南。后燕突然兵入太行滏口陉，兵锋直指西燕的粮草大营台壁（今黎城县上台北村），当西燕发觉上当，再调回南线的部队时，为时已晚。慕容垂在此役的部署指挥中，把太行山的军事攻防价值发挥得淋漓尽致。

台壁之战，西燕一战而亡，后燕实现了自己的战略意图，把太行山以西归入其统辖之下，慕容垂基本恢复了前燕时期的版图，成为十六国后期中原地区较强盛的国家。不过，有些忘乎所以的慕容垂第二年派遣太子慕容宝率领大军讨伐北魏，在参合陂之战中几乎全军覆没。为了雪耻，太元二十一年（396）春，慕容垂率后燕大军秘密发兵，北上太行，凿山通道，越过青岭（今河北涞源县东南五回岭），经过天门（今灵丘县东南），出其不意地直指云中，攻陷平城，俘虏了北魏部落三万余家。后燕虽然报了仇，但难以扭转衰弱之势。396 年 8 月，北魏拓跋珪趁慕容垂刚去世不久，率大军 40 万进攻后燕。先攻克后燕的晋阳城，又派遣一支军队向东，从太行山军都陉东下，袭击后燕的幽州。10 月，魏军从晋阳城东出太行井陉道，进入河北平原，各地的后燕守军望风而逃。次年，后燕的都城中山城被北魏攻陷，北魏开始崛起。可见，北魏大军东出太行，后燕很快就退出太行山以东。

北魏前期以平城为都，为了加强对太行山以东新征服地区的控制，北魏皇帝开始考虑由平城穿越太行山进入河北平原道路的开通与维护。当时从平城穿越太行到河北平原，一般经行飞狐道，但飞狐道有数十里艰险难行，而且在穿越太行山时，从蔚县到涞源县，或由灵丘县到涞源县，再由涞源县到定州，在距离上绕远了。如果从灵丘县入太行山，沿着唐河峡谷南下，经过倒马关到达定州，就相对快捷。与北边的飞狐道相比，这条取道灵丘的道路，相当于在道路上的裁弯取直。太和六年（482），“秋七月，发州郡五万人治灵丘道”。从道武帝、太武帝、文成帝到孝文帝，北魏皇帝从平城经过“灵丘道”出巡中山等地 20 次。中山城曾经是后燕的都城，北魏在此设行台，皇帝经常到中山巡视，就是要对以中山为代表的原来后燕的辖地形成长期的威慑。太和十八年（494），北魏由平城迁都洛阳，和皇帝历次南巡中山一样，也是取道“灵丘道”穿越太行山后，沿着太行山之东的大道南下。北魏迁都洛阳之前的近 100 年间，几位皇帝多次从平城出发南巡，太行山北段为出巡的必经之地，战略地位的重要性大为提高。由平城通往中山的灵丘道是当时的国道。

东魏、北齐时期，高欢和其儿子大部分时间居住在晋阳城，当时首都邺城与别都晋阳城之间的联系是通过太行山滏口陉通道。高洋当政 10 年间，10 余次往返邺城与晋阳城。高欢家族通过军事重镇晋阳城威慑以邺城为代表的太行山以东的河北平原。联系晋阳城与邺城之间的滏口陉通道，就像北魏前期联系平城与中山城的灵丘道一样重要。

隋代，太原作为长安的北大门，是隋王朝抵御突厥南下的一个重要屏障，也是控制太行山以东河北诸郡的军事重镇。隋初，隋文帝让其次子杨广坐镇晋阳，并在晋阳设置河北道行台尚书省，以加强对黄河以北地区的控制。开皇十年（590），杨广调任扬州总管，隋文帝任命另一个儿子杨俊为并州总管，掌管二十四州诸军事。开皇十七年（597），隋文帝又任命小儿子杨谅为并州总管，“自山以东，至于沧海，南拒黄河，五十二州尽隶焉。特许以便宜，不拘律令”。华山以东、黄河以北都归坐镇晋阳的杨谅统辖。隋炀帝大业三年（607）五月，“发河北十余郡丁男凿太行山，达于并州，以通驰道。”隋炀帝动用河北十几个郡的劳力开凿太行山，其目的是要保证由太行山以东的河北平原通往北方军事重镇太原的驰道畅通无阻。

唐代安史之乱时，叛军由范阳一路南下，直指洛阳。当时安禄山派遣部下数千人守井陉口，以防备从太行山之西来的唐军切断自己的后路。常山太守颜杲卿用计解除了安禄山部署在井陉的防守部队，又命藁城县尉崔安石等人晓谕河北诸郡：“大军已下井陉，朝夕当至，先平河北诸郡。先下者赏，后至者诛！”派一百骑兵拖着树枝奔驰向南，路上尘土飞扬，造成大军过境的假象。半天时间，消息已经传出数百里，河北诸郡闻讯响应。颜杲卿只用“大军已下井陉”一句宣传口号和百人骑兵部队，就收复了河北十七郡，由此可见太行井陉道在当时战略地位之重要程度。不久，李光弼、郭子仪从井陉道东出太行，给叛军以沉重的打击，叛军老巢范阳至洛阳的通道被切断，军心开始动摇。安禄山召集谋臣商议对策，甚至打算放弃洛阳，撤兵回范阳。

藩镇割据时期，太行山的战略地位尤为重要。建中二年（781），魏博节度使田悦企图兼并邢、磁二州，这样西边就可以依凭太行山。田悦派一支军队围攻邢州（今河北邢台市），自己率兵数万围攻临洺（今河北邯郸市永年区）。河东节度使马燧、昭义节度使李抱真奉命平叛，合兵八万，从上党东出太行，经滏口陉东下，直逼邯郸，战场上的态势发生明显的变化。无论是在心理上还是形势上，唐军都已经占了上风。田悦兵败，逃往洹水（今河北魏县），平叛的河东军、昭义军乘胜追击，又在漳河边歼敌两万多人。会昌年间，唐王朝的五路大军出兵上党，平定刘稹的泽潞叛乱。泽、潞地处太行台地，居天下之脊，历来为兵家必争之地。昭义直属的泽、潞、邢、洺、磁五州位置重要，为唐王朝的腹心之地。刘悟在唐穆宗时移镇潞州，拥兵自重，不听命于朝廷。其子刘从谏承袭昭义军节度使一职后，更加跋扈。从刘悟移镇潞州以来，此五州20年间不服从朝廷。此次平定泽潞叛乱，将太行山东西五州重新归于朝廷统辖之下，对其他拥兵自重的藩镇也是一个威慑，在一定程度上加强了中央集权，唐武宗的“会昌中兴”在太行山奠定了基础。

在唐朝末年的军阀割据战争中，北方地区最后形成了朱温、李克用两大军事集团。天复元年（901）三月，朱温部署六路大军围攻晋阳，企图一举解决河东战事。在六路大军中，有五路取道太行山的新口、井陉关、马岭关、飞狐道、天井关各处关隘进军，可见作为李克用势力的东部屏障太行山已经全部被朱温所部控制。太行山的各处防线被突破之后，李克用的部将纷纷投降、逃跑，沁州、泽州、潞州等地都被朱温控制。

五代之中的后唐、后晋、后汉三个政权都是以太原为大本营，控制太行山，兵临河洛，夺得天下的。三垂冈之战，李存勖一战立威名，把后梁的势力赶至太行山以北。开平四年（910）年底，李存勖率兵东出太行，在柏乡之战中大败后梁军队，朱温的精锐部队几乎全军覆没。这次战役之后，太行山以东的力量对比发生了重大变化。乾化二年（912），李存勖派遣周德威从太原北上，取道飞狐陉东出太行，攻克幽州，控制了太行山前诸州。李存勖的军队在10多年的时间里，不断地东出太行，通过柏乡之战、幽州之战、元城之战，控制了千里太行山，最终消灭了后梁。显德元年（954）二月，北汉主刘崇趁后周国丧，领兵三万，与契丹的一万多骑兵从太原出发，企图南下太行，消灭后周。周世宗命东路军经磁州（今河北邯郸市磁县）、固镇（今河北武安市固镇村）过太行山，从辽州（今左权县）绕到北汉军队的后面；命西路军从晋州（今临汾市尧都区）东北拦截北汉军队；南路主力赶赴泽州，周世宗亲临阵前督战。周世宗的军事部署，是不让北汉的军队南下太行，要在太行山以北的上党台地与北汉决战。两军在巴公原（今泽州县之北的巴公镇一带）决战，后周大获全胜，确保了太行山对首都开封的屏护。

隋唐五代时期，尤其是唐中期以后，太行山飞狐陉、井陉、滏口陉、太行陉、轵关陉几条通道的重要性十分突出，控制这几处太行山口，往往成为左右战争形势的关键。

四、宋元明时期：太行山是国力强弱的晴雨表

北宋立国的第一战是太行山上的泽州之战。宋军快速出击，调虎离山，占领要塞，把李筠堵在上党台地；太行山东、南两线合围，集中优势兵力，关键时刻血战攻城，不给对手以喘息之机，军事部署无懈可击。尤其是赵匡胤"勿纵筠下太行"的部署，快速控制太行陉通道上的天井关，保证了宋军源源不断陆续北上，充分发挥了太行陉的战略作用。

宋初"雍熙北伐"失败，"幽云十六州"收复无望，太行山北段的东西两侧都被辽军占领，辽军无论是从山前七州，还是从山后九州，都可以向南进犯北宋。尤其是以幽州为代表的山前七州被辽军控制，往南是平坦的河北大平原，宋军无险可守。北宋从立国之初就没有控制整个太行山系，在对北边游牧民族的防务上始终疲于应付。因为没有太行山作脊梁，北宋王朝在 160 多年里都没有在军事上挺起腰杆，先是受制于契丹人，后来又被女真人赶到了江南。

金人灭辽，从控制太行天险居庸关开始。宣和四年（1122）

十二月五日，金军抵达居庸关，还没等金军进攻，这里就发生了山崩。《金史》记载："金兵至关，崖石自崩，戍卒多压死，遂溃。"燕京（今北京市）城中的辽国萧太后得知居庸关天险已失，连夜率城中的契丹老幼出逃。已经控制太行山前、山后的金人十分狂妄，根本不把宋朝放在眼里，紧接着开始部署南下灭宋的战争。靖康元年（1126）二月，部分金军南下攻陷隆德府（今山西省长治市上党区），进至高平，太行山防线告急。北宋举朝震惊，急派三万军队驻防河阳（今河南孟州市），又北扼太行琅车之险（琅车，即今泽州县拦车村。琅车之险即天井关之险），试图以太行、黄河天险屏护首都。十一月，金军的右路军南下太行，兵临汴京。金军两路合围，北宋灭亡。

蒙古灭金，也是从控制太行山开始。贞祐元年（1213）七月，蒙古大军在太行山紫荆关西边的五回岭打败金军，攻取涿、易二州。接着又从南口进攻居庸关。在攻破居庸关之后，蒙古军队兵分三路南下，其右路军沿着太行东侧南下抵达黄河岸边，又绕太行山西麓北上回师，把太行山从北到南、从南到北扫荡了一遍。像这样环绕太行山一周的大规模军事行动，在历史上是唯一的一次，给金人以重创。失去了太行山的屏障，金人的中都（今北京）已无法为都，次年五月，金人迁都开封。

元代定都北京后，元朝皇帝经常往返于大都和上都之间，都是取道居庸关，太行山军都陉通道成了皇帝出巡经常要通过的国道。元

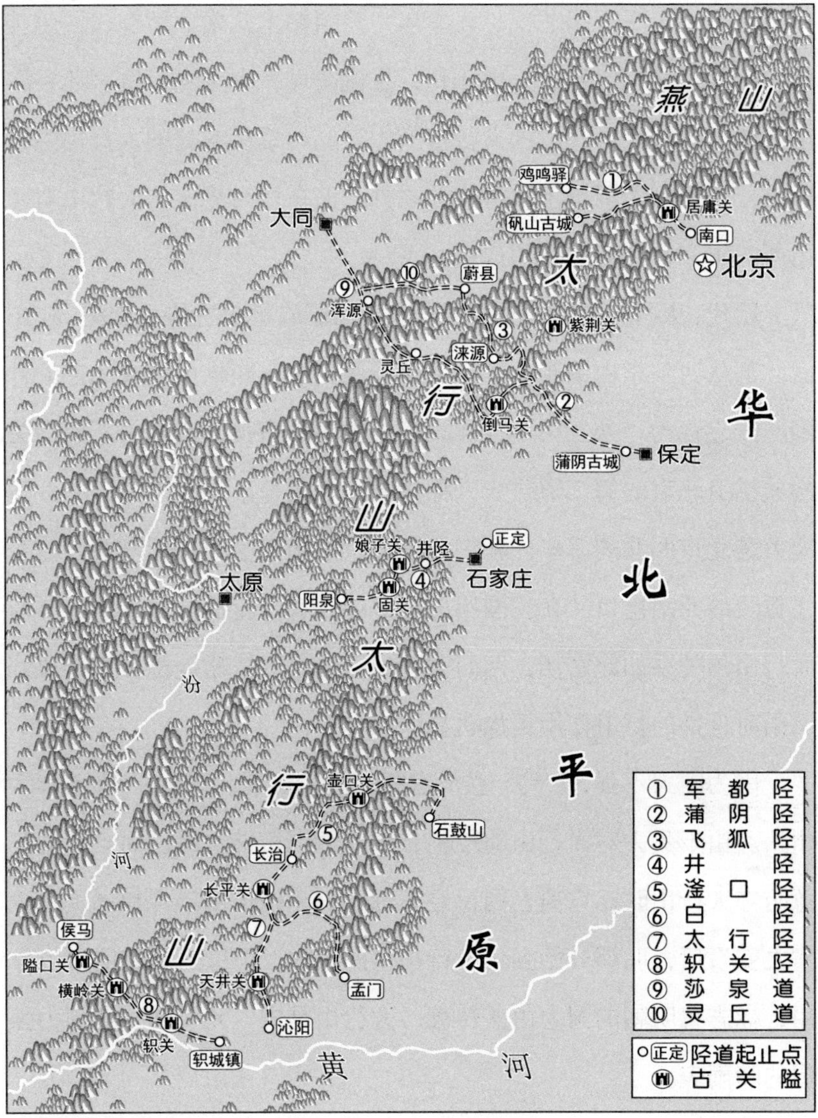

燕山
鸡鸣驿
①
居庸关
矾山古城
南口
北京
大同
太
⑨
⑩
蔚县
浑源
③
紫荆关
灵丘
涞源
行
②
华
倒马关
保定
蒲阴古城
山
正定
娘子关
井陉
石家庄
④
北
太原
阳泉
固关
太
汾
平
壶口关
行
石鼓山
⑤
长治
河
长平关
⑥
侯马
⑦
原
滏口关
山
天井关
孟门
横岭关
⑧
沁阳
轵关
轵城镇
黄
河
① 军都陉
② 蒲阴陉
③ 飞狐陉
④ 井陉
⑤ 滏口陉
⑥ 白陉
⑦ 太行陉
⑧ 轵关陉
⑨ 莎泉道
⑩ 灵丘道
正定 陉道起止点
古关隘

5.2　太行八陉略图

代末年，红巾军三路北伐，元军名将察罕帖木儿奉命留在山西阻挡红巾军的进攻，“乃分兵屯泽州，塞碗子城；屯上党，塞吾儿谷；屯并州，塞井陉口，以杜太行诸道。”红巾军从各处的太行山隘口进攻，都被元军阻击于太行险关之外，河东暂时稳定。太行山对于山西的防守，起着重要的作用。

明代，太行山为北京的西部屏障。为了防御蒙古势力南犯，在山西北部从西到东由偏头关、宁武关、雁门关三座雄关构成北京的外围防线，称为“外三关”；在太行山上由居庸关、紫荆关、倒马关构成拱卫北京的第二道防线，称为“内三关”。“内三关”中，居庸关是北京西北的门户，紫荆关是北京西南的咽喉，倒马关控扼着飞狐陉的西南出口。在我国历史上，还没有一座都城像北京这样与太行山的关系如此密切，因而太行山在明代的战略地位更为重要，山西对首都的拱卫作用更加明显。

因为国力不强，宋代一直没有收回太行山前、山后的“幽云十六州”。由于失去对太行山的控制，辽、金也相继亡国。而当元朝刻意防守太行山时，它离亡国已经不远了。正统十四年（1449）“土木之变”后，明朝开始强化太行山上的“内三关”对北京的拱卫作用，标志着明朝的国力由盛转衰。太行山是宋、元、明时期国力强弱的晴雨表。

参考文献

1. 左传．北京：中华书局，1990

2. 战国策．南京：江苏古籍出版社，1985

3. 史记．北京：中华书局，1982

4. 后汉书．北京：中华书局，1965

5. 晋书．北京：中华书局，1974

6. 魏书．北京：中华书局，1974

7. 旧唐书．北京：中华书局，1975

8. 新唐书．北京：中华书局，1975

9. 宋史．北京：中华书局，1985

10. 明史．北京：中华书局，1974

11. 资治通鉴．北京：中华书局，1956

12. 续资治通鉴．北京：中华书局，1957

13. 梦溪笔谈．北京：中华书局，2009

14. 西关志．北京：北京古籍出版社，1990

第六讲　屏障南北：雁门关的地理意义与战略地位

李广洁

在中国古代的关塞中，雁门关无疑是知名度很高的关塞之一。有歌谣曰："雁门关外野人家，不养桑蚕不种麻；百里并无梨枣树，三春哪得桃杏花？"雁门关内外的地理景观是不同的，关外之地是不宜从事农耕桑麻的农牧交错带。雁门关因为地处高耸的恒山之上而成为地理景观上的南北分界。以关塞作为地理景观南北分界的标识，这在历史上是很少见的。雁门关一带还是古代将领的建功立业之地，是古代诗文中经常出现的边塞重地。雁门关不仅是地理标识，而且在文化上有象征意义，在军事上有重要的战略地位。

一、雁门关的地理意义

在山西北部的桑干河与滹沱河之间，横亘着西南—东北向的恒山山系。古人认为恒山一直绵延到河北平原，南接太行山。《禹贡》中说：“太行、恒山至于碣石，入于海。”从地理空间和地貌情形来看，东西向的恒山西起山西宁武，东到河北易县、涿州，绵延六百多里，形成一道阻隔南北的天然屏障，向南屏护着广袤的河北平原和山西中南部的几大盆地。山西代县西北的雁门关是这道屏障西部的主要关隘，河北蔚县之南的飞狐关是这道屏障东部的主要关隘。

司马迁在《史记》中，给古代的农耕区和游牧区划了一条线，即著名的“龙门—碣石线”，“龙门、碣石北多马、牛、羊、旃、裘、筋、角”。“龙门—碣石线”在山西境内为西南—东北向，从吕梁山南端开始，经过太原、忻州以北，向东北沿恒山到河北平原，从燕山南麓一线到渤海。就植被生态而言，恒山屏障是古代华北地区明显的农牧分界线。在数千年的历史上，中原地区的农耕文明，倚仗这道屏障的保护得以发展。这条屏障是中原王朝防御北方游牧民族最南的一条防线。

恒山山系属于断块山，陡峭险峻，群峰高耸，横断南北，海拔多在两千米左右。在恒山主脉西段的句注山上，有一处“U”形山峪，两山对峙，其形如门。古人选择在此穿越恒山，这里成为沟通南北的要塞，因为地处句注山上，故名“句注塞”。

成书于战国晚期的《吕氏春秋》论及当时的天下九塞，九塞之中在北方有六处：大汾（今灵石县与霍州市之间的汾河峡谷要塞）、崤（崤山—函谷关）、井陉（今平定县与河北省井陉县之间的太行山要塞）、令疵（今河北燕山喜峰口）、句注（今代县西北恒山上的要塞）、居庸（今北京市居庸关）。其中句注、居庸、令疵三处关隘，自西向东构成了当时最北边的一组关隘。

《山海经 · 海内西经》曰：“雁门山，雁出其间，在高柳北。”高柳即今阳高县。战国时期，赵国在塞北设有雁门郡，郡治今右玉县南，因雁门郡所辖的高柳县有雁门山而得名。东汉以前的雁门山、雁门郡都与现在的雁门关没有什么关系，不可不察。《史记》记载名将李牧在雁门防备匈奴。李牧驻防的雁门指雁门郡，在今右玉县。现在的雁门关一带当时称句注塞，属于赵国的腹地。

公元前 311 年，纵横家张仪到燕国劝说燕王与秦国联盟，句注塞就出现在张仪的言谈中。张仪追述，春秋晚期赵襄子在句注塞举办的宴会上击杀了自己的姐夫、代国的国君代王。公元前 283 年，句注塞还出现在另一位纵横家苏厉的笔下。苏厉给赵王写信说：“秦以三军攻王之上党而危其北，则句注之西非王之有也。”说明句注塞是战国中期一处知名度很高的要塞。作为军事要塞，句注塞是雁门关的前身，至少有 2300 多年的历史了。

就现在而言，雁门关不过是山西境内一处知名度较高的历史关隘而已。但在历史上，雁门关却名震天下。雁门关一线是古代农耕区与草原游牧区的分界线，一直是中原汉民族与北方游牧民族十分重视的攻防之地。在历史文献中，大凡出现句注塞、雁门关，都与南北民族之间的战争相关。雁门关和黄河三角地带的函谷关、潼关一样，具有明显的标识意义。雁门关是地理景观的南北分界，有时候也是民族分布的南北分界。汉、唐、宋时期，太原是关中、河洛的北大门，雁门关则是太原的门户。雁门失守，太原危矣；太原失陷，长安、洛阳震动。元代以前，雁门关是中原王朝关注度最高的一座关隘。战争时期，无数名将在此出塞远征，成千上万的胡马从此南下袭扰中原，雁门关是南北攻防的重地；和平时期，雁门关则成为塞南塞北商旅往来的要道。加之雁门关一带地势高峻，无霜期短，即使是夏天，早晚与中午的温差也很大，向来有“六月雨过山头雪”“早穿皮袄午穿纱”的说法，更给雁门关增添了几分神秘的色彩。雁门关吸引着无数的文人骚客前往游历，游历者留下了数以百计的壮丽诗篇。雁门关不仅是一个地理符号，在某些时段甚至可以看作是胡汉军事力量消长的“寒暑表”。

二、两汉时期：从雁门塞看胡汉势力的消长

西汉初，天下初定，刘邦把韩王信迁到北边，以马邑（今朔州市

朔城区）为韩王信的都城。匈奴南下，大军围攻马邑，韩王信投降匈奴。匈奴引兵南逾句注塞，至晋阳（今太原市晋源区）城下。匈奴突破句注屏障南犯河东重镇晋阳。如果匈奴沿着汾河谷地南下，长安城就危在旦夕。刚刚立国的西汉王朝面对匈奴的威胁，必须进行反击，于是刘邦率兵出征。匈奴单于佯败，撤离晋阳，引诱汉军北上决战。汉军通过句注塞一路追击匈奴，但出师不利，兵败于白登山，史称“白登之战”。白登之战后，汉对匈奴开始采取和亲之策。汉文帝晚年，匈奴绝和亲，犯汉境。汉朝派大将驻防北边的句注塞、飞狐口，以备匈奴。“胡骑入代、句注边，烽火通于甘泉、长安”。从地理形势来看，位于恒山山脉的句注塞是距离长安较近的防御匈奴的军事要塞。当匈奴南下越过句注塞，都城长安就会接到警报。汉武帝初年，元光二年（前 133），汉军以马邑城为诱饵，引诱匈奴南下。匈奴单于贪图马邑城的财物，以十万骑兵从武州塞（今左云县）南下，向马邑进发。汉军三十余万通过句注塞北上，埋伏于马邑附近。不料，汉军的意图被匈奴察觉，匈奴退兵，汉军无功而返。数年之后，汉军开始连续北征匈奴，李广、卫青、霍去病都曾通过句注塞北征。在汉武帝北伐匈奴的战争中，句注塞是从河东进军的汉军北上必经的要隘。源源不断的汉军，越过句注塞北上远征。因为此时汉朝的国力已经强盛，句注塞已由原来防备匈奴的最后一道防线，变为汉军打击匈奴的“中继站”。西汉时期，句注塞见证了胡汉势力的消长。

东汉时，雁门郡治从北边的善无县（今右玉县南）移治阴馆县（今朔州市朔城区），郡治之南的句注塞始称“雁门塞”，这便是后来雁门关名称之滥觞。东汉后期，北方崛起的鲜卑不断南下骚扰，对东汉形成威胁。熹平六年（177）八月，东汉军队分三路北伐鲜卑，其中一路从雁门塞出发。这一时期，鲜卑族南下侵扰几乎每年都有发生，雁门塞以北几乎成为鲜卑的天下。东汉末年，朝廷准备放弃雁门塞以北之地，在今忻州市忻府区置新兴郡，安置原来在北边的定襄、云中、五原、朔方、上郡等五郡的流散百姓。曹魏初，“自陉岭以北并弃之”，将归顺的鲜卑步度根部安置在句注塞南守边，称为“保塞鲜卑”。魏明帝青龙元年（233），鲜卑步度根部要北上与鲜卑柯比能部会合，并州刺史毕轨出兵追击。因为句注塞以北是鲜卑控制区，魏明帝恐怕毕轨的军队过塞后吃亏，下诏不让他越过句注塞。但诏书未到，毕轨的军队已经越过句注塞，结果折损了两员大将。曹魏时，雁门郡的治所从句注塞之北的阴馆县，迁到句注塞之南的广武县（今代县西南）。从雁门郡治的不断南移，可以看出汉族防御线的逐步内缩。

三、北朝时期：得雁门者雄霸北方

西晋咸宁元年（275）的《句注碑》说：“北方之险，有卢龙、飞狐、句注为之首，天下之阻，所以分别内外也。”卢龙塞即河北的燕山喜峰口，飞狐关、句注塞是恒山东西两端的要塞，卢龙塞、飞狐关屏护河北平原诸州，句注塞屏障山西中南部腹地，所以古代把这三个要塞并列为北方天险。西晋末年，并州刺史刘琨率兵进攻匈奴，请求鲜卑出兵相助。刘琨与鲜卑首领拓跋猗卢结为兄弟，并请晋怀帝封猗卢为代公，以代郡（今河北蔚县）为封邑。拓跋猗卢认为代郡与他们的住地相隔太远，要求把陉岭（即恒山山脉）以北的地方作为封地，率其部众南下。刘琨把陉岭以北的楼烦（今原平市大阳村）、马邑、阴馆（今朔州市东南）、繁畤（今繁峙县）、崞县（今浑源县）五个县的百姓迁往恒山以南。汉民族的实际控制线局限于陉岭以南，今雁门关一线为胡汉分界线。繁畤人莫含，世代经商，富甲一方。其宅院建在恒山以北、桑干河之南，世称“莫含壁”“莫回城”，这是1700年前的“晋商大院”。莫含所居在塞北，常通过雁门塞往来南北。莫含家族世代从事胡汉贸易，获利丰厚，正是凭借了这里地处胡汉交界区域的地利。当时北边的毛皮、南边的粮食，源源不断地通过句注塞运往南北两边，胡汉百姓因此获得了生活所需，句注塞也一度成为繁忙的商道。西晋把陉岭以北五县作为拓跋氏的封地，句注塞一线逐渐进入“鲜卑时间”。

北魏登国元年（386），鲜卑首领拓跋珪即代王位，不久改代王为魏王，史称“北魏”。北魏皇始元年（396），拓跋珪统步骑四十余万，南出马邑，越句注塞，旌旗连绵，浩浩荡荡，兵临晋阳城下，击败后燕守军，控制了并州。此年十月，魏军从晋阳城东出太行山井陉关，进入河北平原，各地的后燕守军望风而逃。控制了北部的句注塞、东部的井陉关两处军事要塞之后，北魏在山西高原、河北平原的军事攻势，已经无人可以阻挡。据《魏书 · 礼志》记载：泰常四年（419）八月，“幸代，至雁门关，望祀恒岳”。这是史书中第一次出现雁门关的名称，至今已有1600多年。北魏在皇始三年（398）迁都平城（今大同市平城区），雁门关很可能就是在当年设立的。当时设雁门关的目的，是向南防御，以确保都城平城的安全，而不是像后来的雁门关主要是向北防御。太和十七年（493），北魏孝文帝率30万大军南征（准备迁都洛阳），从平城南下雁门关，经过晋阳，再经过上党郡，南下太行山，到达洛阳。次年，北魏从平城迁都洛阳，取道穿越太行山的灵丘道，没有选择艰险难行的雁门关这条道路。魏孝文帝迁都洛阳时，太子拓跋恂留守平城。当太子准备南赴洛阳时，部分不愿意迁往洛阳的皇室成员，企图将太子留在平城，“举兵断关，规据陉北”，即断绝雁门关的交通，割据塞北。可见，在魏孝文帝时，雁门关已成为南北巨防。北魏末年，六镇之乱时，尔朱荣深知雁门关的军事价值，“广召义勇，北捍马邑，东塞井陉”，控制雁门、井陉要塞，以晋阳城为大本营，成为左右北魏朝政的大军阀。从北魏初年南下雁门，控制晋阳，东出井陉开始，“雁门—晋阳—井陉”，一城两要塞的军事组合关系，在历史上变得愈来愈明晰。这样的军事态势，一直延续到北宋末年。

东魏、北齐时，雁门关的名称不见于记载，以“陉岭”相称。东魏时期，高欢认为晋阳城地处“四塞之地”，在晋阳建大丞相府，坐镇晋阳城，遥控朝政。高欢所看重的，是晋阳城既靠近雁门，能就近抑制北方的军事势力崛起，避免重蹈北魏失去北方武力控制权之覆辙，又可以东出井陉或南下上党，以控制河洛地区。在东魏、北齐时代，高欢家族一直不敢对雁门以北的军事力量掉以轻心。北齐天保三年（552），北方的柔然被突厥攻击，柔然可汗兵败自杀，柔然王子庵罗辰逃至北齐。次年底，突厥又一次攻击柔然，柔然举国投奔北齐。北齐皇帝高洋从晋阳出兵迎战突厥，接纳柔然部众。北齐军队追击突厥至恒山之北，突厥投降北返。高洋把柔然部众安置在马邑川（今朔州市朔城区以北），立柔然王子庵罗辰为柔然可汗。不料仅过了几个月，庵罗辰竟然率众背叛北齐。次年四月，柔然经雁门南犯北齐，高洋从晋阳出兵，北出雁门，追击到恒州（今大同市平城区一带），柔然部众溃散。高洋下令北齐大军返回晋阳，自己率领两千多名精兵殿后。在黄瓜堆（即今黄花梁，在山阴县和怀仁市交界处），高洋指挥两千多名重装骑兵，突破数万敌军的重围，以一当百，追杀十多公里，三万多柔然部众被俘虏。黄瓜堆之战，彻底击垮了柔然南下雁门的士气。

北周保定三年（563），北周武帝派杨忠率领一万名步骑兵，联合突厥南下讨伐北齐，又派大将军达奚武率领三万名步骑兵，向平阳进发，计划在晋阳会师。杨忠从北面进攻，连续攻克北齐二十余城。北齐的军队驻守陉岭（今雁门关之西的白草口铁裹门），杨忠所部突破陉岭防线。突厥的十万兵马分三路从恒州南下，当时大雪已经下了几十天，塞内外一片白茫茫，平地积雪数尺。通过陉岭南下晋阳的突厥军队，看到北齐将士杀气腾腾、严阵以待，被北齐军队的气势所吓倒，都上了晋阳西山，不肯出战，只留下杨忠的一万兵马被北齐痛击，大败而归。突厥士兵心有余悸，一路北逃。经过陉岭关时，地冻路滑，无法行走，突厥士兵只好在山路上铺上毛毡过关，十分狼狈。从冬季路滑的情形可知，突厥北逃时，为了节省时间，没有走南下时的太和岭道，而是选择了相对径直的关沟河道，就是现在雁门关所在的这条道路。这是今雁门关道路最早见于文献的记载，距今有1400多年的历史。北朝时，通过陉岭的道路以西边的太和岭道为主，但坡陡难行。东边的关沟河道较平坦，但多有流水，入冬则坚冰塞道，不易通行。东魏、北齐以晋阳为大本营40多年，与其北控雁门有很大关系。

四、隋唐时期：从屏障到出塞

隋朝初年，突厥开始南下，塞北地区不时遭到骚扰。大业十一年（615），隋炀帝到雁门一带北巡，突厥始毕可汗率十万大军南下雁门，围攻隋军，隋炀帝被困于雁门城（今代县），差点当了突厥的俘虏。突厥得知勤王的援兵已到忻口，方才北去。突厥的“雁门之围”，宣告突厥与隋朝关系的破裂，雁门一带进入多事之秋。隋代和唐代中期以前，雁门郡的关隘以“西陉”“东陉”见于记载。西陉关即句注塞，今雁门关之西的白草口铁裹门。东陉关在今代县东北的胡峪山上。

隋末，刘武周依附突厥，割据马邑，成为晋阳以北不可忽视的军事力量。李渊准备从晋阳起兵进占长安，雁门一带的刘武周是其后顾之忧。如果刘武周联合突厥从雁门南下晋阳，李渊就会腹背受敌。为了确保晋阳无虞，李渊只好向突厥示好。武德二年（619）三月，刘武周联合突厥，南下占领了榆次、平遥等地，最终占领了晋阳，对刚刚立国的唐王朝构成威胁。李世民通过“柏壁之战”，收复了河东、晋阳，但雁门一带还在突厥的控制之下。唐初，突厥将雁门以北的马邑作为据点，不断南下骚扰。武德七年（624）八月，突厥从雁门南下，进攻忻州、太原，长安城为此戒严。这和西汉初年的情形一样，都把雁门一线作为河东地区防御北方势力的最后一道屏障，只要雁门屏障被突破，长安就会戒严。

唐太宗李世民即位后，派名将镇守太原，突厥才不敢越过雁门南下。国力强盛后，大唐开始了“出塞行动”，北出雁门，远征突厥。贞观三年（629），唐太宗派三路大军北伐突厥，其中从雁门之北马邑出发的三千精锐骑兵，一直追击到阴山一带，突厥的势力方才退出了塞北地区。调露元年（679），突厥又南下骚扰，人数有几十万之众。唐高宗诏令裴行俭统率30多万人马讨伐突厥，大军北上雁门，军旗连绵上千里，史称“唐世出师之盛，未之有也”，唐军大获全胜。名将薛仁贵晚年担任代州（今代县）都督，镇守雁门，出塞北击突厥，在云州（今大同市平城区）大败突厥。天宝十四年（755），安史之乱爆发，郭子仪指挥唐军在静边军（今右玉县西北右卫镇）大败叛军，派遣一支两千人的骑兵部队攻克军事重镇马邑。马邑南通西陉关，北达杀虎口，为南北要冲。唐军控制马邑，为大军南下提供了屏护。当时为防御叛军南下，雁门、太原等地皆闭关严防、设置路障，塞北的叛军还没有被完全剿灭，西陉关还不敢开关通行，唐军只好考虑取道东陉关。东陉关在今山阴县城东南30余千米的胡峪山上，与西陉关遥遥相对，距离今雁门关的直线距离约8千米。当时，南北往来大都走西陉关，东陉关不常使用，所以唐军需要开通此道。唐军开通东陉关，打通了由塞北南下唐王朝的战略重地河东的通道，具有十分重要的战略意义。东陉关开通后，李光弼、郭子仪率领部队先后通过东陉关南下太原，然后东出井陉关，在河北嘉山大败叛军，斩杀四万，唐军声威大振。作为军事要塞，雁门关一带对战略全局的影响，以此时为最。

到了唐会昌二年（842），雁门关的名称又见于记载。此年，回鹘南扰云州，危及太原，朝廷诏命河东节度使刘沔统一指挥河东、幽州、河西兵马在太原集中。刘沔率大军先屯驻雁门关，然后北上云州，击败回鹘。在当时的史书中，雁门关、西陉关、东陉关的名称并存，说明最迟在会昌初年，西陉关、东陉关之外，还有一座以雁门关命名的关隘，这就是现在的雁门关。“雁门关”一名，从419

年见于记载，经过400多年的演变，最终固定下来，一直沿用至今。

雁门一带是唐军的出征之地，在边塞诗繁荣的唐代，唐诗中与雁门有关的作品自然不在少数。如王昌龄《塞上曲》：“秋风夜渡河，吹却雁门桑。遥见胡地猎，鞴马宿严霜。”李颀《塞下曲》：“黄云雁门郡，日暮风沙里。千骑黑貂裘，皆称羽林子。”刘长卿《从军六首·其四》：“目极雁门道，青青边草春。”韦应物《杂曲歌辞·突厥三台》：“雁门山上雁初飞，马邑阑中马正肥。日旰山西逢驿使，殷勤南北送征衣。”在唐代的边塞诗中，雁门关和西北的玉门关出现的频率最高。不过，李贺的名作《雁门太守行》与雁门关没有一点关系，李贺只是用了“雁门太守行”这一汉乐府旧题而已。

五、两宋时期：从遥望到梦想

唐代末年，兴起于东北的契丹势力已经进逼到云州一带。后唐清泰三年（936），驻守在太原的河东节度使石敬瑭，为了打败后唐的军队，派人向契丹皇帝耶律德光求救，承诺把契丹皇帝当作父辈尊敬，约定事成之后，“卢龙一道及雁门关以北诸州与之”。石敬瑭割让“幽云十六州”给契丹人，使河北平原的北部屏障尽失，而雁门关一线竟成了中原汉族政权的边界线，改变了唐代以来的疆域格局，中国历史又出现了长达300多年的南北对峙局面。

在宋王朝南渡以前，宋朝疆域的北端基本上被限制在雁门关一线。正是由于幽云十六州的丢失，使宋王朝从立国之初就受制于人。占据雁门关以北的契丹人就像蹲在宋王朝北门口的一头猛虎，让宋王朝成天提心吊胆。北宋太平兴国五年（980），辽国的十万大军企图通过雁门关南犯。面对十万敌军，单凭正面防守很难取胜，于是杨业率领数千骑兵从雁门关西边的西陉关北出，绕到雁门关的北口，从辽军的背后发动突然袭击，与潘美的正面防守形成南北夹击。杨业所部从西陉关北出，西北经过旧广武村、新广武村，再沿着广武沟东南行，经过后腰铺、大峪沟一线，到达今雁门关北口。广武沟山道长达 8000 米，从广武沟南下，山间道路逐渐由宽变窄，最初为 800 米左右，到雁门关附近仅为 3 米左右。山道两边，山崖壁立，道路蜿蜒曲折。如此地形，不适合大部队来往调度。辽军的十万大军进入这样的地带，是真正的“进退维谷”。当时，辽军正气势汹汹地扑向雁门关，根本不会想到宋军会迂回到背后。面对杨业所部的突然袭击，辽军不知道背后的宋军到底有多少人马，惊慌失措。辽军前锋部队已经进入深谷，因山道狭窄，无法回援。杨业率兵由北向南出击，潘美率兵从南向北出击。混战中，辽军主帅萧多罗被宋军斩杀，马步军都指挥使李重诲被生擒。辽军群龙无首，成为乌合之众，仓皇逃命中又自相践踏，伤亡惨重。杨业奇袭辽军，声威大震。太平兴国七年（982），辽军又一次兵分三路南下，杨业在雁门关阻击了辽军的西路军，使辽军止步于雁门关前。杨业镇守雁门关，使辽军数年不敢南犯，“杨无敌”的威名远扬。此后一千多年，民间的传说、演义、戏台上的“杨家将”故事，让雁门关和杨家将的威名妇孺皆知。

雍熙三年（986），宋军兵分三路北伐辽军，试图收复“幽云十六州”，史称“雍熙北伐”。杨业所部属于西路军，出兵雁门关，所向披靡，接连收复了朔、寰、应、云四州，部队很快就到了飞狐口。杨业在飞狐口大败辽军，消灭了三万辽军。由于曹彬的失误，东路主力大败，宋军合围幽州的战略意图已不可能实现。辽军开始反扑，乘胜攻陷山后的蔚州、寰州等地。西路军处于十分不利的地步。宋太宗诏令潘美、杨业护送云、朔、寰、应四州百姓内迁。杨业主张分兵应州，诱辽军向东，以强弩手千人扼守石竭谷口（今朔州市朔城区南的下石竭峪村），阻击辽军，以保护百姓安全南撤。监军王侁早就对杨业的战功过多心怀不满，不采纳杨业的建议，还冷嘲热讽，逼杨业出兵寰州（今朔州市东）与辽军正面对阵。杨业建议潘美、王侁在陈家谷口（今宁武县东北的阳方口，谷口两侧有山峰，形势险要）设伏兵接应自己。杨业率部血战，当他回师到陈家谷口时，却不见潘美、王侁的接应部队。杨业孤军奋战，负伤被俘，绝食而死，其子杨延玉亦战死。杨业以身殉职，宋军士气大受影响。防守云州、应州的将领听到杨业殉职的消息，都弃城而去。宋太宗听后十分痛惜，对潘美、王侁的行为十分震怒，把潘美连降三级，将王侁流放。

在杨业之后，宋军再也没有越过雁门关一线，恒山山脉成为北宋和辽之间的界山，雁门以北的疆土宋人只能遥望。北宋末年，金兵分两路南下攻宋，其西路军经过雁门关南犯代州、忻州，进逼太原。北宋的朔州守将孙翊率兵从雁门关南下驰援太原，因为金兵把守雁门关，孙翊遂改由宁化（今宁武县宁化村）、宪州（今静乐县）出天门关（今太原市尖草坪区东关口村之西）以援太原。宋室南渡之后，雁门关也成为文人诗词中的梦想，如南宋诗人陆游《夜游宫 · 雪晓清笳乱起》："雪晓清笳乱起。梦游处、不知何地。铁骑无声望似水。想关河，雁门西，青海际。"严羽的《从军行》有诗句云："朔风嘶马动，遥想雁门秋。"在南宋诗人的作品中，雁门关成为北方故国的象征。

六、明清时期：从军事雄关到商贸要冲

元代初年，元好问有一首《雁门关外》："四海于今正一家，生民何处不桑麻。重关独居千寻岭，深夏犹飞六出花。云暗白杨连马邑，天围青冢渺龙沙。凭高吊古情无尽，空对西风数去鸦。"诗人描写了当时四海一家、天下一统的局面，长期的南北分裂结束了，雁门关不再是隔绝南北的边关。元代的雁门关，在较长时间不再出现烽火和刀光剑影，是一处供人们凭高吊古的名关。

明代，退居蒙古草原的元朝残余势力一直是明朝的北部威胁。

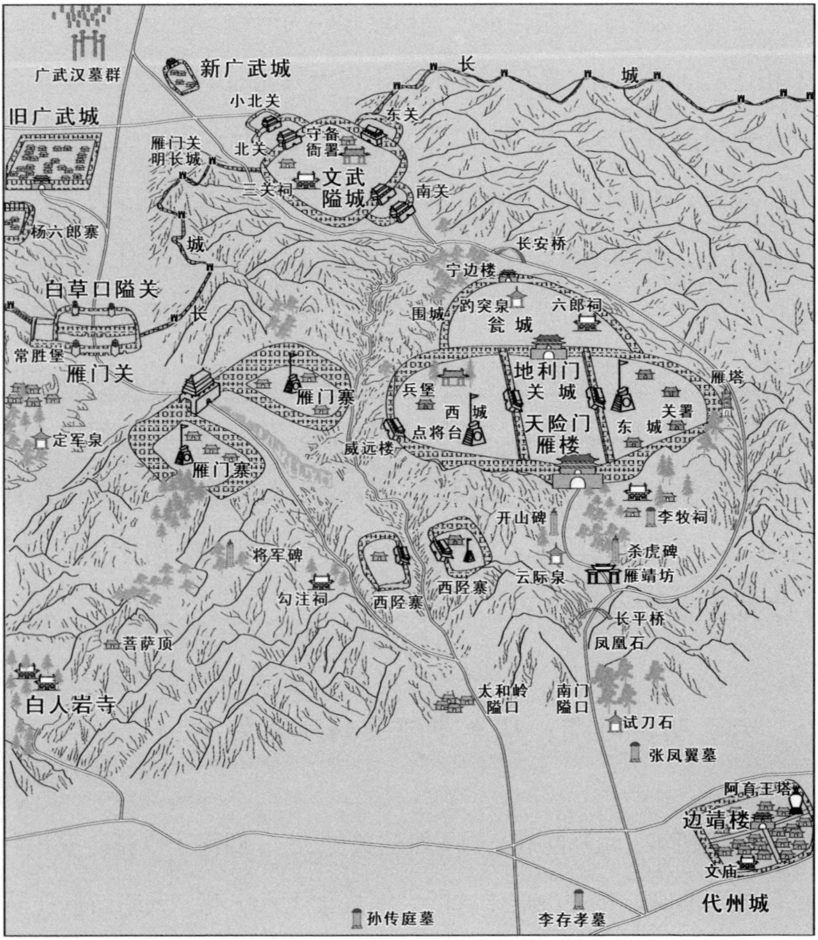

6.1　明代雁门关防御体系

为了防御元朝残余势力南下骚扰，在北方修建了大量的长城关塞。山西的北边设立了大同镇长城防御体系、山西镇长城防御体系。现在山西塞北地区遗存的长城，大部分修筑于明代。山西镇的偏头关、宁武关、雁门关防御体系是首都北京的外围防线，被称为“外三关”。当时的形势：北京之安危与山西关系密切，山西之安危视外三关，所以外三关之得失，事关国家安危。雁门关西抵宁武关、偏头关，东连平型关、紫荆关、倒马关，乃北京之藩卫、山西之屏垣，既屏护山西中南部，也是首都北京的外围防线。外三关之中，偏关在西，雁门关居东，偏关为门户，雁门关为堂奥。其时大同为防御蒙古骑兵南下的第一道防线，雁门关一带为第二道防线。洪武七年（1374），在现在的位置修筑雁门关城，后来在嘉靖、万历年间又多次增修、复修。在修筑雁门关城时，还在附近修筑了长城。在关、隘、口、堡、长城等军事设施的连通下，形成了南北纵深 20 千米、东西横跨近 200 千米，点线结合、以点护线、体系完备、雄伟壮观的雁门关防御体系。

从宋代以来，雁门关防御体系形成了“两关四口十八隘”。两关：雁门关、西陉关；四口：太和岭口、南口、旧广武口、新广武口；十八隘：关以东十隘——水峪、胡峪、马兰、茹越、小石、大石、北楼、太安、团城、平型关；关以西八隘——太和、水芹（八岔口）、吊桥、庙岭（盘道梁口）、石匣、阳武峪、玄岗、芦板口。

在明景泰之后，明朝国力转弱，大同防线已难以阻挡蒙古骑兵南下，外三关防线频频告急。因为雁门关有比较完备的防御体系，蒙古南犯的军队或止步于雁门关之北，或选择从宁武关、偏关南进。但随着蒙古南下规模的扩大，冲击力越来越强，雁门关防线多

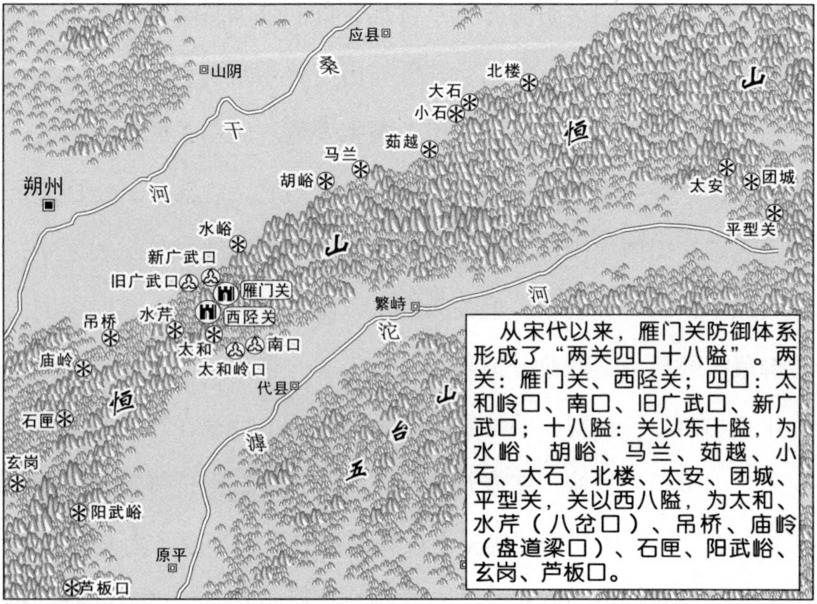

6.2　雁门两关四口十八隘略图

次被俺答所部突破，雁门关以南的繁峙、五台、忻州等地均遭劫掠。嘉靖二十一年（1542）六月，俺答所部突破雁门关，由太原南下，劫掠晋中、晋东南各地，深入襄垣、长子一带，返回时由太原北上，从雁门关北出。俺答所部此次南犯，涉及山西境内30多个县，杀戮甚众，危害极大。可见，当国力衰弱、军无斗志时，像雁门关这样形势险要的雄关也无能为力。

清代，雁门关地处腹地，无边患之忧，为商贸必经之通道，是晋商万里茶路的重要关口。因为车多路窄，雁门关经常发生道路堵塞现象，为解决此问题，当地官府在这段道路上划定了“单行线”，为此刻立了一通“分道碑”。碑文云：“正堂禁示：雁门关北路紧靠山崖，往来车辆不能并行，屡起争端，为商民之累。本州相度形势，于东隆另开车道，凡南来车辆于东路行走，北来车辆从西路径由。不得故违，干咎未便。特示。乾隆三十六年三月吉日立。”这应该是国内出现较早的车辆通行守则碑刻。由此可见，乾隆时期雁门关商贾往来之繁荣。在晋商称雄天下时，历史名关雁门关为晋商货物的北运南销发挥了重要作用。

七、抗战时期：八路军雄关扬军威

1937 年 10 月中旬，中国军队与日军在忻口会战。雁门关位于忻口之北 70 多千米，是日军从大同到忻口运输军需物资和援兵的必经之地。为了配合忻口前线的友军，八路军第 120 师师长贺龙命令第 358 旅第 716 团在雁门关一带设伏，袭击日军的运输队，切断日军的补给线。

10 月 17 日黄昏，在团长贺炳炎、政委廖汉生的率领下，第 716 团到达雁门关附近。第二天早上，八路军在雁门关以南的黑石头沟公路西侧高地设伏。上午 10 时许，50 余辆满载步兵的日军汽车由北而来进入伏击区，八路军以密集火力袭击日军车队，击毁部分汽车。激战正酣，又有 200 多辆日军汽车从阳明堡方向驶来。第 716

团当即以一部兵力阻击该敌。战斗到晚上，日军又派来援兵，第716团撤出战斗。当天的战斗，八路军共毙、伤日军300余人，击毁汽车20余辆。

10月20日晚上，第716团一部袭取了雁门关，另一部破坏了广武至太和岭之间的公路、桥梁。21日，第716团再次于雁门关附近的黑石头沟设伏。9时许，由南向北行驶的200余辆日军汽车和由北向南行驶的数十辆日军汽车，同时进入伏击区，第716团随即展开攻击。八路军战士居高临下，消灭部分日军，击毁汽车10余辆。日军有飞机前来增援，八路军主动撤出战斗。

八路军在雁门关的两次伏击战，共消灭日军500余人，击毁汽车30余辆，一度阻断日军由大同到忻口的交通，打击了日军的嚣张气焰，有力地配合了忻口前线的友军。在千年名关之上，扬八路军抗战之军威，鼓舞民族御敌之士气。

雁门要塞的历史悠久，可追溯到2300多年前。雁门关之得名也为时颇早，已有1600余年。现在雁门关的历史，最晚可以追溯到1450多年前的北齐时期。

晋北要塞雁门关，凭借着李广、卫青、霍去病、薛仁贵、郭子仪、杨业等历代名将在此征战，名震天下。因为战略位置的重要，雁门关的烽火往往拉响长安、洛阳的警报，其得失事关国家安危。中原王朝国力不强时，雁门关是一道屏护中原的防守线；中原王朝国力强盛时，雁门关往往是“出塞行动”的出发地；中原王朝南渡江淮流域后，雁门关便成为文人诗作中的梦想和远方。名将、名战、名事、名诗，造就了雁门关在天下的鼎鼎大名。在数千年的历史上，雁门关就像一个角力场，匈奴、鲜卑、柔然、突厥、契丹、女真、蒙古等游牧民族，在此轮番与汉民族对阵。雁门关是一个内涵丰富的文化符号，既是南北战争的见证，也是民族交融、四海一家大一统的见证。

参考文献

1. 战国策．南京：江苏古籍出版社，1985

2. 史记．北京：中华书局，1959

3. 三国志．北京：中华书局，1959

4. 魏书．北京：中华书局，1974

5. 旧唐书．北京：中华书局，1975

6. 新唐书．北京：中华书局，1975

7. 元丰九域志．北京：中华书局，1984

8. 资治通鉴．北京：中华书局，1956

第七讲　南北交融：山西民族史的高光时刻

刘勇

地理学界常以 400 毫米年等降水量线作为基准来描述中国地理分区，高于此标准，为适宜农业的地区，低于此标准，为适宜畜牧业的地区。早在 2000 多年前，司马迁在《史记》中就明确提出“龙门—碣石线”，在这条线的西、北方向，“多马、牛、羊”，即为牧业区。山西的西部、北部地区，有广泛的区域在“龙门—碣石线”以西、以北。山西地区是一个农耕地区与游牧地区的过渡带。

山西的区域地理面貌和气候环境背景，成为几千年来不同族群在这里活动的基调。农耕地区与游牧地区族群之间的互动关系跨越山西古代史，也贯穿中国古代史全过程。

山西在中国古代的战略地位可以概括为“乱世之前台，治世之后台”。山西的战略地位与山西历史上的多民族大融合密不可分。

我们在认识和思考山西历史时，民族融合都是需要高度重视、极具分量的重要一章。

一、历史的先声——先秦时期山西地区的民族融合

西周建国之后施行封建，在今山西南部分封了多个诸侯国。周成王的弟弟叔虞受封于汾河下游谷地的唐地，是西周初年在这一带建立的最为重要的同姓封国。

叔虞在封地采取“启以夏政，疆以戎索”的政策，既延续夏人的制度，又兼顾戎族的管理办法。可见叔虞来到河汾之东时，姬姓唐国管辖下的族群至少包括原来的夏人、戎人和新到的周人等不同族群。因采取因地制宜的政策，叔虞较快稳定了统治。叔虞之子燮父迁都到晋这个地方，改唐为晋，这是晋国号的由来。

晋国的周边当时有不少戎狄之国。如近年在绛县横水发现的倗国文化遗址、在翼城大河口发现的霸国文化遗址。倗国和霸国均为与晋国同时期的方国。考古学证据表明，西周时晋南不同族群的葬式不同，周人基本为头向北葬，原唐人基本为头向东葬，戎狄基本为头向西葬。倗国和霸国墓葬群的葬式均为头向西。这两处墓群距西周晋侯墓地——天马—曲村遗址仅有几十里的距离。

西周时期晋南地区的戎狄部落很多，在中条山地区就有条戎、骊戎、草戎等。山西其他地方也遍布戎狄，如晋东南的赤狄部落有潞

氏、甲氏等。西周早期，晋国临近的戎狄多数是小部族，晋国对它们都有主导权，所以文献中说晋国“匡有戎狄”。西周中期，晋国逐渐对周边戎狄方国和部落进行兼并。到东周初期，晋国疆土逐渐包括今晋南、晋东南广大地区。兼并过程中，晋国与戎狄部落也采取了联姻政策，如晋献公娶大戎子生重耳，娶小戎子生夷吾，娶骊戎女生二子奚齐、卓子。晋献公的好几个儿子都有戎狄血统。晋国统治阶层与戎狄部落之间的联姻，有利于晋国的稳定发展，客观上促进了春秋时期今山西南部以晋国为中心的民族融合。正是由于戎狄上层的融入，晋国的事业才能如滚雪球一般，在山西大地上稳步开拓，成为华夏文明在山西的代表。晋悼公时，大臣魏绛提出“和戎”策略，通过给进入晋国北边的白狄部落提供财物，渐渐控制边界附近的土地，缓和双方关系。经多年经营，在春秋末年，晋国疆土向北到达太原盆地。

战国时期，吕梁、晋北等地也有多个戎狄族群，如楼烦、林胡等。在赵国与这些戎狄力量的军事冲突中，春秋时期诸侯战争中使用的战车和步兵无法在开阔地带与游牧民族骑兵较量。赵武灵王即位后励精图治，采取以夷制夷的办法，向胡族学习，进行军事改革，学胡人着装，建立骑兵部队，史称“胡服骑射”。数年间，赵国军事实力显著增强，逐渐击退了林胡和楼烦，大败中山国，赵国的疆域逐渐覆盖晋北和吕梁山区。

先秦时期，山西地区的民族融合逐渐形成以晋、赵为代表的文化核心，是华夏文化在山西的代表。晋文化发展壮大，不断有戎狄力量融入，成为晋文化的一部分。经数百年民族融合历程，山西境内曾出现的众多方国和戎狄部落基本都消失了，他们的后裔融入晋国，成为晋人、华夏族群的一部分。晋文化覆盖山西全境，并且深刻影响到周边地区（今河北、河南、陕西、内蒙古等省区的部分地区）。

二、首开先河——南匈奴入居山西与汉国兴亡

秦汉时期，北方草原上的匈奴兴起，与秦汉帝国一度成为势均力敌的对手。西汉初发生在平城的“白登之围”，说明匈奴是优势一方。随着西汉政权的强大，自汉武帝时开始，匈奴转入防守。这一趋势并未因西汉衰落而终止。西汉后期，匈奴政权出现分裂。东汉初年，朝廷利用匈奴内部纷争，扶植南匈奴，合力攻击北匈奴，最终击败北匈奴主力。此后，南匈奴成为东汉附庸。南匈奴归附东汉后，朝廷设立专门机构——使匈奴中郎将，其驻地在南单于王庭附近，便于监管和控制、调动南匈奴力量。

东汉中期，永和五年（140），南匈奴内部发生大规模叛乱。据《后汉书》记载，当时的叛军联合鲜卑、乌桓、羌胡等北方游牧民族，攻杀东汉地方官吏。“遂寇掠并、凉、幽、冀四州。乃徙西河治离石，上郡治夏阳，朔方治五原”。受南匈奴叛乱影响，政府被

迫将北部三郡治所迁移，其中西河郡治由美稷（今内蒙古自治区准格尔旗境内）东迁至离石（今吕梁市离石区）。

南匈奴单于归附后长期被东汉政府安置在美稷。西河郡东迁，南匈奴王庭也随之一起迁来。东迁后的南匈奴王庭，具体位置在今方山县峪口镇南村的左国城遗址。左国城雄居于北川河东岸高岗之上，遗址附近曾有新石器时代以及汉晋文化层文物出土。

东汉墓葬文化的一大特点是墓室中有精美的画像石。在陕北发现的纪年汉画像石时间为东汉永元二年（90）至永和四年（139），在吕梁发现的纪年汉画像石则从和平元年（150）至熹平四年（175）。时间前后基本衔接，说明吕梁的画像石文化是在西河郡治所迁徙到离石后逐渐发展起来的。

使匈奴中郎将是东汉朝廷派出监督管理南匈奴事务的主官，为便于监管，西河郡治与南匈奴王庭在地理上是相近的。使匈奴中郎将下属左表、沐叔孙等人的墓地在吕梁，说明东汉后期使匈奴中郎将官署或派出机构应设于东迁后的西河郡治离石。

东汉末年，曹操分南匈奴为五部，分驻新兴（今忻州市忻府区）、大陵（今吕梁市文水县）、祁县（今晋中市祁县）、蒲子（今临汾市隰县）、兹氏（今吕梁市汾阳市），意在分散南匈奴势力，但刘渊聚集力量，在吕梁地区形成南匈奴五部的政治核心。刘渊为匈奴左贤王刘豹的儿子，即南匈奴单于于夫罗之孙。魏晋之际，刘渊曾作为人质在首都洛阳学习以儒家思想为核心的汉文化，这一经历对其人生产生重要影响。

西晋末年发生“八王之乱”，刘渊被裹挟在成都王司马颖属下。永兴元年（304），司马颖所在的邺城形势日益危急，刘渊建议调南匈奴军队前来支援，得到允许。于是刘渊回到左国城召集南匈奴部众。八月，刘渊被部众拥戴为大单于，都离石。十月迁都于左国城，正式建国，国号汉，即汉王位，初步建立起各级政权机构。统治阶层以南匈奴五部贵族为核心，同时也有与刘渊结交的汉族士人加入。匈奴汉国政权最初就是胡汉联合统治。

曹魏以来，南匈奴贵族以刘为姓，以汉朝外甥自居。刘渊更在此基础上定国号为汉，继承汉朝衣钵，以此号召内地汉人民众，称大单于则是继承匈奴首领最高称号，以此号召匈奴及各种胡族。刘渊一人同时拥有号令胡汉民众的大单于和帝王尊号，被赋予最高统治者的复合身份。此举开创了北方胡人融入内地并建立联合政权体制的模式，是十六国北朝北方民族融合史的开端。

匈奴汉国是秦汉以来在北方内地建立的第一个非汉族政权，开辟了历史发展的一种可能。匈奴汉国以后，十六国无不沿着匈奴汉国开辟的道路继续发展。其中的杰出者有后赵石勒、前秦苻坚、后秦姚兴等。十六国历史的收官者北魏，在这条道路上继续开拓进取，成为第一个统一北方的少数民族政权。

永嘉二年（308），刘渊迁都平阳（今临汾市尧都区），即皇帝位。匈奴汉国军队兵锋直指西晋首都洛阳。此时“八王之乱”接近尾声，东海王司马越控制朝廷，西晋的政治精英和军事力量已消耗大半，无力对抗匈奴汉国。

刘渊去世后，永嘉五年（311），刘渊第四子刘聪在内讧中取得帝位，随后开始全面围攻洛阳。洛阳陷落，晋怀帝被俘。西晋琅琊王司马睿南下江南，后来建立了东晋。建兴四年（316），刘曜攻克长安，晋愍帝被俘，西晋最终灭亡。大兴元年（318），刘聪去世后，匈奴汉国发生内乱，刘曜、石勒出兵平阳，汉国瓦解。刘曜和石勒两人分别建立前赵和后赵政权，成为对手。刘曜建都长安，改国号为赵，是匈奴汉国的继承者，故后人称之为汉赵国。

前赵的统治范围以关中为核心区，包括晋南部分地区。刘曜在稳定内部后，向周围扩展势力，一度达到极盛，后在与后赵争夺洛阳的战役中被杀。后赵趁机进攻关中，灭前赵。以南匈奴五部为核心的汉赵国在西晋末年的纷乱中崛起，实现了灭亡西晋进入中原的政治理想。但由于各种因素，汉赵国如一颗闪亮的彗星，很快就消失在历史长河之中。

三、文明再造——十六国北朝时期的山西民族融合

西晋末年的“八王之乱”引起社会大动荡，以南匈奴为首的北方边疆地区内迁民族纷纷起兵建政，即古史上所谓的“五胡乱华”。五胡一般指匈奴、鲜卑、羯、氐、羌，实际上这是一种笼统的说法，

当时在内地活跃的北方民族种类很多，远不只这五族。草原上的游牧民族逐渐进入边疆和内地，种族复杂，有的是原匈奴部落，有的是来自东胡系的鲜卑和乌桓部落，还有来自西域的粟特人群等。大体而言，在晋北地区活跃的是鲜卑、乌桓，在吕梁和汾河中游活跃的是南匈奴，在晋东南地区有来自中亚的羯人。匈奴汉国首都平阳地区曾聚集各民族民众，其中有相当多的氐、羌人群。有的是主动归附，有的是由战争逼迁而来。这个在首都圈集聚人口的做法，与秦汉时巩固首都圈的人口迁徙政策如出一辙，体现了历史继承性。

西晋末年，中亚胡人的一支羯人内迁定居武乡（今榆社、武乡等地）。部落小帅出身的石勒在西晋末年的乱世中投至汉国刘渊麾下，后经过多年征战，成为在太行山和华北平原地区最大的实力派。在攻灭前赵刘曜后，后赵成为北方最强势的政权。但在石勒去世后，继承者石虎在统治时期施政残暴，统治区内各民族成分复杂，危机四伏。石虎去世后，北方大乱，山西地区出现军阀割据局面。占据汾河流域的张平集团势力最大，摇摆于前燕、前秦、东晋等势力之间。

西晋末年，并州刺史刘琨固守晋阳多年，为对抗匈奴汉国，对外以漠南地区的拓跋鲜卑部为援手。为答谢拓跋部，刘琨将陉北（恒山以北）五县汉人居民南迁，晋北转到拓跋部手上。拓跋部以漠南、晋北为基础，初步建立代国政权。

氐族建立的前秦，以关中为大本营，苻坚在位时先后攻灭前燕、拓跋部代国、前凉等政权，基本实现北方统一。太元八年（383），前秦在淝水之战中大败，几年后前秦瓦解，北方进入十六国后期。这时，晋东南有鲜卑一支建立西燕国，后被后燕灭亡。后燕一度占据晋中以南大部地区。淝水之战后，鲜卑拓跋部在漠南复国，改国号为魏，即北魏。北魏初年征服漠南诸多草原部落，后又击溃后燕，几年间兵出太行，控制河北平原大部。天兴元年（398），北魏将首都迁入平城，开启了北魏的平城时代。北魏王朝也是一个以拓跋部贵族和汉族士人集团联合统治的政权，如太武帝拓跋焘时期的重要大臣崔浩即是典型汉族士大夫的代表。

因缘际会，北魏逐渐在十六国后期的历史上脱颖而出，先后击败后燕、后秦，灭亡大夏、北凉、北燕，在439年统一北方，势力进入西域。十六国时期的开端是匈奴汉国的建立，发生在山西；十六国时期的结束是北魏统一北方，也发生在山西。

十六国历史的大戏，在山西的历史舞台上开启和收官，山西的民族融合大戏则是在社会层面逐渐深化展开。北魏定都平城近百年，沿袭匈奴汉国以来的模式，将各地的精英阶层人士迁徙至首都圈。有研究者认为北魏平城人口曾高达100万。北魏定都平城以后，即在附近划定京畿地区，开始“离散部落，分土定居”，“计口授田”，打乱部落组织，改变游牧民族的传统游牧生活状态，进入农耕社会。

北魏政权在平城地区集中了来自南北方的各族民众，包括匈奴人、鲜卑人、乌桓人、粟特人、高丽人、高车（敕勒）人，以及来自太行山以东地区的汉人。几十万人在此大杂居，共同生产生活，客观上极大促进了各民族之间的了解和文化交流。大同地区的出土文物中体现了当时多民族文化交融情况。如著名的司马金龙墓葬中出土的漆画屏是南方汉地文化的代表，规模颇大的骑马俑、武士俑阵则是再现于地下的一支鲜卑军队。

北魏平城是北魏统治者在向南朝学习的基础上逐步建立起来的。近年来，平城考古发现大批北魏时期文物，多处宫殿遗址、城墙遗址被发现，其中明堂遗址的发现具有重大意义。在地面遗存方面，世界文化遗产云冈石窟是中国著名石窟寺，是北魏文化的杰出代表和伟大工程。云冈石窟艺术融合了西域、鲜卑和内地文化，展现了石窟艺术中国化的历史过程。

北魏不仅终结了十六国纷争，而且力图长治久安，在冯太后和孝文帝领导下进行全面改革。北魏统治阶层主动融入汉地。北魏在政治、文化、经济等方面的改革，包括三长制、均田制、俸禄制、鲜卑族汉化、鼓励胡汉统治阶层通婚等，被后代统称为“孝文帝改革”。孝文帝主动和汉人士族通婚，并且让皇族兄弟与汉人高门结亲。其实早在皇兴三年（469），北魏文成帝的女儿西河长公主即与河东大族薛氏的薛洪祚结婚，提高了薛氏地位，也是北魏皇室与山西地方大族结合的典型个案。

太和十八年（494），孝文帝迁都洛阳，是改革深化的标志，意味着北魏以中原王朝的继承者自居，以统一中国为统治目标。这一决策彻底改变了南北朝均势，北朝逐渐在政治、文化上占据制高点。北魏迁都后由于诸多原因出现衰落和腐败，在六镇引起的社会动荡中分裂为关东和关西政权，但北魏孝文帝改革的历史趋势并没有改变，北魏多民族交融的文化是后来隋唐盛世的根基。

北魏末年，在镇压六镇的过程中，晋西北尔朱氏集团崛起，尔朱荣在控制北魏朝政后基本镇压了各地的起义。但由于尔朱荣家族的残暴，统治并不稳定。出身六镇的高欢趁机起兵，消灭尔朱势力，取而代之。自尔朱荣开始，将晋阳作为其霸府所在，遥控首都洛阳。高欢继承了这一做法。北魏孝武帝不甘心做傀儡，自洛阳西奔关中宇文泰。不久宇文泰杀害孝武帝，立傀儡文帝，是为西魏政权。在孝武帝西奔后，高欢将都城迁到邺城，立孝静帝为傀儡，历史上称之为东魏政权。晋阳成为实际上的首都，进入历史上的重要发展时期。

东魏初年，高欢力图消灭势力较弱的西魏政权，但在进攻作战中屡屡失败，特别是在两次玉璧之战中失利。第二次玉璧之战，东魏围攻这一坚固堡垒时损兵折将，被迫撤退。高欢一病不起。为稳定人心，高欢强打精神出席高层聚会，让勋贵斛律金唱起具有浓郁草原风情的《敕勒歌》。高欢和众人被敕勒歌的苍茫意境感染，泪流满面。

高欢父子的执政基础是六镇鲜卑余众。这些鲜卑军人和家属被安置在太原、忻州地区和汾河流域设置的侨治州，如在今忻州的恒州，今文水的云州，今平遥的蔚州，今寿阳的朔州、燕州、夏州，今孝义的显州等。鲜卑勋贵在太原周围有田庄，如在祁县白圭村曾发现北齐韩裔墓，附近可能有韩氏庄园。韩裔家族世为军官，是高欢同乡，可能是匈奴系后裔。北齐灭亡后，侨治州被废，但鲜卑后裔定居于此，逐渐融入汉地农业社会。

东魏、北齐时期，除了大量的鲜卑人之外，今山西的北部和吕梁山地区，还生活着突厥、柔然以及南匈奴稽胡。稽胡也称“山胡”。生活在吕梁山中的稽胡被称为“离石胡”“西河胡”“汾州胡”，人数众多，势力强大。因为山胡危害极大，当时把山胡造成的破坏与水旱灾荒并列，称为“胡荒”。北齐时，汾州（今吉县）之北，离石以南，“悉是生胡，抄掠居人，阻断河路”。吕梁山的黄河沿岸地区都被山胡控制着，吕梁山地区的山胡数量以十万计。

著名历史学家陈寅恪先生早在20世纪即提出：“全部北朝史中凡关于胡汉之问题，实一胡化汉化之问题，而非胡种汉种之问题。当时之所谓胡人汉人，大抵以胡化汉化而不以胡种汉种为分别，即文化之关系较重而种族之关系较轻。所谓‘有教无类’者是也。”

十六国北朝时期，山西境内的民族大融合以各民族文化融入汉文化为根本归宿，为汉文化的生存发展注入了新的活力，汉文化得以扬弃、生发。北朝末年，民族大融合趋势明显，为全国再次统一提供了坚实的社会基础。

四、浴火重生——隋唐宋辽金元时期的山西民族融合

隋初，突厥分裂为东西两部，隋朝与突厥的关系有所缓和。开皇七年（587），突厥沙钵略可汗“请猎于恒、代之间”。这说明塞北地区当时有大片适合游猎的地方，恒山以北成为突厥人经常涉足的地区。开皇末年，突厥百姓经常南入长城进入塞北，“人民羊马，遍满山谷”。山西境内的稽胡（山胡）此时仍有局部起事，但在全国统一的情况下，进入行政管辖已是大势所趋。隋末，势力强大的突厥已经成为北方的威胁，在雁门巡行的隋炀帝就曾遭突厥的突袭，一度困于代州。隋朝时，山西境内原东魏北齐侨州鲜卑军人后裔定居本地，逐渐融入汉地。隋在北齐故地施行府兵制，部分北齐鲜卑军队被改编成为军府军人。如在今阳曲县洛阴村的隋代修缮佛寺碑文上，记载当地府兵中多有原北齐禁军军官，其中多人为鲜卑等胡族复姓。在开皇四年（584）天龙山第8窟摩崖功德碑、开皇五年（585）文水隐泉山隋窟功德题名中均有鲜卑等胡族人士的名字出现。

隋末，为加强山西军事力量以防御突厥，关陇集团贵族李渊被任命为太原留守。李渊准备南下长安，与突厥达成短期盟友关系，突厥答应提供部分兵马。李渊父子审时度势后在太原起兵，很快便

夺取长安，建立唐朝。李渊家族是宇文泰建立的关陇集团中的主要家族，北周、隋、唐皇室之间都有姻亲关系。李渊家族亦是鲜卑、汉人混血家族。如李世民的祖母独孤氏、李世民的皇后长孙氏均为鲜卑后裔。

唐太宗至高宗时期，唐为消除突厥威胁发起军事行动，一举击溃东突厥，多年后灭西突厥。大批突厥部落归降，被安置在北部边疆地区，归降的突厥人和北方酋长们推举唐太宗为“天可汗”。朝廷安置归降突厥于晋北的代州、朔州等地。唐后期，部分生活在陕北六胡州的粟特人迁入晋北的云州、朔州，进入晋北的还有吐谷浑和西突厥沙陀部等。沙陀部逐渐成为晋北各胡族的中心。

沙陀部势力在唐末崛起。首领李克用在镇压黄巢起义时立功，得到朝廷认可，逐渐取得晋北、太原的控制权。在唐末军阀混战中，李克用为首的太原军事集团逐渐控制山西大部，与实际控制唐朝廷的朱温决裂。朱温灭唐建后梁时，太原集团继续奉唐正朔。经十几年的战争，李克用之子李存勖灭梁，取而代之，后唐成为五代的第二个王朝。

李存勖灭梁后被胜利冲昏头脑，朝政昏乱，几年后在叛乱中被杀。李克用养子——大将李嗣源乘乱夺取皇位。李嗣源去世后诸子火并，政局动荡。镇守太原的石敬瑭联合契丹军队，灭后唐建后晋。石敬瑭为取得契丹支持，割让“幽云十六州”给契丹，使中原王朝失去北疆屏障。自此，雁门关以北成为辽（契丹）统治区。

后晋末年，契丹南下入汴京，灭后晋。当时在太原镇守的刘知远本为石敬瑭大将，在契丹北撤时举兵反击，入主汴京，建立后汉。刘知远在建国后不久去世。其子隐帝诛杀大臣，造成政局混乱。最终大将郭威起兵夺取天下，建后周。此时刘知远的弟弟刘崇镇守太原，不听命于后周而自立为帝，仍称汉，即历史上十国中唯一在北方的政权——北汉。北汉先后对抗后周和北宋，依靠契丹支持，勉力维持局面近 30 年，最终于北宋太平兴国三年（979）灭亡。

至此，沙陀军事集团自唐末以来雄踞太原并影响天下一百年的历史才告结束。由于中古以来太原的战略地位重要，多个王朝从太原起家。

纵观唐末五代时期的山西，沙陀部由一个人数较少的部落，逐渐发展壮大为以太原为基地的军事集团，以沙陀人为中心，同时有大量的汉、粟特等其他民族融入，持续发挥历史影响力达百年之久。北汉灭亡后，沙陀不再见于史册，最终融入山西各地。这一过程也标志着隋唐五代时期山西境内几百年民族融合的最终完成。

隋唐五代，特别是盛唐阶段是中国历史上的高光时刻。山西境内的民族融合过程，继承魏晋南北朝以来的多民族大融合趋势，最终完成了定居山西的大部分民族融入汉族的历史过程。当然这一融入不是单向的，盛唐时的汉人汇聚各民族精华，汉文化空前繁荣，是各族文化精华合力创造出了中国古代史上的辉煌时代。

在近年来的大批出土墓葬文物中，我们可以清晰地看到诸多胡人后裔在隋唐时期逐渐融入山西汉地文化的细节。如在太原出土的隋代虞弘墓，文水出土的中唐时期纥骨元氏家族墓志，汾阳出土的慕容氏、穆氏、曹氏墓志，介休出土的乞伏氏墓志，晋南蒲州出土的柳行满与夫人乙弗氏墓志等。柳行满为汉人大族柳氏后裔，续弦夫人乙弗氏为胡族乙弗后裔，这一胡汉婚姻恰是唐代民间社会民族融合的典型个案。

大同是晋北地区的中心城市，辽中期以大同为西京，设祖先造像于华严寺。一说华严寺东向开门也是由契丹人以东为上的习俗而来。辽国崇奉佛教，在晋北地区保存下的应县木塔、灵丘觉山寺辽代砖塔均为重要文化遗产。其中，应县木塔更是举世闻名的古代建筑奇迹。由于北宋在山西的疆界被限于恒山以南，山西的塞北地区在契丹人的统治之下，形成大面积的民族融合区。经过 160 多年的时间，塞北地区的汉人在风俗习惯上不可避免地契丹化，以至于宋人把塞北的汉人称为“番人”。

辽末，女真人兴起，建立金朝，继续以大同为西京。金军以大同为中心南下长期围困太原，攻破太原之后南下进攻汴京，最后灭北宋。宋室南渡后，山西全境都在金朝版图之内。金代的军事力量是建立在部落基础上的猛安谋克组织。海陵王时期，猛安谋克大量迁入包括山西在内的华北地区，其族群构成包括女真、奚、契丹等。到金章宗时期顺应形势，放开各地屯田军与汉人的婚姻，自此，本独立于行政系统之外的猛安谋克组织开始快速融入汉地社会。

金代，山西相对安定，社会经济发展较快。平阳（今临汾市尧都区）成为北方戏曲文化中心。保存至今的最早古戏台为金元时期建筑，均在山西境内。在金代砖雕墓中已出现戏曲人物雕像。辽金建筑继承唐代建筑的大气恢弘，不断有所补益，减柱和移柱法是该时代建筑的显著特征。山西境内现存的金元建筑，多位于晋东南等地的广大山区。

蒙古兴起后入主中原，在华北包括山西地区，极力争取地方汉人世家大族的支持，扶持了一批“汉人士侯”，客观上对维持汉地社会正常运作是有利的。山西汉人积极参与蒙古贵族主导的国家体制建设。达鲁花赤是元朝的特殊官制，在地方行政和行业管理机构具有广泛权力，一般认为在元统一后基本严控汉人、南人担任。但近年在石刻文物考察中发现，自蒙古进入山西至元代末期，有不少山西汉人曾担任达鲁花赤。其中阳曲史氏改蒙古名后担任州、路两级达鲁花赤，杨氏在蒙古时期担任代州达鲁花赤，元代后期有汉人张也先不花担任太平县达鲁花赤。定襄刘念里刘氏至少三代担任蒙古王公领地投下的达鲁花赤。元朝时汉蒙之间婚姻多见，一般汉人娶蒙古族妻子所生后代多有用蒙古名者，如定襄刘念里刘氏后裔中多人用蒙古名。此家族还迎娶完颜氏女，是汉族与女真族的通婚实例。元末，有女真加古部夹谷氏定居安邑（今盐湖），后以仝为姓氏，至今聚居于三家庄村，明时完全汉化。元朝时期山西各民族通婚情况复杂，丰富了我们对民族融合历史的认识。

自南匈奴入居山西以来，匈奴、鲜卑、突厥、沙陀、契丹、女真、蒙古等民族定居山西，融入农业社会，至今仍有一些胡族文化特征和习俗在山西地区保存下来，成为民族融合史的珍贵见证。

如山西居民的姓氏。吕梁山区土著中，刘、呼延、兰、卜、乔、王、郝、独（独孤）、赫（赫连）、白、曹等南匈奴—稽胡族群的指标姓氏至今仍占有相当比例。

再如山西的地名。与匈奴有关的地名有岢岚、岚县、祁连池、龙祠、云顶山等。岢岚之名来自匈奴语贺兰山的另外一种音译；宁武天池最初名祁连池，祁连即匈奴语中的天。汉国都城平阳在今尧都区西南金殿村一带，当地有名泉龙子祠泉，地名为龙祠。龙祠是匈奴最为著名的祭祀和聚会活动场所。“龙祠”这个地名说明这里曾是匈奴人的祭祀场所。方山县、交城县交界处的云顶山之名来自刘渊山。南云顶山南端有山名刘王晕山。在文水、交城等地的方言中，云、渊、晕不分。刘王晕山即刘王渊山。云顶山之名应来自渊顶山。岚县、汾阳、沁源有社科村，或作舍科、舍窠，是胡语的不同汉文音译。“舍窠”意为“鹰巢”，也有人认为意为“鹰涧”。“圐圙”一词来自蒙古语，在晋北、晋中地区的地名中多有出现。山西各地还有很多用汉语无解或难解的地名，基本都与胡语有关，如离石东属巴、西属巴，临县索达干，祁县盘陀等，当是古代胡族活动的地区。

在吕梁地区、汾河流域流传的龙天庙祭祀传统是胡汉文化融合的产物，刘王庙、可汗庙祭祀则是分支系统，刘王庙是这些地区保存至今的以南匈奴刘渊为神主的祭祀场所。

历史证明，中华文明发展史的主流是开放、包容。中国史是一部多民族大融合的历史。我们在山西几千年的历史发展过程中，看到了波澜壮阔的民族融合史。山西历史上的民族融合以先秦、魏晋南北朝、隋唐五代辽金元时期为三个主要阶段。魏晋南北朝是多民族大融合的高峰时期。这一时期，兴起于山西的南匈奴汉国开启了内迁民族学习汉地社会治理体系、建立胡汉联合政权的道路，创造了历史。这一模式经后代继承和发展，终于成就了隋唐盛世，缔造了中华文明辉煌的高光时刻。可以说，中华民族的发展壮大过程，正是因为有诸多民族新鲜血液不断融入汉文化，塑造汉文化，才能最终成就不断更新、奋发图强的中华文明。

参考文献

1. 陈寅恪．隋唐制度渊源略论稿．北京：商务印书馆，2010

2. 张庆捷．民族汇聚与文明互动——北朝社会的考古学观察．北京：商务印书馆，2010

3. 谢尧亭．发现霸国．太原：山西人民出版社，2012

4. 李凭．北魏平城时代．上海：上海古籍出版社，2014

5. 刘勇．金石证史 三晋碑志中的历史细节．太原：三晋出版社，2018

6. 周伟洲．汉赵国史．北京：社会科学文献出版社，2019

7. 李广洁，王杰瑜．河山之间——太行、黄河、长城构架的山西．太原：三晋出版社，2021

8. 刘勇．单于归来 南匈奴文化遗存考察．太原：山西人民出版社，2022

9. 刘浦江．金代猛安谋克人口状况研究．民族研究，1994(2)

作者简介

刘勇，男，北京人，历史文化学者，研究方向为民族史、北朝史。

第八讲　走向天下：山西古代移民的地理背景与特点

安介生

“移民”一词，有多重含义，可谓见仁见智，不同人有不同的认识与理解。例如今天提到“移民”，似乎更多是指海外移民，但这已经是近代以来兴起的涵义。就学术意义而言，“移民”，顾名思义，即一定数量的人口在地域及空间上的移动。根据葛剑雄教授等学者提出的概念，移民史研究的“移民”概念定义为：“具有一定数量、一定距离，在迁入地居住了一段时间的迁移人口。”

山西移民史在整个中国历史人口变迁与迁移运动中占据非常特殊与重要的地位。移民史是中国社会历史的一部分，与社会的整体发展息息相关，其特征与规律当然也与其特殊的地理区位相关。自从谭其骧先生发表《山西在国史上的地位》一文后，山西地区在中国历史上的重要地位引起了国内外学术界的广泛关注。其实，特殊的区位与贡献是与山西移民史在中国历史上的特殊作用分不开的。历史时期北方民族的大规模南迁、元末明初“洪洞大槐树”移民运动、清代“走西口”移民等许多重大移民运动的影响远远超出了山西一省的范围。因此，深入了解山西移民史的发展，也是理解山西地区特殊地位与作用的重要途径之一。

社会人群的移动，不仅与特定的历史条件与事件密切相关，长久来看，更与当地特殊的地域环境及地理结构有着内在的关联。从整体而言，山西地区位于黄土高原的东部，以太行山与河北、河南地区等平原地带相连，北面与蒙古高原相邻，处于中国地势第二级台级之上。此外，山西地区在地形上的最大特征是“两山夹五盆”，即东有太行山，西有吕梁山，中间是相互联结的盆地。南北狭长，东西较短，而这种特殊地形对山西发展具有至关重要的影响。山西地区北枕长城，南抵黄河中段，处于中国农牧业过渡地带。山西南部古称“河东”，是著名的“三河”之一，是华夏古文明的发祥地，是农耕文明最早发达的区域之一。因此，山西自古就是农耕文明与游牧文明碰撞与交融的关键地带，由此也成为民族融合发展的“大熔炉”，民族迁徙成为山西地区人口迁徙的主要特色之一。

一、从河东到三晋：先秦时期华夏民族的北上与开拓

山西南部是华夏族古文明的重要发祥地之一，从悠久绵延的

“古史”到相当可观的文献记载，都证明了这一点。黄河流域曾被誉为“中华文明的摇篮”。随着考古发掘及研究的深入，文明起源多元化的观念已成为学术界的共识。然而不可否认的是，古代黄河流域（主要指中游地区）是远古华夏族最重要的、最集中的聚居区之一，这其中包括山西的南部。中华人民共和国成立以来，山西境内大批原始文化遗址的发现，不仅为我们展示了古代先民在三晋大地上创造的原始文明，也为我们探寻先民早期定居及迁移状况提供了宝贵的资料。迄今为止，山西境内所发现石器时代遗址的数量在全国各省区中可谓独领风骚。山西省文物局1988年编制的《文物普查成果统计表》显示，山西石器时代文化遗址与地点共计1316处，广泛分布于山西各地。充分证明了早在史前时代我们的先民就在山西这块土地上迁徙往来的早期文明发展状况，而最终形成的定居生活形态是文明发展水平的重要标志之一。

（一）晋国发展与早期山西地区人口迁移

据文献记载，山西地区的早期人口迁移，是与晋国发展同步的，即自晋西南向晋东南、晋中及晋北地区逐步拓展。表面上看，是华夏族的扩散性迁徙与“戎狄”族的退却，其实，我们更要注意到最终结果是各民族的大融合。周成王封予叔虞之“唐”是晋国的前身，关于它面积的最早记录便是《史记·晋世家》所云“方百里”。根据文献资料，直到东周初年，晋国只是当时北方众多小诸侯国之一。《国语·郑语》载史伯言云：“王室将卑，戎狄必昌，不可偪也。当成周者，南有荆、蛮、申、吕、应、邓、陈、蔡、随、唐；北有卫、燕、狄、鲜虞、潞、洛、泉、徐、蒲；西有虞、虢、晋、隗、霍、杨、魏、芮；东有齐、鲁、曹、宋、滕、薛、邹、莒，是非王之支子母弟甥舅也，则皆蛮、荆、戎、狄之人也。”这就是晋国强大之前面临的时代环境，要想在这林立的小国中异军突起，绝非易事。当时晋国的大臣也不得不承认：“……今晋国之方，偏侯也，其土又小，大国在侧，虽欲纵惑，未获专也。”（《国语·晋语》）晋国的发展首先是消灭四周的姬姓小国。在攻灭周边小国的过程中，晋国获得了土地与人口，国力大大增强。到晋献公晚年，晋国的声势已非昔日可比。“当此时，晋强，西有河西，与秦接境，北边翟，东至河内。”（《史记·晋世家》）究竟晋国攻灭了多少个周边小国，诸说不同，一时难以确定，文献记载的均为较著名者。后来晋国大夫司马女叔侯回顾道：“虞、虢、焦、滑、霍、杨、韩、魏皆姬姓也，晋是以大，若非侵小，将何所取？武、献以下，兼国多矣。”（《左传·襄公二十九年》）晋国在早期的开拓中，攻占周边小国的同时必然伴随着人口的迁移。由于当时各国规模及总人口本已有限，所以这种迁徙的人口数量不会太大。正如上述文献中所记，在攻灭小国之后，晋公一般将地分封给有功的士大夫家族，将各国的君主及大臣迁往晋都附近。这些新占据的地盘即成为士大夫家族的世袭领地，居留于其上的百姓与土地一起，是封赏的组成部分。

晋国的真正强大及在山西地域的扩展主要是通过吞并戎狄的土地实现的。晋献公十二年（前665），分遣太子申生等人驻守于四方要地,史载此举为骊姬等人的阴谋,其实我们可以看到这首先是一种扩张性的战略布署。骊姬等人提出的计划是以开拓疆土为导向的，这正好满足了晋献公的心愿。如骊姬等人上言道：“曲沃，君之宗也，蒲与二屈，君之疆也，不可以无主。宗邑无主则民不威；疆场无主则启戎心。戎之生心，民慢其政，国之患也。若使太子主曲沃，而重耳、夷吾主蒲与屈，则可以威民而惧戎，且旌君伐。……狄之广莫（同漠），于晋为都，晋之启土，不亦宜乎？”（《左传·庄公二十八年》）

根据文献资料，晋国正是沿汾河由南向北推进的。在晋文公称霸之时，晋国的疆界已扩展到山西中部。晋国又在决定性的大战中取得了胜利，从此在晋中地区建立起稳固的统治，控制了整个汾水流域。华夏族对今天恒山以北的雁北地区的控制是由赵襄子来完成的。赵襄子即位之后，攻灭了由北狄建立的国家——代国。至此，三晋北部便以长城为界，开始了与匈奴人的对峙。因此，行政区划在山西境内的全面设置，必然引发一定数量的人口移动，如果没有一定数量的华夏族人口为基础，行政区的设置不可能完成，也不可能得到巩固。

二、民族大熔炉：秦汉至宋元北方民族南迁运动

秦统一六国后，秦始皇惑于“亡秦者，胡也”的谶语，派遣十万大军北击匈奴，并修筑万里长城，“因边山险，堑溪谷可缮者缮之，起临洮至辽东万余里。”这条依据自然地势起造的防卫屏障自此成为游牧民族和农业民族活动区域的最佳分界线。长城以北就是“大漠草原”，历史时期长城以北也是很多游牧民族的家园。而山西地区北界长城，处于中国北方农牧业分界及过渡地带，北部地区宜农宜牧的特征较为明显，应该是华夏（汉）族之中与北方民族经济生活与文化形态最为接近的一部分。而历史时期塞外地区游牧生活稳定性较差，抗御自然灾害的能力较为薄弱，同时深受部族政治的影响，经常发生局势动荡。比较而言，塞内中原政权统治的农耕地区具有很强的稳定性与吸引力。在这种情况下，漠南地区的游牧民族往往采取南下迁徙的策略，因此，山西地区就成为南迁游牧民族入居的首选之地。历史时期匈奴族、鲜卑族、突厥族、沙陀族等北方民族都曾迁入山西地区长期居留，而最后，这些民族都逐渐融入汉族。从这个意义上讲，山西地区是历史时期名副其实的民族融合的“大熔炉”。

1. 匈奴族的南迁

“匈奴”一名最早进入正史是在《史记·秦本纪》中：秦惠文

君后七年（前318），“韩、赵、魏、燕、齐帅匈奴共攻秦。”然学者多疑此处为衍文。在此之前，周秦之时的北方少数民族中，所谓诸“胡”与后来所云“匈奴”存在着一脉相承的关系。自“赵襄子逾句注而破并、代，以临胡貉”开始，中原民族正式与胡族展开了面对面的对峙。三家分晋后，赵国占有了代与句注山以北的地区。赵武灵王“变俗胡服”后，强有力的赵国军队使得赵国北部边界大大扩展，今天山西的雁北地区即包括在当时所设置的雁门和代郡中。从此以后，山西地区的发展史便与胡族及匈奴的兴衰息息相关。

匈奴族的生产生活方式可概括为“畜牧迁徙”。西汉人晁错对此有细致的描述：匈奴人“食肉饮酪，衣皮毛，非有城郭田宅之归居，如飞鸟走兽于广野，美甘草则止，草尽水竭则移。以上观之，往来转徙，时至时去，此胡人之生业……”秦汉之际，在著名首领冒顿即位后，匈奴部落联盟获得重大发展，“单于之庭直代、云中（包括今雁北地区）”。从此，山西的北部地区成为中原王朝与匈奴族距离最近的主要边区之一。匈奴族南下掳掠人口与财物的“边患”在西汉初年非常严重。汉武帝即位后，汉朝军队转守为攻，长驱直入漠北，屡屡取得重大胜利之后，匈奴部落远遁，这一问题才基本得到解决。汉朝军队强有力的反击迫使匈奴北徙与西迁，其主要活动区域距离今山西北部较远，山西北部边区由此出现了罕见的长期宁静景象。

进入东汉以后，汉匈关系发展曲折起伏，曾出现戏剧性的转折。建武二十四年（48），南北匈奴分裂，南边八部拥立比为呼韩邪单于，归款五原塞（今内蒙古自治区包头市西北），从此掀开了汉匈关系的新篇章。建武二十六年（50），东汉政府允许南单于入居云中，并置匈奴中郎将带兵护之。至此，匈奴部众的南下得到了中原王朝的正式承认。由于南单于在对北单于的战役中失利，在东汉政府的准许下，南单于徙居西河美稷（今内蒙古自治区准格尔旗西北），东汉朝廷为此做了妥善的安排，“使中郎将段彬及副校尉王郁留西河拥护之，为设官府、从事、掾史。令西河长史岁将骑二千、弛刑五百人助中郎将卫护单于，冬屯夏罢，自后以为常”。东汉西河郡包括今黄河东岸吕梁地区的大部。这是匈奴人在山西地区的一次大规模的合法入居。曹魏时期，在曹魏军队的打击下，投降后的匈奴部落活动区域已主要集中于并州地区（即晋中一带）。当时整个匈奴部落在山西地区的分布是相当广泛的，这明确地表现在所谓“五部”划分上。山西境内匈奴分五部的记载出于《晋书·北狄匈奴传》：“建安中，魏武帝始分其众为五部，部立其中贵者为帅，选汉人为司马以监督之。魏末，复改帅为都尉。其左部都尉所统可万余落，居于太原故兹氏县（今汾阳市）；右部都尉可六千余落，居祁县（晋中祁县（今祁县）；南部都尉可三千余落，居蒲子县（今隰县）；北部都尉可四千余落，居新兴县（今忻府区）；中部都尉可六千余落，居大陵县（今文水东北）。”

以现在划分的地区而论，匈奴五部之众所居涉及今天忻州、晋中、吕梁、临汾等四个地区，而以晋中地区为其中心。因此，并州地区成为南下匈奴族最为集中的入居地。在北方民族南侵的威胁下，山西境内的汉族平民为躲避杀掠，自发逃难。通常情况下，边境地区平民的外逃较为普遍。当然，这一时期最具规模的逃难型外迁发生在“永嘉丧乱”后。山西地区是当时政治矛盾与民族矛盾最为复杂的区域之一，山西士民纷纷加入外迁的行列，以宗族形式逃往南方避难，南方政权为山西流寓人士设置了不少侨置郡县。不过，大多数平民或随司马腾等人进入河北等地，或自发组织起来，形成势力可观的“乞活”式的流民集团。在社会大动荡之后，真正能够完成迁移，到他乡定居下来的，可能只占外迁人口的一小部分。特别是绝大多数穷困的平民，往往倒毙在艰苦而充满险阻的外迁途中。

2. 鲜卑族的南迁

北朝时期是山西地区移民史极为重要的阶段。拓跋鲜卑的创业史与山西地区密不可分。北魏定都平城之时，曾多次向雁北地区大规模移民，使这一地区成为当时人口最为稠密的区域之一。但北魏首都南迁洛阳之后，山西地区的衰落也是相当惊人的。在东魏、西魏以及北齐、北周对峙之时，山西又处于两大政权交争之地。

北魏道武帝拓跋珪是北魏王朝百年基业的创立者，而他始终以山西北部地区作为他重整霸业的根据地，并州地区是他最早控制的区域。在定都平城后，他开始向平城一带大规模移民。直至孝文帝迁都洛阳之前，北魏朝廷“以实京师”的移民政策一直没变，持续时间之长、迁移人口数量之多、影响之大，在中国历代王朝建设中是十分罕见的。这在山西地区移民史上也是值得大书特书的重要篇章。如消灭了后燕政权之后，拓跋珪为了有效控制如此广大的地区，除了派军队镇守各战略要地外，采取的最重要的举措之一便是移民，一场空前规模的移民运动由此开始。天兴元年（398）正月，“车驾将北还，发卒万人治直道，自望都铁关凿恒岭至代五百余里。帝虑还后山东有变，……徙山东六州民吏及徒何、高丽杂夷三十六万，百工伎巧十余万口，以充京师”。后来北魏政府又陆续进行了几次大规模向代都的移民。这些移民成为当地农业及手工业的主要劳动者，其数量大大超过原来本地人口，可以说从拓跋珪定都平城后，这片区域很快转变为移民地区，平城也成为移民城市。

以拓跋鲜卑为核心的北魏政权于天兴元年（398）迁都平城后，鉴于该地区残破荒芜，人烟稀少，就多次、大规模向以平城为中心的京畿地区移民。然而，更为引人注目的是，北魏孝文帝拓跋宏在太和十七年（493）以南伐为借口胁迫群臣同意迁都，至太和十九年（495）九月，北魏“六宫及文武尽迁洛阳”。从大规模连续迁入，到彻底迁出，对以平城为中心的北魏代都地区产生了重大影响。以平城为中心的代都地区的实际情况对人口迁移活动起到了决定性的影响。一方面，北魏朝廷要在塞上建都，必须用武力强徙大批人口充实这一片荒芜已久的区域。为使平城尽早繁盛起来，北魏统治者的迁徙活动不免带有相当大的盲目性。另一方面，在当时社会生产力条件下，代都地区的自然条件决定了它对人口的承载力是相当薄弱的。尤其是在灾害频仍、百姓饥馑的状况下，唯一可行的解决办法便是迁出这一地区“饥贫之人”或“不能自存者”。为了彻底解决都城粮食不足的难题，热心于汉化的孝文帝便义无反顾地把迁都洛阳作为万全之策，摆上议事日程。

（三）“三次南迁运动”中山西士民的迁徙

研究表明，对于华夏（汉族）而言，中国移民史上发生过三次重要的南迁运动，分别为两晋之交的“永嘉南渡”、唐代安史之乱后的大迁徙与两宋之交的“靖康南渡”。在这三次大规模的南迁运动中，山西士民同样在劫难逃，匆匆加入了迁徙的队伍。

西晋“四夷宾服”的繁荣景象随着元康元年（291）“八王之乱”的爆发划上了句号，天灾人祸接踵而来，令后世闻之胆寒的“永嘉丧乱”从此拉开了帷幕。永嘉丧乱引起了中国历史上第一次汉族人口的大规模南迁，即“永嘉南迁”，不少山西人士就是在“永嘉南迁”中进入南方地区定居的。西晋皇族内讧所引发的“八王之乱”宣告了天下大乱的开始，而在政局紊乱的同时，又出现了对百姓生命威胁更大的自然灾害，山西又是当时重灾区之一。濒于崩溃的西晋官府缺乏必要的救灾措施，广大灾区百姓唯一的求生之路就是流亡，这也就是“乞活”发源于山西的根本原因。关于这场丧乱的概貌，《晋书·食货志》有较为扼要的描述：“及惠帝之后，政教陵夷，至于永嘉，丧乱弥甚。雍州以东，人多饥乏，更相鬻卖，奔迸流移，不可胜数。幽、并、司、冀、秦、雍六州大蝗，草木及牛马毛皆尽。又大疾疫，兼以饥馑，百姓又为寇贼所杀，流尸满河，白骨蔽野。”

但是，不同背景与不同阶层的人们对于迁徙的态度及在迁徙中的表现是千差万别的。首先，汉族世家大族对丧乱特别敏感，是南迁运动的积极参与者，而且也有足够的经济实力完成南迁。如河东闻喜（今运城闻喜）人郭璞，以及太原中都（今平遥）孙氏等。这些来自山西的世家大族入居南方后，很快安定下来，无复北顾之意，甚至陶醉于放浪山水、寄情吟咏的名士生活。与此同时，为数众多的山西人沦为“流人”，过着四处漂泊的生活。这种由外奔山西人所形成的流人团体在文献中屡屡出现，因而成为山西百姓外迁中的重要问题。

“安史之乱”的爆发是唐朝由极盛走向混乱、衰落的转折点。“安史之乱”对山西地区的影响并不主要表现在对外在直接的破坏，而是其所引发的社会巨变使山西地区卷入了动荡不定的狂飙。在“安史之乱”中，可能最受影响的是那些在唐两京居留、活动的山西籍官员。而这些官员往往随皇室的播迁而四处转移。如河东人裴延龄“遇东都陷贼，因寓居鄂州（今湖北武汉）”。籍贯蒲地（今运城永济）的卢纶“天宝末举进士，遇乱不第，奉亲避地于鄱阳（今江西鄱阳县），……大历初，还京师”。又如上党壶关人苗晋卿在“朝廷失守，衣冠流离道路”的情况下，“潜遁山谷，南投金州（今陕西安康市）”。与此形成鲜明对比的是太原一带在“安史之乱”中较平稳地过渡。在上元年间，太原尹王思礼还以“军储丰实，其外又别积米万石，奏请割其半送京师”。同时，寓居太原的清河（今河北清河）人崔从与兄弟隐居于山林，讲诵不辍，“不出山岩，如是者十年”。

创立金朝的女真人进据山西地区之初，其速度之快，以往任何少数民族都无法与之相比。较剧烈的人口变迁便发生在女真人南下及占领北部中国之时，山西地区百姓自然在劫难逃。宋朝援军在晋中地区的惨败，是山西中南部地区士民南奔的导火线，而南奔的百姓又如同平地升腾而起的狂风，在急剧南冲的过程中激起了越来越汹涌的波澜。山西南部与西南部的民户在金人尚未到来之时，已匆匆加入北面逃出的难民行列中，这样客观地造成了越往南逃奔的比例越高，南奔的人数也就越多。从宣和七年（1125）末到靖康元年（1126）一年间，山西全境基本陷落。这也是山西民户南迁运动的高峰时期。很显然，在靖康之乱中，山西地区是南渡运动最早的发源地之一，而晋中、临汾、运城及晋东南四个地区为主要的移民输出地。汾州孝义（今吕梁孝义）籍僧人宗印曾撰诗描述当时大逃难的情形，其中有句云：“七十老僧西复东，乡关在望念飘蓬。大辽半岁九分尽，全晋一年千里空。”

三、“洪洞大槐树”与“走西口”：明清以降山西民众的外迁

明清时期，山西境内移民运动的发展出现了重大的转变。经过多年的人口增长与社会的平稳发展，到元末明初之际，山西地区成为北方人口较多的区域之一，从而成为向外大移民的策源地，明初“洪洞大槐树”移民也成为山西移民史上最受瞩目的重大移民运动之一。

清朝建立后，长城南北的统一，为塞北地区的经济开发提供了新的机遇。山西大部分地区农业生产条件并不优越，凭借区位优势，山西人很早就在长城南北的贸易开发与农耕生产中占据先机。因此，有清一代，前往塞外开发与贸易的山西人数量庞大，有些人终老于异地，成为真正意义上的移民。

1. 明初山西向外移民运动与“洪洞大槐树”

元至正十一年（1351），元末农民战争全面爆发，敲响了大元帝国的丧钟，江淮及河南、山东等地区首先成为起义群众控制的地盘。农民战争的狂澜也冲击到山西，但在镇压农民起义的过程中，元朝统治阶层内部出现了一些拥兵自重、割据一方的新军阀，其中察罕帖木儿与其养子扩廓帖木儿声名最为显赫。察罕帖木儿率军向山

西境内的义军发动猛攻。在起义部众严重受挫，被迫退出山西后，冀宁与晋宁两路（即今山西中部与南部）就成为察罕帖木儿控制的地盘。察罕帖木儿与扩廓帖木儿出于自身稳固后方、保障供给的考虑，将山西视为腹心之地加以保护，客观上对这些地区起到了一定的稳定作用。

洪武时期山西人口迁移活动大致以洪武二十一年（1388）为界分为前后两个时期。前期主要是出于消弭内患需要的军事性移民，而后期移民则主要是以缩小人口分布不平衡为目的的垦荒性移民。以河北为代表的中原地区在元末明初的大动乱中人口消耗惨重，造成这些地区长期人口密度过低，导致劳动力过于短缺，大片田地抛荒，自然影响到明朝政府的田赋收入。与之形成鲜明对比的是，山东与山西地区经过20年的休养恢复，人口增加较快。然而良好的人口增长势头也会带来现实的问题，即人均土地面积缩小，劳动力相对过剩。尤其山西本身山多田少，人地矛盾出现得更早。著名学者徐泓先生在详细论证之后得出结论："总之，由以上讨论可知：⑴洪武二十二年九月为止，徙居大名、广平、东昌三府的山西贫民约有24736户，或123681人。⑵洪武二十五年十二月为止，大名、东昌、彰德等七府从山西迁来移民总数达65780户，以每户5人计，约有328900人。⑶洪武二十八年十一月时，东昌、大名、广平等三府的迁民已增至58124户，较二十二年增加一倍多。七府迁民总数100034户，较二十五年时，约增加0.52倍。"朱元璋大量外迁山西居民的出发点，在于解决当地人众地狭而导致的贫困问题。资料显示，洪武时期推行的外迁山西居民的政策收到了较好的成效，大片荒地被开垦，收获颇丰。

然而，朱元璋死后，由分封藩王问题而引发的“靖难之役”严重地破坏了前期来之不易的移民成果，数年的兵燹又使河北等地尸骨遍野，数千里内寥无人烟，惨状与元末相比有过之而无不及。朱棣麾下的燕兵残暴屠戮，留下了许多骇人听闻的记载。朱棣即位之后，为解决河北等地区人口稀少、无人垦植的问题，又着手向这些地区移民，把移民目标同样转向时称“地狭人众”的山西。就这样，山西地区大规模向外移民又告开始。永乐年间山西向外迁移的人口至少应有10万以上。

明代初年（包括洪武时期与永乐时期）山西境内发生的移民运动不仅涉及人口数量大，而且类型多，既有归降蒙古人的内迁，也有较大范围的边民内徙；既有大规模的垦荒性移民，也有数量可观的屯卫性移民。迁入地广泛分布于河北、山东、河南及长城缘边地区。各类移民累计起来，有百万人之多。山西是当时最重要的移民输出地。

研究明朝初年山西移民史的困难，并不在于依据可靠的历史文献复原当时人口迁移的真实状况，而在于解决官方文献与民间传闻之间关于迁民史实的巨大反差。这个反差突出地表现在“洪洞大槐树”移民问题上。根据前人的研究以及笔者的分析、归纳，毋庸置疑，山西是洪武与永乐年间规模最大、最集中的移民迁出区。仅洪武年间，移民人数即在百万人以上，迁出地区涉及山西绝大部分地区，迁入区包括今河北、河南、山东及安徽、江苏等地。在官方组织及允诺下，在如此短的时间里，从一个区域迁出如此多的普通百姓，这在山西移民史上是绝无仅有的，在中国移民史上也是相当罕见的，产生的影响也是极其深远的。但我们注意到，在明朝遗留下来的大量官方文献，如《明实录》《明经世文编》中，并没有特别提到山西洪洞县的移民问题，更不用说大槐树了。

这种“不见诸史，惟详于谱牒”的反差，在民国初年重修古大槐树遗址时就令人百思不得其解。民国《洪洞县志》卷七《舆地志》载：“大槐树，在城北广济寺左。按《文献通考》，明洪武永乐间屡移山西民于北平、山东、河南等处，树下为集会之所。传闻广济寺设局驻员，发给凭照、川资。因历年久远，槐树无存，寺亦毁于兵燹。民国二年，邑人景大启等募赀竖碑，以志遗迹。”景大启等人在募资修复大槐树遗址时，还汇辑了一本《山西洪洞古大槐树志》。这本书并没有搜集有关大槐树的历史文献，只集中收录了当时文人对大槐树的吟咏之作，突出反映了他们对大槐树问题的认识，这也就是民国《洪洞县志》对大槐树记述的依据。书中有乔褉亭《题大槐树拟古》。《题大槐树拟古》的序文中称：“余尝游于豫、燕、晋、齐、陇间，每询姓氏祖籍，多以洪洞大槐村对，并有述其迁徙之事者。言人人殊，就中以明初之说为多，骤闻之，虽似《齐东野语》，然以语系及习惯推之，诚不诬也。矧文明之族谱籍特详，尚多有克溯邑里，而可考其世系者多乎？”对大槐树的传说，乔褉亭也经历了一个从怀疑到重视的过程。据乔褉亭的实地访问，有关大槐树迁民的口碑资料，并不雷同，而是“言人人殊”，“似《齐东野语》”。然而通过对他们语言及风俗习惯的观察、分析，乔褉亭断定这些人士的先辈定然与山西有关，再加上详细的谱牒资料，更使他坚信洪洞大槐树在山西移民史乃至中国移民史上的特殊价值。据现代学者考证，“洪洞古大槐树处移民”分布于11个省（市）的227个县，而这一结论主要是根据方志及谱牒资料得出的。

为何洪洞大槐树拥有如此特殊的地位，当时实际情形究竟如何呢？笔者以为这是明初移民的区域差异以及洪洞县在当时人们心目中的特殊地位而形成的。据成化《山西通志》，明朝初年，平阳府（治今临汾市尧都区）户口总数高居山西各府州之首，远远超过太原、泽、潞等府州。除临汾县外，洪洞是平阳府属县内户口最多的县。洪洞古属杨侯国，于隋朝义宁年间置县，至宋金之际，洪洞县发展成为山西南部首屈一指的经济、文化鼎盛之区。洪洞县的发展在很大程度上得益于优越的交通地理位置。因此，明朝官府选择在洪洞招集移民后再行发遣，也是完全可能的。对于世代耕耘的山西农民而言，告别父老，离开故土，走上坎坷漫长的迁徙之路，是一段难以言喻的辛酸历程。因此，景物佳绝、兴隆繁盛的洪洞成为他们离开山西时最美好的记忆，郁郁葱葱的大槐树也就永远印在他们的脑海中，成为他们依恋的精神家园。这大概就是绝大多数山西移民将洪洞作为故园，将大槐树作为故乡标识的最根本的原因。

（二）“走西口”

清朝作为中国历史上最后一个大一统王朝，在疆域建设及维护民族团结上做出了不朽的贡献，在空前辽阔的领土上保持着民族间的和平共处，将许多民族真正统一在中央政权的控制之下。这在长城内外表现得最为突出，南北两大民族长期对抗厮杀的局面从此成为历史。长城以北地区虽然主要为游牧民族的牧场，但存在大面积宜于农耕、可供开垦的荒地。与中原地区合为一体后，迫于生存压力的南方汉族群众开始涌向塞外地区，从事耕商活动，由此出现了声势浩大的移民高潮。在塞外蒙古及东北地区移民规模最为可观，民间称之为“走西口”与“闯关东”，其中山西平民实为“走西口”的主力军。

“走西口”移民运动是指清朝至民国初年成千上万的山西平民前往口外谋生并定居的情形。从明代开始，人们将长城沿线的关隘称为“口”，因此，沿长城各城均有不少“口”。就山西而言，人们常将河北张家口称为“东口”，那么，张家口以西的各口（特别是杀虎口）就被称为“西口”。就农业生产而言，太原以北地区的自然条件远不能与晋南各地相比，田地狭小，无霜期长，粮食生产相当落后，这一切都导致当地百姓生计非常艰难。生存的困境迫使晋北地区的平民离开故乡，出外谋生。自明代起，晋北地区（特别是大同一带）就已成为商贾辐辏、军民混居的繁华之域，人们的眼界并不闭塞，尤其是与塞外唇齿相依，习俗相近，更吸引着人们去开辟新的生活天地。

也许“外边的世界”更加精彩，出外谋生的人们往往一去不归。光绪年间，人数众多的山西塞外垦荒者的处境得到了根本性的改善，这主要反映在清廷允许这些垦荒者正式编入户籍。时任山西巡抚的张之洞针对“七厅半系客民寄居，五方杂处，良莠不齐，村舍零星，人情涣散，虽居已祖孙数世，室则盖藏千箱，人无定名，籍无定户”的实际情况，主张将客民编立户籍，但遭到一些官员的反对。这些官员认为客民编籍势必“占碍游牧”。为此，张之洞据理力争，终于得到最高决策层的支持。张之洞在奏疏中指出：“查土默特部附近边内，其服食起居竟与内地民人无异，……有地而不习耕耘，无畜而难为孳牧。惟赖民人租种其地，彼才有粮可食，有租可用。故现在蒙古以耕牧为生者十之二三，藉租课为生者十之七八，至该旗有所谓‘游牧地’‘户口地’者。自康熙年间以来，久已陆续租给民人，以田以宅，二百余年于兹矣。该民人等久已长其子孙，成其村落，各厅民户何止烟火万家。此等寄民即不编籍，亦成土著，历年既久，寄民渐多。……夫大青山以南，归化城以东以西，延袤数千里，西汉元朔以来，久为郡县，即定襄、云中、五原之境。况以国家休养生聚二百余年，士农工商数十万户，断无驱还口内之理。”

综观清代边疆政策的演变，可以发现，历朝执政者对于蒙古地区的外来人口问题总体上持较为宽松的态度。长期的封禁并没有给山西平民前往口外设下不可逾越的鸿沟，不会彻底阻止他们在蒙古地区从事贸易与耕作，逐渐形成了所谓“禁者自禁，耕者自耕”的局面。从雍正年间开始，塞外诸厅的建立，是口外地区开发历史的重要里程碑，而这些厅内汉族居民都是由内地前来垦种的平民，即所谓“燕、晋、秦边鄙之人填塞于其境”。其中，山西人在诸归化厅中所占比例最高。光绪末年，诸归化厅人口有一百万人以上。张之洞在奏疏中提到当地“士农工商数十万户”，不会是随意夸大之言。按 20 万户计，每户 5 口，也至少有 100 万人，正与我们的估计相吻合。山西口内移民应占其居民的多数。这仅仅是光绪末年的数字，有清一代山西全省前往口外地区耕商的人数累计起来，应该是一个相当庞大的数字。

参考文献

1. 春秋左传注．北京：中华书局，1990
2. 国语．上海：上海古籍出版社，1998
3. 史记．北京：中华书局，1959
4. 汉书．北京：中华书局，1962

5. 后汉书 . 北京：中华书局，1965

6. 魏书 . 北京：中华书局，1974

7. 旧唐书 . 北京：中华书局，1975

8. 谭其骧 . 山西在国史上的地位 . 晋阳学刊，1981(5)

9. 徐泓 . 明洪武年间的人口移徙 . 第一届历史与中国社会变迁研讨会论文集 . 台北“中研院”，1982

10. 葛剑雄 . 中国移民史 · 第一卷 . 复旦大学出版社，2022

11. 《三朝北盟会编》卷七七《靖康中帙五十二》引《封氏编年》

12. 杨安祥文《洪洞古大槐树处移民分布考证》，《山西师大学报》1986 年第 2 期

13. 张之洞：《张文襄全集》卷六《筹议七厅改制事宜折》、卷八《口外编籍无碍游牧折》，中国书店，1990

作者简介

安介生，男，山西介休人。复旦大学教授、博士生导师，研究方向为历史人口地理、历史民族地理、中国移民史、山西地方史等。

第九讲　一方水土：山西的水系与区域文化

段彬

一、地肥水美：表里山河间的水系与文明

“人说山西好风光，地肥水美五谷香”。山西号称“表里山河”，除了巍峨挺拔的太行、吕梁等名山之外，更有大小河流400余条。其中流域面积超过4000平方千米的大河有9条，包括黄河流域的汾河、沁河、涑水河、昕水河、三川河，以及海河流域的桑干河、滹沱河、浊漳河、清漳河。九大河流及其支流组成若干树状水系网络，近乎均匀地分布在全省各大区域，省内绝大多数城市与乡镇位于其中某条河流之旁或河谷之内。如果说山西的地理形状如同一片肥美的桑叶，那么以汾河为代表的各大水系便是叶柄与支脉，为这片桑叶持续提供着生命之源。

“一方水土养一方人”，这是百姓对于水系环境与区域文化关系的通俗理解。由于地理条件的差异，某一流域内往往会形成别具一格的文化风貌。虽然在全国范围内来看，山西省具有较高的地理完整性与省域认同感，但是对省内各大流域进行比较的话，我们依然能够发现差异鲜明的区域条件和文化特色。

山西有这样一句广泛流传的俚语：“欢欢喜喜汾河湾，凑凑合合晋东南。哭哭啼啼吕梁山，死也不过雁门关。”俚语的内容虽然有些戏谑与夸张，却也反映出省内环境的差异与山川河流的密切关联。以地域文化特征划分，整个山西境域可划分为晋北、晋西北、晋中、晋东南、晋南五个文化区域，这五大区域恰好可以对应桑干河与滹沱河流域、黄河沿岸、汾河中游、沁河与漳河流域、汾河下游与涑水河流域等不同的水系范围。

文明因水而兴，产业因水而利，生态因水而善。水系不仅影响着区域文化的面貌，也关系着文明兴衰与人类未来。对于我们这个古老的农业民族来说，“河清海晏”意味着天下太平。山西在历史上的兴衰起伏，的确与河流的关系密不可分。

曾几何时，位居黄河中游的山西山青水碧，是早期中华文明的发祥地之一。以尧舜禹为代表的先民正是在“地肥水美”的环境下创造了最早的“中国”。春秋时期，秦穆公发起“泛舟之役”，通过渭河与汾河水道向晋国运送粮食，自秦都雍至晋都绛，八百里送粮船首尾相接，何其壮观。西汉中期，武帝刘彻乘坐高十余丈的楼船泛舟汾河之上，到汾河之南祭祀后土祠，创作了千古名篇《秋风辞》。诗中云："泛楼船兮济汾河，横中流兮扬素波。箫鼓鸣兮发棹歌，欢乐极兮哀情多。少壮几时兮奈老何！"

隋唐时期，山西的粮草曾通过水路转输到长安，输送"汾晋之粟以给京师"，"漕舟由渭入河，由河入汾"。柳宗元在称赞山西名物时，特别提到："晋之河鱼，可为伟观。"这些明确见于史书的记载，是历史上山西河流水量丰沛的例证。唐宋时期，山西的主体部分被称作河东道、河东路，"河东"之名便是以黄河作为地理坐标。

然而，随着气候变迁与人类的不合理开发，先民们赖以生存的优美环境已经渐行渐远。明清时期，村落间的"争水"事件已是山西乡土社会中常见的矛盾，因争水而导致的械斗乃至命案层出不穷。进入 20 世纪的工业化时代，对水资源的过度攫取更是让山西的河湖川泽不复往日光彩。大批化工、水泥、造纸、冶金企业的发展，使得山西不少地区陷入"有河必干，无水不污"的尴尬境地。生态恶化、河渠断流、地下水枯竭等问题，成为区域发展的瓶颈之一。就连晋祠难老泉的汩汩清流，也不免因附近的企业过度用水而"老去"，数十年来不得不依靠人工抽水。

有识之士早已断言："山西之长在于煤，山西之短在于水。"随着全省经济的转型发展，近年来山西水系的治理也取得了巨大成效。中央领导视察山西时对环境治理特别是汾河治理提出明确要求：“一定要高度重视汾河的生态环境保护，让这条山西的母亲河水量丰起来、水质好起来、风光美起来。”

如今，太原市与临汾市区的汾河公园、大同市区的御河生态公园、忻州市区的云中河景区、朔州市区的七里河公园、晋中市区的潇河湿地公园，都已成为所在城市的生态文化景观长廊，每逢假日，游人如织。但是从水源、水质、水量等各项指标衡量，系统治水的工作依然任重道远。我们呼唤李白笔下“晋祠流水如碧玉”的盛景早日重回眼前！

二、三晋之源：汾河流域

汾河的诞生，与地质学者所说的汾渭裂谷的发育密切相关。远古时期的地壳变动，使得山西东西两侧的山地日渐隆起，中部谷地强烈下沉。流水汇聚于谷地内，形成了汾河的雏形。在距今约 300 万年前的上新世晚期，古汾河比今天要长得多，南北贯穿忻定、太原、临汾、运城四大盆地。如今从繁峙县起源，辗转东出河北的滹沱河，当时却一路南行，穿过石岭关进入太原，成为古汾河的上游。现在运城一带单独汇入黄河的涑水河，则是古汾河的下游。随着北部的石岭关与南部的峨嵋原一带山地的抬升，古汾河被“掐头去尾”，在距今约 20 万年前的中更新世晚期，大体形成了现在的河道。

今日的汾河作为黄河的第二大支流，其干流流经忻州、太原、

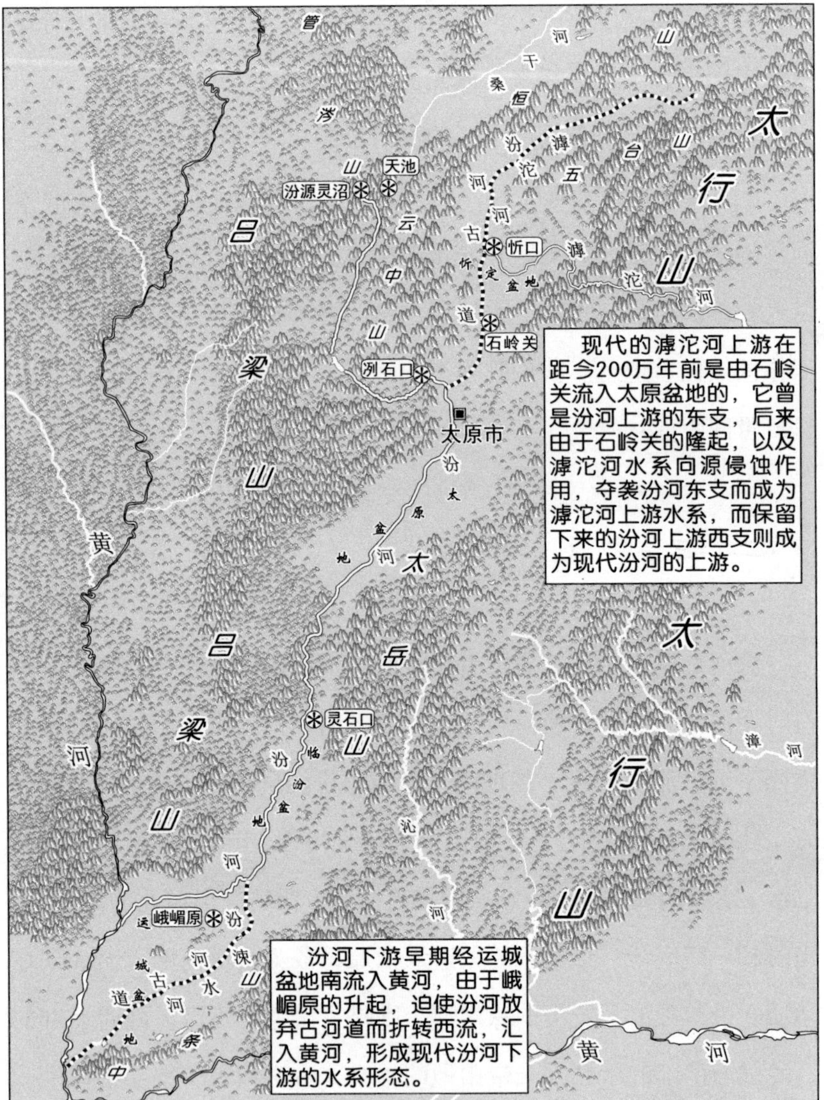
现代的滹沱河上游在距今200万年前是由石岭关流入太原盆地的，它曾是汾河上游的东支，后来由于石岭关的隆起，以及滹沱河水系向源侵蚀作用，夺袭汾河东支而成为滹沱河上游水系，而保留下来的汾河上游西支则成为现代汾河的上游。
汾河下游早期经运城盆地南流入黄河，由于峨嵋原的升起，迫使汾河放弃古河道而折转西流，汇入黄河，形成现代汾河下游的水系形态。
天池
汾源灵沼
忻口
石岭关
冽石口
太原市
灵石口
峨嵋原
太行山
吕梁山
云中山
太岳山
五台山
管涔山
桑干河
恒山
滹沱河
汾河
黄河
沁河
漳河
涑水
中条
忻定盆地
太原盆地
临汾盆地
运城盆地
古河道

9.1　古汾河流向示意图

吕梁、晋中、临汾、运城6市的29个县（市、区），全长713千米，流域面积3.97万平方千米，是山西省内长度最长、流经县（市、区）最多、流域面积最大的河流。汾河在穿越了吕梁山区北部、太原盆地、临汾盆地之后，最终在万荣县荣河镇庙前村汇入黄河。然而，这条大河究竟起源于何处，却在近些年出现了争议。

关于汾河的源头，在先秦典籍《山海经》中已有记载："管涔之山，汾水出焉。"北魏郦道元的《水经注》也说："汾水出太原汾阳北管涔山。"当时的汾阳县位于今岚县、静乐、宁武一带。可见，古籍中的汾河源头均指向山西省北部的管涔山。后来，人们一般将宁武县东寨镇雷鸣寺泉作为汾河的正源，在此竖立起"汾源灵沼"石碑，并建设了汾源水利风景区。然而，在2011年的第一次全国水利普查中，调查人员利用1∶50000国家基础地理信息、卫星遥感影像图、2.5米影像数据和其他资料，认定从神池县延伸过来的一条河沟才是真正的汾河源头。该地位于神池县太平庄乡西岭村，是原先认定的"汾源"雷鸣寺泉的上游。

"汾，大也"。这是古人对于汾河之名由来的解释，可见水量丰沛是汾河的显著特征。从距今20万年—16万年前的襄汾丁村遗址出土的鱼类化石判断，汾河中曾有体长0.7米的鲤鱼、体长1米以上的青鱼和体长1.5米以上的鲶鱼，可见当时的汾河既宽且深。直至今天，汾河仍是山西人民重要的水源。根据1956—2000年的系列资料，汾河水资源达33.59亿立方米，占全省水资源总量的27.1%。

支流众多是汾河的又一特点。汾河较大的支流有岚河、潇河、象峪河、乌马河、昌源河、文峪河、磁窑河、浍河等。汾河及各条支流沿线又有许多著名的泉水，如冽石寒泉、晋祠三泉、洪山泉、郭庄泉、广胜寺泉、龙子祠泉、古堆泉等。目前全省库容在 1 亿立方米以上的大型水库共有 8 座，汾河流域即有 3 座（汾河水库、汾河二库、文峪河水库），其他中小型水库、灌区、机电泵站更是星罗棋布，为灌溉、发电、工业和城市居民供水提供了便利条件。因此，汾河流域得以孕育出山西最大的城市群，除省会太原之外，沿线还有晋中、汾阳、孝义、介休、霍州、临汾、侯马、河津等重要城市。

汾水长流，惠泽万民。自然层面的汾河在山西的水利建设中举足轻重，人文层面的汾河则在五千年来铺就了山西传统文化的重要底色。山西有许多古今地名（比如汾阳、汾阴、临汾、襄汾、汾西），商品名（比如汾酒），都来自于汾河。如果将汾河流域分为上中下三部分，我们会发现三个区域的文化面貌各有其特色。

汾河上游流经的管涔山区，拥有大量的高山草甸与湖泊，水草丰美，在历史上长期属于内迁草原部族的活动区域。早在先秦时期，已有楼烦人生活于此，秦汉时置楼烦县。直到明清时期，汾河上游地区依然是人烟稀少，交通困难。清代诗人张彦坤有一首题为《楼烦》的诗，描写这一带的景观：“无数青山入望宽，芦芽隐约挂云端。磴盘鸟道三秦接，人拥羊裘六月寒。水涨巉岸诸岭隔，穴居烟火几家残。从来巴蜀称天险，不比楼烦道路难。”管涔山在魏晋之后又名“岢岚山”，“岢岚”即“贺兰”。十六国北朝时，这里成为南匈奴、契胡等人群的活动区域。管涔山附近，还有一处宁武天池，在北朝时又称“祁连池”。管涔山、天池在北族文化中具有神圣空间的意味，曾肩负着皇家猎苑的政治功能，类似于清代的承德避暑山庄与木兰围场。隋炀帝曾在天池之旁建有汾阳宫，多次来此避暑、狩猎，还从太原西北修筑了一条100多千米的栈道，此栈道直达天池。

汾河中游流经的太原盆地，则是三晋之中、中原北门。自公元前497年晋国的赵氏家族在汾晋之间营建晋阳城开始，这里就彰显出独特的战略枢纽地位，成为孕育若干王朝的“龙兴之地”。汾水长流，创造了大唐盛世的荣光，也铭记着五代乱世之沉浮。作为东魏、北齐的陪都，唐、武周、后唐、后晋、后汉的北都（北京），北汉的都城，当时的太原高官云集，重兵屯聚。武则天时期，并州长史崔神庆为联络汾河两岸，“跨水联堞”，巧妙地在汾河桥梁之上修筑城墙，连缀成周长20多千米、城门24座的晋阳三城。唐代诗人欧阳詹至此，不禁感慨汾河两岸的景致与苏州水乡无异：“并州汾上阁，登望似吴阊。贯郭河通路，萦村水逼乡。”然而，滨水、跨水的地势也成为太原城防的短板，自春秋直至北宋，历史上一再酿成“水淹晋阳”的惨剧。

汾河下游的临汾盆地，是孕育晋文化乃至中华文化的温床。

“汾河流水哗啦啦”，润泽了广袤的临汾盆地，护卫着文明的代代前行。毗邻汾河下游的峨嵋原和涑水河流域的运城盆地，在文化上和临汾盆地属于一个地理单元，在古代统称“河东”。在传世文献中，这里便是“尧之都，舜之壤，夏之墟”。20 世纪 70 年代以来，考古工作者在背靠塔儿山、前临汾水的襄汾陶寺镇附近，发现了距今 4000 多年的规模空前的城址、与之相匹配的王墓、世界最早的观象台、独立的仓储区、官方管理下的手工业区等遗存。许多专家学者认为，陶寺遗址就是传说中帝尧都城的所在。商末周初，在轰轰烈烈的武王伐纣之后，一位名叫叔虞的王子来到“河汾之东”的唐地，奠定了辉煌六百年的晋国霸业根基。后世子孙逐步扩张，将“晋”这一符号从汾河下游扩展至整个山西。汾河与山西历史的关系，可见一斑。

在地理区位和人文环境的双重作用下,汾河中下游的太原盆地、临汾盆地和涑水河流域的运城盆地，在历史上逐渐形成了“崇文尚礼”的河东（晋南）文化和“崇武尚勇”的并州（晋中）文化。

三、桑干未远：桑干河流域

桑干河，旧作桑乾河，《水经注》称之为“㶟水”。桑干之名始自隋唐，相传每年桑葚成熟之际，正值枯水之时，故而得名。桑干河全长 506 千米，流域面积 2.39 万平方千米。它与汾河发源于同一山区，一条向南，一条向北，各自奔向了不同的盆地。桑干上游分为源子河与恢河两支，以宁武管涔山北麓庙儿沟的恢河源头为正源。源子河与恢河在朔城马邑村附近汇合后，始称“桑干河”。

桑干河并非独流入海的独立水系，而是著名的永定河的上游。康熙皇帝《察永定河》诗云：“源从自马邑，流转入桑乾。浑流推浊浪，平野变沙滩。”桑干河在山西境内先后经过宁武、朔城、山阴、应县、怀仁、云州、阳高等地，流入河北境内。在怀来与洋河交汇后，称作永定河，而永定河又是海河的重要支流。滚滚东去的桑干河，淌过马邑故地、流过卢沟桥下，最终在天津奔流入海。

就山西省内而言，桑干河纵贯大同盆地，是大同、朔州两地水系的主干，其支流恢河、御河、浑河、壶流河，又是流经朔城、平城、浑源、广灵等地城区的母亲河。因此桑干河留给人的印象，便与这雁门关外的塞北之地紧密联系在一起。

如果说汾河两岸象征着农耕文明的富庶，那么冰天雪地的桑干河流域则具有一种苍凉的文学意味。古代诗人常常将桑干视作边塞与战争的代名词，比如薛道衡的“凝云迷代郡，流水冻桑干”，骆宾王的“边烽警榆塞，侠客度桑干”，皇甫冉的“连营鼓角动，忽似战桑干”。远方的游子来到桑干河畔边塞之地，难免思念起渐行渐远的家乡：“桑干归路远，闻说亦愁人。”诗人贾岛横渡桑干之后，对自己的客居地晋阳也变得无比留恋：“无端更渡桑干水，却望并州是故乡。”

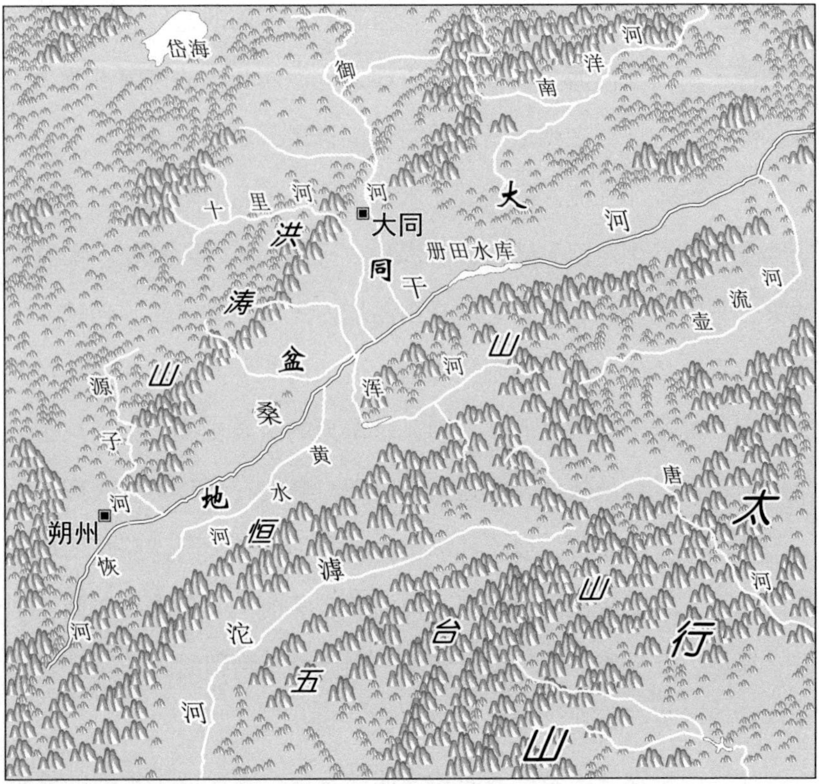

9.2　桑干河流域示意图（山西境内）

“去年桑干北，今年桑干东。死是征人死，功是将军功”。对于远行的戍卒，桑干是令人畏惧的战场，对于雁北本地居民而言，桑干却是哺育家乡土地的清冽甘泉。早在旧石器时期，桑干河流域已经聚集了一连串的古文化遗址，包括河北阳原的小长梁遗址与虎头梁遗址、大同天镇的许家窑遗址、大同阳高的神泉寺遗址、朔州朔城的峙峪遗址等，其密集程度甚至要高于同一时期的汾河中游地区。

春秋战国时期，本属北狄代国的桑干河一带，被向北开拓的赵国占领。在与北方游牧民族的交往学习过程中，赵武灵王决定展开“胡服骑射”变革，拓地千里。长期的战争拉锯，使得桑干河流域的民风尚武彪悍，与雁门关内的区域形成鲜明的差异。

此后，桑干河长期成为胡汉民族交融的前沿，不断陷入南北纷争的漩涡之中。与此同时，桑干河流域也孕育出异彩纷呈的多民族文化之硕果。皇始三年（398），拓跋鲜卑建立的北魏政权正式定都于平城，桑干河一带成为北魏京畿之地，在将近一个世纪的时间内获得了来自举国之力的经营。原先居住在后燕、北燕、北凉、青齐、西域、高车乃至高句丽的百万移民，辗转定居到桑干河畔。交通与移民的汇聚，带来了文化的空前大融合。桑干支流十里河前的云冈石窟，容纳了汉、鲜卑、犍陀罗、粟特、笈多、波斯、希腊等横跨欧亚的多种文化元素，成为桑干河流域历史文化高光时刻的见证。

在南来北往的一幕幕历史大戏中，桑干河流域铭刻着族群间交往、交流、交融的众多遗痕。五代时期，桑干河—永定河流域有了另一个广为人知的名字：燕云十六州，这里被“儿皇帝”石敬瑭悉数赠予契丹人，以换取其支持。对于后周、北宋等中原王朝而言，燕云失地成为永远的心结；但是对辽、金等塞北王朝来说，进可攻、退可守的桑干河流域，是南下中原的最佳基地。今天的北京和大同，被辽、金两朝相继设置为南京（中都）和西京，非亲王不得守之。桑干河流域内的应县木塔、华严寺、善化寺、崇福寺等体量巨大的辽金木构建筑，构成中国现存最为密集、最为壮观的辽金建筑群。

到了明代，汉族王朝恢复了对桑干河流域的控制。为了拱卫京城，防止游牧民族的再度南下，明朝又以持续两百年的毅力在桑干河流域的南北两侧分别修筑了内外长城及数以百计的军堡，希望能拒敌于桑干之畔。如今，这些被人遗忘已久的世界级军事遗址景观，默默矗立在秋风萧瑟的桑干河边，尽显苍凉。可是不少雁北居民仍是当年戍边将士的后代，血脉中依然流淌着为国征战的“桑干精神”。

除了远征的军士，桑干河也见证了一代代走西口的山西人的故事。他们翻过雁门关，越过黄花梁，前往未知的“口外”。“今朝忽渡桑干水，不似身来似梦来”。时间来到 1946 年，著名作家丁玲前往晋察冀边区，通过对当地农村土改运动的观察，撰写出著名的长篇小说《太阳照在桑干河上》，更是为这条塞上名川增添了新的文学色彩。

文化上的桑干河，是北京、大同两大古都的连接线，是胡汉民族交融的大舞台，是丝绸之路的北部支线，是长城军事文化的活化石。自然界的桑干河，则是白杨树、樟子松、油松等树种与野生动物的重要保护区。每年冬去春来、南雁北飞之时，桑干河自然保护区就成为候鸟迁徙途中的驿站。滩涂边流水与鸟儿的轻声对话，令人忘却了沧桑的边塞历史，恍惚以为身在江南。

汉代司马迁曾经如此描写桑干河的风俗：“人民矜懻忮，好气，任侠为奸，不事农商。……自全晋之时，固已患其僄悍，而武灵王益厉之，其谣俗犹有赵之风也。”“地边胡，数被寇”的桑干河流域，造就了历史时期塞北地区“彪悍粗犷”“豪迈刚劲”的民风。

四、鲜虞遗响：滹沱河流域

与桑干河一样，滹沱河也是海河水系的一条重要支流。滹沱河全长 587 千米，流域面积 2.73 万平方千米，有阳武河、云中河、牧马河、清水河、乌河等支流。这条大河起源于繁峙县泰戏山桥儿沟的马跑泉，在五台山脉与恒山山脉的夹缝之间向西南方向流淌。贯穿繁峙、代县谷地后，向南抵达原平、忻府。受到山地的阻挡，滹沱河折向东方，围着五台山转了一个大大的“U”字。经定襄、五台、盂县，离开山西省境，至河北献县与子牙河汇合，在天津汇入海河。

滹沱河流域的地势，西高东低，时而流水潺潺，淌过宽阔平坦的忻定盆地，时而劈山越岭，流经华北屋脊五台山下。滹沱河恐怕是山西境内走势最为曲折、沿线地貌最为丰富的大河。

提及“滹沱”，恐怕有相当一部分人无法准确识读这两个字。这个生涩难懂的地名，最早源自《山海经》。除滹沱之外，还有“恶池”“滹池”等其他写法。《礼记》记载：“晋人将有事于河，必先有事于恶池。”意思是说，晋国人祭祀黄河之前，必先祭祀滹沱河。可见滹沱河作为北方的名川大河，早已被纳入华夏礼制的体系，其重要程度仅次于黄河。

按照传统的解释，无论“滹沱”还是“恶池”，都是取水流湍急凶猛之意。据史书记载，滹沱河在古代的水量十分惊人。东汉永平年间（58年—75），朝廷计划在滹沱河与汾河之间开凿一条人工运河，“转山东之漕，用实秦晋”。也就是想跨越太行险阻，将河北的粮食通过滹沱河、运河及汾河，转运至山西、陕西。清代地理学家杨守敬推测其路线为：“当自今交城、太原北出，绝汾，经阳曲、忻州之北至定会滹沱河。”然而开工之后，“连年无成，转运所经三百八十九隘，前后没溺死者不可胜算”，浩大的工程只能作罢。运河虽未凿成，但是证明了滹沱河的水量足以供漕船行驶。唐朝时，河北人民曾在太行以东开凿太白渠、大唐渠等渠路，引滹沱河水灌溉农田。北宋时期，在滹沱河的支流原平阳武河上，还修筑过引洪淤灌工程，分散洪势。

不过，从汉字字义出发，无论“滹”还是“沱”，似乎都与水流湍急之义无关。考虑到先秦时期这一地区的民族分布，“滹沱”之名恐怕是根据当地部族语言音译为汉字的结果。春秋时期，赤狄、白狄等北方族群长期活动于太行山区。其中与滹沱河关系最为紧密的，莫过于鲜虞人建立的中山国。鲜虞最初可能活动在陕北地区，后来一路东迁至滹沱河畔，立足于晋冀交界处的山河环绕之地，建立了中山国。在短短二三百年间，中山迅速发展为实力强大的“千乘之国”，号称战国七雄之外的“第八雄”，直到战国后期才被赵国灭掉，逐渐融入三晋文化之中。

此后，每当中原王朝强盛之时，滹沱河流域常与太原一带隶属同一政区，作为中原王朝控制雁门关、宁武关等地的战略前沿。忻州北城楼上至今高悬的“晋北锁钥”之匾，正是这一区域历史地位的真实写照。当北方民族的武力在雁北崛起后，滹沱河流域又成为他们南下中原的跳板。忻州一带名之“挠羊赛”的摔跤竞技活动，享誉海内，独具特色，尽显滹沱健儿们的豪迈之风。

东汉末年，曹操在滹沱河一带设立新兴郡，收拢塞北流民，又将南匈奴北部安置于此，形成了今日忻州的前身。拓跋鲜卑在平城建立北魏王朝后，又在这里成立军管区肆卢镇，后改置肆州。北魏晚期，滹沱河流域成为军阀尔朱荣的大本营，他以肆州为基地，南下晋阳，逐步控制了整个北魏的朝政。

抗日战争时期忻口会战的主战场、解放战争后期党中央的驻地西柏坡，也都位于滹沱河流域。悠悠滹沱，不仅见证了鲜虞人的崛起与衰亡，见证了五台山上的梵音袅袅，见证了险关要塞间来往的驼铃声声，也见证了近代山西历史的风云变幻，见证了中华人民共和国从陕北走向北京的最终胜利。

滹沱河流域因为地处游牧文明与农耕文明的过渡带，也成为多元文化交融的重要平台，形成了“民风强悍”“兼收并蓄”的区域文化特色。

五、与天为党：漳河与沁河流域

漳河总长 412 千米，流域面积 1.82 万平方千米，在山西境内主要流经晋中市东南部与长治市辖境，包括榆社、左权、武乡、沁县、黎城、潞城、平顺、长子、屯留、上党等地，至河北馆陶与卫河合流，改称“漳卫河”“卫运河”。沁河总长 485 千米，流域面积 1.35 平方千米，在山西境内主要流经晋城市域及其周边，包括沁源、安泽、沁水、阳城等地，自泽州流入河南省境，最终在河南武陟汇入黄河。

漳河与沁河流域位于太行与太岳之间，这里正是广义上的古上党地区。苏东坡曾云：“上党从来天下脊。”在古代中原人心中，上党就是至高至险的天下屋脊。在这片“与天为党”的高原之上，河流纵深切割，勾勒出一道道动人心魄的大峡谷，山峰断崖耸立，书写出太行山最为壮美的篇章。漳河、沁河及其众多支流，与山峦突兀、沟壑纵横的地貌形态相辅相成，成为上党灵秀山川的点睛之笔。

作为高原河流，漳、沁二河有两个非常显著的特征。第一个显著特征是源头众多，且各支流的流向各不相同，在平面上构成五方汇聚、八方辐辏的水网布局。比如漳河分为清漳与浊漳，清漳有西源与东源两支，浊漳有北源、西源、南源三支。其中浊漳南、北二源的流向完全相反，一条自南向北，一条自北向南，两处源头直线距离达150千米。因此，漳河的诸多源头在历史上长期被认作是不同的河流，各有其名。比如在北魏时期的《水经注》中，浊漳南源被称作“潞水”，浊漳西源被称作“铜鞮水”，浊漳北源则被称作“武乡水”，后来它们才被逐渐整合到漳河水系的名号之中。漳、沁二河的第二个显著特征，是有相当长的河段流经曲峡之中。曲峡又称“蛇曲”，此类河道的走向反复弯曲，近于环形，犹如一条爬行中的蛇。蛇曲地貌最初形成于无遮无拦的平原地区，由于山地的隆起，最终被嵌入峡谷之内。贯穿上党高地的蛇曲形态，足以证明漳、沁二河的诞生要早于太行山脉的形成。在晋城城区西南约40千米的南岭镇境内，有一处典型的曲峡“沁河第一湾”。站在高处俯瞰，这一段河道几乎呈三百六十度急剧回转，将山峰拥入浩荡的怀抱中。明朝诗人谢榛在《漳河有感》一诗中写道：“行经百度水，只是一漳河。不畏奔腾急，其如转折多。”从平顺县的湾里村到马塔村，百余里的浊漳河谷山重水复，跌宕起伏，百转千回，滔滔而下，与谢榛的文学描述遥相呼应。

犹如天河的漳、沁二河及其支流，在上党内部的两大盆地交融汇聚，孕育了以长治、晋城为代表的晋东南城市群。在如此紧邻中原腹地的位置，外有屏障、内有坚城，漳、沁流域注定会成为兵家必争之地。自先秦以来，上党就一再爆发决定政权兴亡的战役，其中最著名的莫过于秦赵长平之战。这场中国古代军事史上规模最大的歼灭战，正是以沁河支流丹河两岸为阵地展开的。十六国时期，前秦苻坚以王猛为统帅，率兵六万讨伐前燕，前燕慕容评率三十万大军屯于浊漳河畔，秦军以少胜多，乘势吞灭前燕，史称“潞川之战”。不久后，同属慕容氏的后燕与西燕又在附近掀起台壁之战。西燕军队在横渡漳河之际被后燕伏兵击败，由此决定了西燕亡国的命运。在这些战役中，漳河、沁河水系常常对战局的走向起到关键性作用。比如潞川之战中，慕容评作为三军统帅，竟然贪财好利，把控水源，要求士兵们出钱来买漳河水，这岂能不失军心？

“漳河水，九十九道弯，层层树，重重山”。战乱来临之时，九曲回环的漳、沁两河既是金戈铁马的战场，也是庇佑百姓与文明火种的桃花源。因为山重水复，交通不便，容易形成小区域文化，在漳、沁两河流域，形成了诸如二仙、二郎、崔府君等区域特色明显的上党诸神崇拜。阳城、泽州一带的沁河沿岸，分布着北方最大的民间古堡群，这里的民众充分利用地理优势，建立起依山傍水的防御工事。留存至今的郭峪古堡、湘峪古堡、皇城相府、砥洎城，成为研究明清庄园古堡的活化石。潞城、平顺一带的浊漳河谷，则号称“中国传统建筑田野调查的黄金水道”。在数十里的峡谷之内，保留着五代、宋、金、元、明、清 6 个时代的 8 处全国重点文物保护单位，其中五代时期的木构建筑全国仅存 5 座，这里就保存着龙门寺、大云院、天台庵 3 座。

太行山是英雄之山，漳河与沁河也是英雄之水。清漳河在左权境内流经一个宁静的小镇——麻田。在抗日战争的烽火之中，这里成为全国敌后抗战的支点——八路军总部的驻地，当时仅有 7 万人口的辽县（今左权县），就有 1 万人牺牲，1 万多人参军，1 万人支前。1942 年，八路军副总参谋长左权将军壮烈牺牲于清漳河附近的十字岭，辽县也因此易名为左权县。如今，漳、沁二河缓缓流过，三五故老在村口闲谈，依然会追忆起游击区的峥嵘岁月……

地处太行山怀抱的沁、漳两河流域，在山重水复的地理环境下，逐渐形成了“坚韧不拔”“急公好义”的上党文化。

参考文献

1. 姚启明，张纪仲，王铭，等．山西省地理．山西教育出版社，1994

2. 王铭，孙元巩，仝立功．山西山河志．山西科学技术出版社，1994

3. 行龙．山西何以失去曾经的重要地位．山西教育出版社，2011

作者简介

段彬，男，山西晋中人。历史学博士、山西大学历史文化学院讲师，主要研究方向为魏晋南北朝史、历史人文地理。

第十讲　石破天惊：山西石窟寺的分布与艺术价值

段彬

一、从梵天到中土：表里山河间的佛风遗韵

公元前 543 年，“觉者”释迦牟尼离世之时，佛教已在南亚次大陆逐渐发展壮大。然而在当时的佛教寺院中并未出现我们熟悉的佛像，信众仅仅将与佛陀有关的象征符号或圣地，如菩提树、佛足印、法轮、佛塔等作为崇拜对象。200 多年后，亚历山大东征的铁蹄开启了一个“希腊化”时代，古希腊的人物雕刻技法也逐渐传播到中亚、南亚地区。最早的佛像于公元 1 世纪前后出现在希腊后裔建立的巴克特里亚王国（今阿富汗一带）。

两汉之际，佛教与佛像也沿着丝绸之路逐渐传入中国。据《后汉书》记载，汉明帝曾“夜梦金人”，史官傅毅解释说金人就是西

方的佛。可见对中国人而言，直观形象的佛像是佛教最显著的特征，以至于佛教在中原获得了“象教”的别称。

在佛教造像中，石窟与摩崖造像是一个特殊的类别。在炎热的印度，山中的石窟最早是僧人居住修行的场所，其中并无佛像。后世把这种用于居住的石窟称作“僧房窟”。后来，石窟演化出更多的类型。比如有的石窟会在中心位置凿出一座塔形石柱，信众可绕塔礼拜，称作“中心塔柱窟”；有的石窟安置众多佛像，和佛殿功能类似，称作“佛殿窟”；有的石窟被一座巨大的佛像占据主要空间，称作“大像窟”；还有的石窟用于安放僧人的骨灰舍利，也就是“瘗（yì）窟”。相比存在内部空间的石窟，摩崖造像则是直接在山体立面上开凿出的佛像或佛龛，只可远观，无法进入。不过因为性质相近，二者常常被并列而论。与寺院里的单体佛像相比，矗立在大山之中的石窟与摩崖造像因其浑然天成，与山石相依，往往能给观者带来“石破天惊”的震撼效果，彰显出与天地山川同在的永恒性与神圣性。

从东晋十六国时期开始，开凿石窟与摩崖造像的风俗也沿着丝路渐次东传。从克孜尔千佛洞到敦煌莫高窟，从洛阳龙门到南京栖霞山，叮叮咚咚的凿山之声，响彻中土大地近千年，其中尤以北朝至盛唐的开窟风气为盛。在这波石窟艺术广泛传播的大潮中，山西作为民族与文化交融的前沿地带，无疑占据了相当重要的地位。山西是名副其实的文物大省，也是石窟大省。在第三次全国不可移动文物普查中，山西省共登记有石窟寺 244 处、摩崖造像 254 处，这些石窟造像几乎遍布全省。

究其原因，一方面是因为山西多山，特别是有大量的砂岩，这种石材虽然石质较差，却相对易于施工，这使得山西天然具有大量适宜开窟的场所。另一方面，山西在魏晋南北朝隋唐时期具有非常独特的政治与文化地位，这为山西石窟的开凿提供了历史契机。

西晋末年，匈奴人刘渊、羯族人石勒等胡人势力先后立足山西，建立政权，开启了“五胡十六国”乱世的时代。出身西北胡人的石勒，对于同样来自西方异域的佛陀具有很强的认同感。在高僧佛图澄助推之下，石勒建立的后赵在山西、河北等地广建佛寺。终结十六国时代的是北魏王朝。北魏前期建都平城，作为内地首座皇家石窟的云冈石窟由此出现在平城郊外。随着“云冈模式”的扩散，到北魏中后期，大大小小的石窟、摩崖造像以及相关的造像碑、造像塔、单体石像等在三晋大地上遍地开花。比如平城周边的吴官屯石窟、鲁班窑石窟，昔阳的石马寺石窟，沁县的南涅水石刻，高平的羊头山石窟等等，都是这一时期山西民间佛教石刻艺术的代表。

北魏分裂之后，占据山西大部的高氏家族建立了东魏、北齐政权。北齐是一个著名的佞佛王朝，统治阶级在修建佛寺、开窟造像上不惜殚竭民力。在北齐陪都晋阳（今太原晋源）的郊外，先后出现了天龙山石窟、蒙山开化寺大佛、龙山童子寺大佛、姑姑洞石窟等一批精美绝伦的石窟与蔚为壮观的摩崖大佛。在往来陪都太原与首都邺城（今邯郸临漳西南）之间的“并邺道”上，还遗留下一项未完工的“烂尾”工程——“高欢云洞”石窟，成为北齐政权及其皇家造像工程草草终结的绝响。

进入隋唐时代，地方官府与民间造像风气在山西依然炽盛。天龙山石窟在这一阶段进入开窟的高潮期，留下了驻晋军人为隋皇室祈福的第 8 窟，也留下了唐晚期罕见的弥勒大像。寿阳阳摩寺石窟作为地方官员造像的代表，主体部分也形成于唐代。除了佛教石窟外，道教从南北朝后期开始也学会了开窟造像的方法。李唐皇室自称老子后人，因而道教在唐代煊赫一时，道教石窟的代表作太原龙山石窟便始凿于唐代。

此后的宋元明清时期，山西的石窟造像逐渐走向尾声。除了元代龙山石窟、明代金灯寺石窟等少数代表作外，这一时期的石窟无论数量、规模还是艺术水准，大多不能与北朝隋唐石窟相提并论。

站在今天的文化立场来看，石窟不仅仅是一种宗教产物，更是古人留给我们的珍贵的人文胜迹与艺术珍品。云冈石窟第 2 窟明窗上方镌刻有“山水有清音”的楷书题刻，可见在古人看来，山水流动的气韵自是一首动听的乐章，山川之间散布的石窟与摩崖，更是旋律中画龙点睛的乐章。当我们伫立在一尊尊或精美、或残缺、或深邃的石窟造像面前时，通过这些定格在石头上的面庞，一定能感受到穿越时空的魅力。

千锤万凿出深山，数百处石窟与摩崖造像静静守望着山西千余年来的沧桑变化。近年来，以“云冈学”为重点方向的石窟寺研究在山西迎来跨越式发展。山西大学与大同大学先后成立了云冈学研究院、云冈学学院等科研机构。2021 年 11 月，石窟寺保护与传承山西省重点实验室落户云冈研究院。随着对石窟寺文物专项调查、保护与研究的推进，表里山河间的佛风遗韵，必然会带给我们更多未知的惊喜。

二、5 世纪世界雕塑史的最高杰作：云冈石窟

谈及云冈石窟，要从北魏王朝说起。北魏的建立者拓跋鲜卑最早生活在大兴安岭地区，汉晋时期逐渐南迁至内蒙古中部和山西北部。西晋后期，拓跋部开始插手中原事务，与坐镇山西的并州刺史、“闻鸡起舞”故事的主角刘琨结为同盟，联手对抗晋西北的南匈奴势力。公元 386 年，北魏正式建立，开启了中国历史上的南北朝时代。439 年，北魏消灭十六国的最后一个政权北凉，成为第一个长期统一北方的少数民族王朝。

统一北方不久，太武帝拓跋焘在长安平叛时发现有寺院私藏兵器，认为僧人与叛军有勾结。在信奉道教的司徒崔浩怂恿下，同时为了扩充兵源与提高赋税，太武帝下令展开灭佛运动。然而，佛教在中国的发展正方兴未艾，单纯的政治命令难以消灭其根基。太武帝死后，信奉佛教的文成帝拓跋濬就开始复兴佛教，开凿云冈石窟

最为重要的僧人昙曜就此登上了历史舞台。

昙曜的故乡凉州（今属甘肃），是中国最早接触到石窟的地域之一。北魏灭北凉后，将3万多户凉州人士迁至山西北部，这些移民中不乏僧人与工匠。文成帝复佛之后，拜昙曜为师，任命他为“昭玄都统”，管理全国僧众。为了让佛教不再遭受劫难，昙曜积极迎合北魏统治者，主张僧人弘法与朝廷教化相辅相成。在昙曜亲自主持下，北魏官方在平城近郊武州山开凿了一组石窟群，共有洞窟5座，当时称之为灵岩寺或武州山石窟寺。内地造像史上最为壮观的景象就此拉开了序幕。

昙曜开凿的五座石窟便是今天云冈石窟中部的第16—20窟。这组石窟皆为大像窟，窟内造像以三世佛为主，十余米高的五尊主佛居于相对狭窄的洞窟内。礼拜者站在窟外，透过前壁上的明窗正好可以窥见大佛的面容，由此营造出一种“犹抱琵琶半遮面”的神秘感。唯有第20窟的前壁在北魏时已经崩塌，大佛因此裸露在外，成为云冈最显眼的景观，也就是我们今天最熟悉的那尊标志性的云冈大佛。有趣的是，昙曜五窟主佛像的样子全部“如帝身”，也就是照着北魏前期五位皇帝的相貌去雕刻的，甚至连佛脸、佛足上的黑石，都和皇帝身上的黑眼位置相同，可谓是政教结合的完美体现。

在昙曜五窟中，刚刚进入中原的石窟造像仍然保留了浓郁的异域风情。佛像的面部普遍受到中亚犍陀罗地区（今巴基斯坦、阿富汗一带）造像风格的影响，面容与内地汉人并不相同。比如第20

窟的主佛，高达 13.7 米，广额丰颐，高鼻深目，目光如炬，体魄雄健，仿佛一位雍容高贵的帝王，有一股扑面而来的英雄气概，彰显着鲜卑民族昂扬向上的精神。袒右式的袈裟质地厚重、衣纹凸起，符合西北游牧族群的穿着需求。

昙曜圆寂后，“雕饰奇伟，冠于一世”的大石窟寺仍在不断扩建。到了著名的孝文帝拓跋宏统治时期，云冈迎来第二波开凿的盛况。这一时期石窟的类型更加灵活多元，洞内除了巨型佛像外，还增加了大量新的佛教雕塑题材。比较有代表性的有第 5、6 窟，第 7、8 窟这两组对称的“双窟”，以及并称为“五华洞”的第 9—13 窟。这一时期的石窟皆内饰华美，富丽堂皇，第一次踏入其中的人无不感到光彩夺目。比如第 6 窟内有佛传故事图 30 余幅，集中表现了佛陀从诞生、成长，到出家、弘法等一系列故事场面，如同一部连环画。第 7 窟南壁有 6 尊半跪相对的供养天，端庄秀丽，风姿绰约，被称作“云冈六美人”，这是西域造像融入东方元素的上乘之作。第 12 窟前室北壁的最上层有天宫伎乐 14 尊和一组舞伎群，吹拉弹奏，轻歌曼舞，集中体现了北魏宫廷乐队的风貌。

云冈中期的造像，受南朝审美影响，逐渐向汉化风格转型。佛衣样式更接近汉服，袍袖宽大，轻薄飘扬，号称“褒衣博带”。佛像从健壮雄武转为温婉儒雅，即所谓“瘦骨清像”，颇有中原士大夫的翩翩风采。在造像题材上，这一时期大量出现“二佛并坐”的组合，这也和当时北魏的政治局势有关。“二佛并坐”故事出自

《法华经》，是释迦与多宝二佛说法的场景。北魏献文帝及孝文帝两朝，冯太后长期垂帘听政，太后与皇帝并尊的二元政治格局投射到佛教造像上，就催生了大量的“二佛并坐”雕像。这再一次体现出云冈石窟与北朝政治的密切关联。

此外，我们在云冈石窟还可以看到南亚笈多风格的佛像、古印度婆罗门教的多首多臂天神、塞北柔然可汗的造像题记，甚至古希腊建筑中的爱奥尼亚式柱头。他们和谐共融地汇聚在云冈，与汉地的造像传统一起，创造出了一种全新的“云冈模式”。因此，一部云冈石窟的开凿史，也是一部中外文化交融史。

10.1　云冈石窟“二佛并坐”造像

494 年，孝文帝迁都洛阳，云冈的开窟活动转入尾声。原计划开凿的云冈最大窟——第 3 窟最终未能完工。不过在皇家离开平城后，当地百姓仍在孜孜不倦地从事造像功业。第 20 窟以西的众多民间小龛窟，铭记了平城僧众百姓的信仰与生活。

从昙曜开窟开始，前后约 60 年间，云冈石窟共计开凿主要洞窟 45 个，附属洞窟 209 个，雕刻面积 18000 余平方米。造像最高的 17 米，最矮的 2 厘米，佛龛 1100 多个，大小造像 59000 余尊。这恢弘的佛国胜景，是经过几代人的不懈努力才逐渐形成的。

524 年，北魏晚期突如其来的战乱使云冈的营造工程戛然而止。此后的云冈开始走上漫长的衰落之路。辽金两朝以大同为西京，云冈石窟一度迎来了大规模修缮。到了明朝，明蒙之间围绕长城地带冲突不断，大同作为“九边重镇”之一，承受着巨大的军事压力。武州山上下先后修筑了两座云冈堡，成为长城防御体系的一部分，“云冈”也得名于此时。清初对云冈石窟曾进行过修缮与维护，康熙皇帝还曾亲临云冈题写匾额，今天我们还能看到当时的木构窟檐和稍显艳俗的彩绘。

20 世纪初，沉寂已久的云冈再次回到人们的视线中。1902 年，日本建筑史学家伊东忠太考察至此，惊讶地发现这里竟保存着世界上最壮观的北魏石窟群。此后中外建筑学家、考古学家、美术家、探险家、古董商纷至沓来，云冈石窟开始在全世界声名鹊起。1931 年，大同成立云冈石佛寺保管委员会，开始有意识地保护云冈文物。

中华人民共和国成立后，云冈石窟更是迎来大规模的修缮、调查与常态化的保护。

如今，千余年前的鲜卑民族已融入中华民族大家庭中，不见踪影，他们留下的云冈石窟却凭借其恢弘的皇家风范与中外交融的艺术特色，在晋北高原持续绽放着耀眼的光芒，迎接着五洲四海游客的瞻礼与称赞。

三、石窟中的“圆明园”：天龙山石窟的风华与劫难

在2021年的春节晚会上，隆重的“国宝回归”环节让天龙山石窟一夜间成为万众瞩目的地点，阔别故土近百年的天龙山石窟第8窟北壁佛首宣告回归祖国的怀抱。中华大地上虽然保存有大量的石窟遗存，但是，或许再也找不到一个石窟如同天龙山石窟这般，同时铭记着盛世光辉与国难蒙尘的历史记忆。

天龙山石窟位于太原市晋源区天龙山上，分为东西两区，共计25窟，有500余尊造像。天龙山石窟最初的历史可以追溯到南北朝后期的东魏时期。据北汉碑文称，北朝皇室曾“各营避暑之宫”，在天龙山留下一些建筑遗迹。后来的方志文献进一步称天龙山中曾有“高欢避暑宫”。

高欢是东魏、北齐两朝的实际建立者，他出身北魏六镇的底层，凭借特殊的机遇和出色的能力，在战乱中迅速崛起，以丞相身份

坐镇晋阳，遥控洛阳与邺城的皇帝，其人生轨迹与当年的曹操十分相似。对于高欢在天龙山避暑的传说，由于缺乏当时的直接记载，尚难确认，但天龙山造像确实始于东魏，编号为第 2、3 窟的一组双窟就是当时的作品。这组石窟的规模虽不大，但其中造像继承了北魏后期“褒衣博带”“瘦骨清像”的汉地风格，窟中还有浅浮雕与线刻的飞天、弟子、供养人等，代表了东魏时期最高的造像艺术水准。

北齐时期，天龙寺正式建成，山上增开了第 1 窟、第 10 窟与第 16 窟。北齐佛像略有回归南亚风格的趋势，匠人们不再重视雕刻重叠繁复的佛衣及裙摆，转而关注对佛像肉身的雕琢。相比躯体较为扁平的汉化风格，北齐佛像大多体态丰满，骨肉圆润，小腹微凸，肉髻低平，菩萨像则周身布满华美的璎珞等装饰。在洞窟形制上，北齐三窟在窟门外部还设有前廊，下有石柱支撑，上有人字拱、一斗三升等早期斗拱样式。由于北朝木构建筑已无实物存在，这些仿

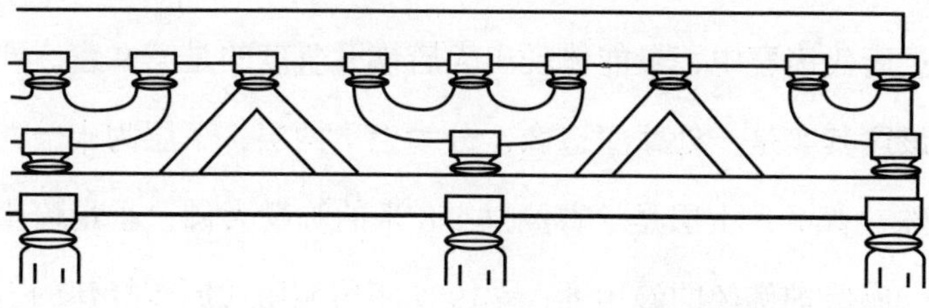

10.2　天龙山石窟早期斗拱样式

木结构的石构建对于古建筑史研究具有重要意义。

天龙山中的隋代石窟仅有一座，即第 8 窟。这也是天龙山面积最大的一窟和唯一的中心塔柱窟。洞窟正中的佛塔四面皆有造像，窟内东、西、北三壁也各开佛龛。窟内造像基本延续了北齐时代丰润饱满、神态恬静的风格。幸运的是，在第 8 窟前廊中保存有当时的摩崖造像碑，详实记录了该窟的来龙去脉。根据碑文所载，第 8 窟完工于隋开皇四年（584），开凿者是真定县开国公刘瑞等一批地方官员与军人。开凿洞窟的缘由则是为隋文帝杨坚、独孤皇后、太子杨勇、晋王杨广等人祈福。晋王杨广是当时太原地区的最高军政长官，也就是后来的隋炀帝。2021 年春节晚会上展示的国宝，正是该窟北壁的佛首。在天龙山景区新建的国宝回归馆中，除国宝佛首原物外，还借助 3D 打印技术真实复原了窟内的环境。

除上述几窟外，天龙山其余洞窟都开凿于唐。唐代是“天龙山样式”臻于成熟之时，佛衣轻薄如纱，紧贴肢体，衣褶细腻流畅，凸显出佛身丰腴而健美的肌肉纹路，颇有“曹衣出水”的特征。人物的体态自然扭曲成“S”形，胸阔腰细，集阳刚健硕与婀娜多姿于一身。唐代诸窟中，最能体现出大唐恢弘气度的是第 9 窟。严格来说，该窟其实是一处摩崖造像，分为上下两层，下层为十一面观音与文殊、普贤，上层是一尊高达 8.8 米的弥勒大佛，垂足倚坐。窟外有一座保护佛像的漫山阁，是 1987 年仿照明代原貌复建的三层木构阁楼，也是天龙山石窟的标志建筑。

五代十国以后，天龙山多次遭受洗劫，山中建筑屡毁屡建，不过石窟本身并未受到太大损害。直到20世纪20年代，日本古董商人山中定次郎来到天龙寺，用金钱贿赂了寺中的净亮和尚，粗暴地凿取了天龙山石窟中的大部分佛首、部分佛身及浮雕，在山中定次郎本人编纂的《天龙山石佛集》中，定格下了作案现场的影像资料。此后，天龙山造像流散至全球数十处博物馆及私人藏家手中，有的至今下落不明。1947年，天龙寺与明代漫山阁又遭遇兵火之灾，天龙山上下变得满目疮痍。直到20世纪80年代天龙山石窟才逐步得到整修与恢复。

近代中国遭遇百年沉沦，众多珍贵文物或被侵略者毁坏，或被掠走后流散至全球。如果说被侵略者毁灭的建筑中，国人最为惋惜的是圆明园，那么被毁石窟的代表无疑是天龙山。作为学者们盛赞的“东方雕塑艺术宝库中的一颗璀璨明珠”，如今的天龙山只剩满山的无头佛像，诉说着永久的遗憾。期待更多流散海外的天龙山造像能和第8窟北壁佛首一样，实现光荣的盛世回归。

四、寻找消失的大佛：蒙山开化寺大佛与龙山童子寺大佛

公元6世纪中期的一天，晋阳城外的西山上，上万名工匠昼夜赶工，正在为北齐皇帝开凿一尊前所未有的巨型佛像。工地之中，

一夜间就燃烧了上万盆灯油，油灯微弱的光芒汇聚起来，竟能照射到山下的晋阳皇宫之内。这一幕场景，是《北齐书》中对蒙山大佛开凿时的描述。

蒙山大佛是继云冈石窟之后，山西境内的另一处北朝皇家造像工程，当时称之为西山大佛。大佛隶属于开化寺，开凿者是北齐文宣帝高洋。高洋是东魏大丞相高欢之子，550 年接受东魏孝静帝的“禅让”，建立北齐。高氏父子对修建寺院、开窟造像的态度十分狂热，北齐三分之一的税赋被用于奉佛。根据《永乐大典》中残存的洪武《太原志》记载，天保二年（551），开化寺建于蒙山之上，工程浩大，不惜“凿石通溪，依山刻石”。这是古代文献对蒙山大佛始建年代的明确记载。不过另有记载称，大佛的开凿已经到了天保末年，要稍晚于开化寺建寺。修建大佛的目的，则是“式扬震德，用镇乾方”，也就是要宣扬皇太子高殷的威德，同时用来镇守晋阳之西北方。

根据山势判断,大佛附近的山体与佛像的颈部是平齐的,当时此处很可能有一块自然突起的岩石，正好可以作为佛头的天然材料，于是匠人们便在此基础上加以设计，沿着山体向下雕凿出佛身。据唐代文献记载，大佛的尺寸达到“二百尺”，也就是 60 米左右。如今得到清理、修补后的大佛高约 46 米，虽比文献中的数据稍低，但仍然十分惊人。

如此规模的巨型佛像，必然不可能在短时间内建成。蒙山大佛的开凿工程从开国皇帝高洋开始，持续到后主高玮时期，几乎贯穿了整个北齐一朝。高玮是历史上有名的昏君，他宠信后妃冯小怜，不理朝政。唐代诗人刘禹锡曾写诗讽刺：“小怜玉体横陈夜，已报周师入晋阳。”高玮在晋阳大兴土木，广建宫院，丹青雕刻，建成的晋阳城比邺城更为壮丽。前面提到的大佛开凿时“一夜燃油万盆”的场景，就发生在高玮时期。在工期的催逼下，工人们“夜则以火照作，寒则以汤为泥”，累死人畜不可胜数。

除了蒙山大佛外，北齐还在晋阳西山上开凿了另一处摩崖大佛——龙山童子寺大佛。童子寺大佛的开凿也是“依山刻石”的结果。根据旧志记载，北齐天保七年（556），有几名童子在山上放牧时发现山上有人形巨石，朝廷得知后把巨石雕刻成一尊“高一百一十尺”的佛像，大佛前的佛寺便取名“童子寺”。更为夸张的传说是，有位弘礼禅师看到云中有四童子，坐在青莲宝座上玩耍，随后山石崩塌，天然形成一尊佛像。根据唐代来华日僧圆仁和尚的描述，童子寺大佛为阿弥陀佛，两旁各有一尊胁侍菩萨，分别为观世音和大势至。

从造像的历史进程来看，在北朝中后期，石窟的开凿已经十分普遍，但直接在山体立面上凿出的摩崖大佛还十分少见。除了年代尚存争议的河南浚县伾山大佛外，蒙山开化寺大佛和龙山童子寺大佛是北方最早留有较为确切纪年的两尊巨型摩崖造像，与阿富汗著名的巴米扬东大佛基本属于同时期，比巴米扬西大佛早了半个世纪以上，比我国最著名的乐山大佛也要早 160 年左右。

开化、童子二寺建成后，成为首屈一指的佛门圣地。文宣帝高洋率众登临童子寺，俯瞰山下的晋阳城，意气洋洋地问道：“此是何等城？”有人回答：“金城汤池，天府之国。”在此后的历史中，两座大佛与晋阳城的命运可谓休戚与共。在太原作为北齐陪都、大唐北京、北汉都城的四五百年间，开化、童子二寺同沐光辉，迎来了众多的达官显贵与名僧大德。比如唐高祖李渊任职太原时曾来蒙山膜拜，登基后亲自题写了开化寺的匾额。著名的唐僧玄奘来此，写下《题童子寺五言》诗：“西登童子寺，东望晋阳城。金川千点渌，汾水一条清。”唐显庆二年（657），唐高宗李治巡幸并州，与皇后武则天同游童子寺、开化寺，施舍财物甚多，并赐予大佛巨型袈裟。

和石窟不同的是，摩崖大佛缺乏洞窟墙壁的遮蔽，很容易受到风雨侵蚀。于是在大佛之外，往往还需要修建木构的大佛阁或大像阁来保护佛像。蒙山大佛建成时，前面建有面宽 9 间的特大型佛阁。唐代会昌灭佛时，佛阁被毁。60 年后，晋王李克用出资重建了一座三层大佛阁。近年来考古学者在蒙山发现了写有“乾宁丙辰造阁，晋王修此功德”的刻铭筒瓦，印证了此事。五代时期，后汉高祖刘知远称帝前也曾出资维修佛阁。近年来，经过考古发掘清理后的开化寺佛阁遗址，入选“2016 年度全国十大考古新发现”。龙山童子寺大佛前同样建有巨型佛阁，并于 2004—2006 年进行了考古调查与发掘，成为国内首次进行科学发掘的山地佛寺类型遗址。

除了两尊大佛外，开化寺内还有两座并立的宋初连理塔，成为唐宋过渡时期同类砖塔的代表。童子寺中保留至今的北齐燃灯石塔，更是世界现存最早的燃灯塔。这类石塔在唐代以后数量逐渐减少，今日并不多见。日本的寺庙神社却学习借鉴了这一做法，将它发展为常见的日式“石灯笼”。

北宋攻灭北汉后，为防止太原再出现割据政权，彻底平毁了千年名都晋阳城。晋阳附近的两座大佛也逐渐被冷落。根据考古发掘，蒙山大佛阁最终毁于一场大火。北宋、金、元三朝末年，太原又多次遭遇战乱，开化、童子二寺屡兴屡废。由于长期的自然风化与战火摧残，加上没有佛阁的庇护和日常维护，两座大佛彻底崩坏，甚至完全被当地人遗忘。

20世纪20年代至20世纪50年代，一些日本学者与国内学者先后来此探访，除童子寺燃灯塔和一些摩崖造像尚有迹可循外，两尊大佛已不见踪影。20世纪80年代，文物工作者王剑霓在普查时注意到一处叫“大肚崖”的地方。经实地调查发现，这正是蒙山开化寺大佛残存的胸腹部位。不久后，龙山童子寺大佛的遗迹也得到确认。在世人面前消失数百年后，两座大佛又奇迹般重见天日。2006年，根据太原花塔村出土的北齐佛首，蒙山大佛补修了巨型佛头，重现光彩。童子寺遗址经过新一轮的考古工作与山体加固维修，已对外开放。

五、“全真七子”的身影：龙山道教石窟

相比佛教石窟,道教石窟存世相当稀少,数量大约只有佛教石窟的百分之一。中国道教石窟主要分布在北京、山西、陕西、四川、重庆、浙江、云南、湖南、安徽等省市，其中以巴蜀地区的数量最多。若以造像规模、时间跨度而论，山西太原的龙山石窟是其中当之无愧的佼佼者。

龙山石窟最早开凿于唐代，不过对于唐窟今日是否还存在一直存在争议。有学者认为现在的第 4、5 窟即为唐代遗存。第 4 窟中的造像主要是道教创始人张道陵及其子张衡、其孙张鲁。读过《三国演义》的朋友应该对张鲁并不陌生。东汉末年，他依靠“五斗米道”在汉中建立起政教合一的政权，一度成为与曹操、刘璋、马腾等人并立的军阀之一。

金元之际，沉寂已久的龙山石窟迎来了新生。一个云游的道长彻底改变了龙山石窟的命运，他便是全真教的宋德方。在金庸小说《射雕英雄传》《神雕侠侣》中，全真教出镜率很高。历史上，全真教也是真实存在且传承至今的重要教派。全真教由王重阳创立，在金元时期后来居上，迅速成为北方势力最大的道教宗派。著名的丘处机是王重阳的徒弟，“全真七子”之一，而宋德方则是丘处机

的徒弟。

宋德方来到龙山时，他所见到的唐代洞窟已是满目疮痍。由于连年战火，道人们流离失所，龙山上的昊天观破败不堪。宋德方决定留在这里重振道观，扩建石窟。经过他的努力，形成了今天我们所能见到的共计 9 窟、65 尊造像的龙山石窟。其中最具代表性的有以下几窟：

第 1 窟虚皇窟，内有造像 21 尊，左右壁皆有祥云，营造出恍若仙境的意境，窟内还题有宋德方留下的墨书题记。第 2 窟三清窟，雕刻有道教中至高无上的“三清”以及“六御”，窟顶凿井有五条飞龙，昂首顾盼。第 3、6、7 窟，是造像题材上比较有全真派特色的几个洞窟。第 3 窟为卧如窟，窟内有一卧像，类似于佛教中的卧佛涅槃像，一般认为是王重阳或宋德方本人的卧化像。第 6 窟披云子自赞窟，塑造了宋德方及其门人讲经论道的场景。墓葬中常见的“妇人启门”题材，也被改造为门中童子听法的样子，使得讲经场面更加生动。第 7 窟玄门列祖洞，内有七尊真人，对应“全真七子”，彰显着全真派人才济济、鼎盛一时。

1237 年，焕然一新的昊天观落成。宋德方又耗时六年，在此与门人一起搜集刻印了《道藏》。这部蒙元《道藏》搜罗佚经，居功甚伟，在乱世中抢救性地保存了大量的典籍与符箓，龙山因此成为道教重要的文献编纂地。此后，宋德方还主持重修了山西的另一处道教名胜——芮城永乐宫，直至 1256 年辞世。

遗憾的是，作为金元之际道教石窟的代表作，龙山石窟与天龙山石窟一样在近代遭遇了灭顶之灾。1920 年，日本学者常盘大定与关野贞在寻访天龙山时，意外得知了龙山也有石窟。随着影像资料的公布，龙山石窟也成为不法古董商人劫掠的目标，窟内头像大多惨遭盗窃。如今我们只能依靠百年前的照片，还原这些石刻天尊的原貌，想象七百年前全真派道士们在乱世中的江湖恩怨。

参考文献

1. 张明远 . 龙山石窟考察报告 . 文物，1996(11)
2. 李裕群，阎跃进 . 晋阳西山大佛和童子寺大佛的初步考察 . 文物季刊，1998(1)
3. 李裕群，李钢 . 天龙山石窟 . 科学出版社，2003
4. 阎文儒 . 云冈石窟研究 . 广西师范大学出版社，2003
5. 李裕群，阎跃进 . 太原市龙山童子寺遗址发掘简报 . 考古，2010(7)
6. 王恒 . 云冈石窟辞典 . 江苏美术出版社，2012
7. 山西省文物局 . 山西文物地图集——山西省第三次全国文物普查成果总汇 . 中国地图出版社，2012
8. 萧易 . 知 · 道：石窟里的中国道教 . 广西师范大学出版社，2018

第十一讲 土木华章：山西唐至元木构建筑区域分布及结构特征

李博　李会智

山西是中华文明发祥地之一，地处黄河中游，太行山之西，历史久远，文化厚重，现存古代建筑遗产遍布全省各地。山西遗存的古建筑序列完整，品类众多，总量居全国之首，是中国古代建筑的宝库，素有“中国古建筑博物馆”之称。

一、数说山西古建筑

1. 已公布的山西古建筑存量

全国第三次文物普查（简称“三普”）数据公布后，元代及元代以前的建筑遗产登记数量大幅度增加。2012 年 7 月，国家文物局网站发布的《第三次全国文物普查圆满完成》一文中称，全国不可移动文物总量为766722处（不含港澳台地区），新发现不可移动文物536001处，复查不可移动文物230721处，新发现的占登记总量的69.91%，其中古建筑类263885处。此前，2010年6月山西文物局网站发布《山西省向国家文物局数据中心正式移交第三次全国文物普查电子数据》一文，山西省文物局向国家文物局移交山西不可移动文物电子数据，“共登记不可移动文物55575处，其中新发现37824处，复查17751处，新发现占总量的68.06%。从文物类别上看，古遗址11205处，古墓葬4249处，古建筑28640处，石窟寺及石刻3365处，近现代重要史迹及代表性建筑7640处，其他476处；登记消失文物2588处”。山西省古建筑占全国总量的10.85%。

迄今为止，我省已公布的国家级、省级文物保护单位共1311处，其中古建筑830处。全国重点文物保护单位532处，其中古建筑421处；省级文物保护单位（1—6批）779处，其中古建筑409处。

2. 山西唐至元木结构建筑存量

2016年5月，山西省文化和旅游厅在《山西省文化资源概况》中公布，宋、金以前木构建筑有106处，占全国同期的70%以上。这一数据来源于柴泽俊先生1979年发表的《三十年来山西古建筑及其附属文物调查保护纪略》。柴先生在文中首次总结并提出，山西宋、金以前的木构建筑占全国同期的72.6%。这一数据引起各级领导和国家文物局的重视，是山西列入全国文物大省的重要依据之一，并被全国文物界、旅游界引用，乃至为全社会熟知，意义重大。

2013年至2020年，原山西省古建筑维修质量监督站团队对“三普”登录的古建筑数据及各级文物保护名单中的元代及元代以前木构建筑逐一进行了考察和研究，核对后统计出迄今为止山西保存的元代及元代以前木构建筑的数量为：唐代3座、五代4座、宋代34座、辽代3座、金代120座、元代354座，共计518座。全国共遗存金代以前木构建筑201座，其中山西遗存164座，占全国同期的81.59%；全国共遗存元代木构建筑427座，山西354座，占全国同期的82.90%；全国共遗存唐至元木构建筑628座，山西518座，占全国同期的82.48%。

二、山西古建筑得以大量遗存的主要因素

山西省遗存的古建筑时代序列完整，品类众多，地方特征鲜明。这些古建筑得以保留至今的主要因素是山西优越的自然环境和人文环境。

1. 古代的茂密森林及黄土带

山西省位于黄河中游，黄土高原东部。古代的茂密森林和山脉，以及适合土木工程施工的黄土，为先民们营造活动“就地取材”提供了丰富的土、木、石等建筑材料。距今250多万年的第三纪上

新世末至第四纪初的更新世之初，山西形成了疏松深厚的黄土堆积层。新生代第四纪，进入人类时代，人类先是栖居于森林，围猎而生，继而猎耕并重，毁林垦植现象始现。当时山西地区的森林仍遍布山地、丘陵和平川，估测当时山西地区的森林覆盖率达 90%。

据《我国森林资源的变迁》记载，新石器时代晚期山西森林覆盖率达到 63%，战国后期下降至 50%，秦汉至唐宋时期下降至 40%；清初下降至 18.8%。据翟旺《山西森林变迁史略》约略统计：夏商以前山西森林覆盖率高达 70% 以上；西周至战国（前 11 世纪—前 212），为 60%—50%之间；秦汉至隋朝（前 221 年—168），为 50%—40%；唐至元（618 年—1368），为 40%—30%；明初为 30%左右，明代中叶后突降至 15% 以下；清朝 5%—10%；民国 4%—5%；1949 年的森林覆盖率为 2.34%。

森林覆盖率逐代减少的主要原因，除干旱、严寒、土壤盐碱化、雷电引起火灾等自然因素外，还有毁林拓田、发展畜牧业，以及建设国防军事工程等人为因素。古代社会掠夺式地从自然中获取资源以求发展，导致资源日益减少，其中以大兴土木耗费森林资源尤甚。

山西地区茂密的森林为历代建都提供了源源不断的建筑材料。据有关资料记载，春秋战国时期，诸侯兴建宫殿便取材于中条山和太行山。秦统一后，兴修阿房宫，取材于山西中条山及蜀山等地。北魏最初建都平城（今大同市东北），其宫室住宅建筑所需之木当来自附近山区；迁都洛阳后，大建宫殿、佛寺，所需木材数量惊人，皆来自吕梁山区，并由黄河、汾河漂流抵运洛阳。东魏在邺（今河北省临漳县）建都，取材上党。隋、唐都长安，建宫殿，其树木采伐扩大至晋北芦芽山一带。北宋在开封修建宫殿，所需木材也取自吕梁关帝山一带。元代建安西王府，取材于吕梁山。木材顺汾河、黄河运出，有“万筏下汾河”之盛况。明代北京修建紫禁城及宫殿、王府、陵寝等，取材于雁北。

有关应县木塔的建造，民间有“砍尽黄花梁，修起应州塔”的传说。这些都充分体现出古代山西地区的森林为先民的营造活动提供了“就地取材”的优越条件。

2.“表里山河”的地理环境

“表里山河”的山西，山脉起伏，沟壑纵横，大部分为山区和丘陵，外有山脉环绕，境内有大小河流 400 多条。山西受来自海洋温湿的夏季风影响较小，受大陆内部冬季风影响较大，故气候干燥，有利于古建筑的保存；而环山带河的自然环境赋予了山西深山藏古刹的优越条件。

山西地形复杂，是一个由许多复杂山脉构成的高台地，山地占全省总面积的 70%以上。东界太行山为天然屏障，西、南以黄河为堑，《左传 · 僖公二十八年》形容这种地理特征为“表里山河”。在这片约占全国总面积 1.6%的土地上，保留了如今占全国 10.85%的古建筑，令人震撼。

3. 兼容并蓄的文化，蕴含着敬畏之情和传承之意

山西，华夏文明古老的发祥地之一。东邻河北，西界陕西，南接河南，北连内蒙古。相传史前人文始祖尧、舜、禹先后在此建都立业，尧都平阳、舜都蒲坂、禹都安邑；春秋时期，山西大部分属晋国领地，简称“晋”；战国时期，韩、赵、魏三家分晋，得名“三晋”。

游牧文化和农耕文化的碰撞与融合形成了厚重的三晋文化。兼容并蓄的三晋文化，培育了山西人朴实敦厚、勤劳节俭、崇礼守信、崇尚正义的品质，也孕育了山西地区持重守成的地域文化。在漫长的历史发展过程中，生长在这块黄土地上的人们对自然和祖先心存敬畏，满怀信仰。这种敬畏和信仰，贯穿在传承和保护文化遗产的思想意识和实践中。

4. 培育了一批能工巧匠

古代山西工匠在 15.67 万平方千米、地形复杂的三晋大地上创造了不同类型的建筑作品。考察山西各地寺观庙宇题记及碑碣，多有“本村木匠、石匠”等记载。因对此未进行专项考察整理，故无准确数据。从佛光寺东大殿的题记中可推断，这座唐代大殿是宁公遇从京都长安带来的督工与当地工匠共同建造的。在陕西西安市蓝田县王顺山下的明代水陆庵前殿释迦牟尼佛莲花台，发现“佛像士乔仲超等山西四人造”题记，证明山西工匠在明代已走出山西发挥技能。传承至今的山西工匠主要分布于晋南万荣，晋中榆社，晋北

定襄、五台，近年来晋东南也组建了一些古建筑施工队伍。

三、山西唐至元木构建筑的区域分布

1. 山西古建筑区域划分

按照技术、手法和文化特点的地域性，山西木结构建筑大体可划分为 4 个区域：北部区域，包括忻州、大同、朔州；中部区域，包括太原、吕梁、晋中、阳泉；东南部区域，包括长治、晋城；南部区域，包括临汾、运城。

2. 山西唐至元木结构建筑数据统计

北部区域 30 座，中部区域 89 座，东南区域 274 座，南部区域 125 座，共 518 座。其中北部区域唐代 2 座、宋代 1 座、辽代 3 座、金代 18 座、元代 6 座，中部区域五代 1 座、宋代 7 座、金代 19 座、元代 62 座，东南区域五代 3 座、宋代 24 座、金代 76 座、元代 171 座，南部区域唐代 1 座、宋代 2 座、金代 7 座、元代 115 座。

年代	北部 / 座	中部 / 座	东南部 / 座	南部 / 座	合计 / 座	全国 / 座	占全国 /%
唐代	2	–	–	1	3	3	100.00
五代	–	1	3	–	4	5	80.00
宋代	1	7	24	2	34	47	72.34
辽代	3	–	–	–	3	8	37.50
金代	18	19	76	7	120	138（含 5 座南宋）	86.95
元代	6	62	171	115	354	427	82.90
合计	30	89	274	125	518	628	82.48

上述数据来源有二：一是山西本地的数据，本数据是以山西三普统计的数据为基础，结合国务院公布的第一批至第八批山西国保单位名单、山西省政府公布的第一批至第六批省保单位名单，进行现场逐一核查所得结果；二是其他省的数据，本数据主要来源于国务院公布的第一批至第八批国保单位名单。

在核对已公布的山西文物保护单位时，发现部分建筑有与实物遗存时代不符的现象,对此进行调整后按实物遗存时代统计入表。如第六批全国重点文物保护单位平遥金庄文庙，公布为“元至清”。现场核查脊槫下东、西端分别遗有“大元延二年修造”和“大明万历四十四年四月初四日重建”，随槫枋下有“民国六年旧历六月初六日发起”题记。脊槫下题记书写风格及陈旧程度相同，为同期所题。与此相同的祁县东观兴梵寺大雄宝殿，公布为“宋”，脊槫下东、西端分别题有“大宋天圣叁年始建”和“大清康熙二十六年移建”，亦同期所题。结合山西中部区域同期建筑梁架结构及制作手法分析，金庄文庙为民国遗构，兴梵寺大雄宝殿为明代遗构，故此次没有列入。1988 年 1 月公布为唐代的第三批国保单位平顺天台庵弥陀殿，2014 年修缮时发现，在脊与替木间遗有“长兴四年九月二日……造建”之题记，结合山西现存唐至宋代木结构建筑构架体系及营造手法分析确定为五代遗构，故列入五代栏。

全国现存唐至元木构建筑数量中，有几处存在质疑并未统计其中。如根据有关资料敦煌莫高窟 196 窟檐为唐景福二年（893）遗存，被认为半座唐代木构建筑。还有正定县开元寺钟楼，柱顶石刻有唐大中十年（856）字迹，清代重修时改变了二层结构，1988 年钟楼落架重修时，参照一层唐代遗构和山西五台南禅寺大殿予以复原为唐代构架。另外正定府文庙戟门，考察其梁架结构及铺作等构件明代特征显明，2006 年列入国保单位，公布为元代遗存，故未列入。

3. 山西有年代可考的唐至元木构建筑

山西现存 518 座唐至元木结构建筑中，有直接或间接年代（文字记载）可考的 244 座。其中，所遗 3 座唐代和 4 座五代遗构均有题记记载；宋代 34 座遗构中，有年代记载的 26 座；辽代 3 座遗构中，有确切年代记载的 2 座；金代 120 座遗构中，有年代记载的 70 座；元代 354 座遗构中，有年代记载的 138 座。其中有 24 座宋、辽建筑早于宋崇宁二年（1103）《营造法式》刊行之年。这些遗构历经不同时代的修复，留下了不同时代的历史信息，形成了不同时代的建筑文化层。

从这些遗构中总结类比分析研究，不但可得出山西唐至元木构建筑发展的 4 个时期，即唐代技艺成熟期，五代转型时期，宋、辽完善发展期，金、元继承和多样化探索期；同时可类比出山西木结构建筑 4 种结构特征，即梁驼峰式、梁驼峰铺作式、梁蜀柱式、梁蜀柱插梁式。更加重要的是，本研究为探讨山西古建筑发展史和各时代的古建筑修复理念以及预防性保护提供了基础资料。

四、山西古建筑突出的区域性文化特点

山西遗存的古建筑文化内涵丰富，其所承载的文化内容共性与个性特征异常明显。所谓共性特征，是指寺院、道观及城隍庙、文庙、关帝庙等聚落性宗教建筑，它们分布于各区域城市中，文化内涵统一，是一个城市必有的文化音符。所谓个性特征，是指不同历史时期匠师们在各自不同地理环境和社会人文环境中所创建的带有强烈的区域性文化特质的宗教建筑。这一文化特质，反映出不同民族的生活习俗和在文化交融中所形成的突出的民俗信仰。

根据不同区域文化的突出性，可将山西古建筑划分为 4 个个性区系，即北部区系以佛教建筑为主流形成的“晋北佛教建筑区”；中部区系以多教信仰为特质形成的“并州多神崇拜建筑区”；东南部区系以地方神教为特色形成的“上党诸神建筑区”；南部区系以耕读文化为主流形成的“河东祭祖建筑区”。

1. 北部区系——晋北佛教建筑区

山西省北部地区是中国古代中原农耕文化与北方游牧文化的交界地，是山西游牧民族与农耕民族搏击和民族交融的前沿阵地，形成了以佛教建筑为主流的“晋北佛教建筑区”。

两汉之际，佛教由古印度经西域传入中国内地，大同地区开始

建造佛寺。十六国时期，西域僧人佛图澄（龟兹人）来华传播佛法，波及大同地区。东晋道安率众徒北上雁门弘法建寺。北魏时期，大同作为当时北方的政治、经济、文化中心，在佛教艺术发展过程中，形成了“云冈风格”，对当时中原地区佛教艺术的发展起到引导性的作用，形成了雁北地区的北方佛教中心。据记载，北魏平城京都内有寺院百所，僧尼 2000 余人；平城周围有寺 6000 余所，僧尼近 8 万人。隋唐时期，佛教在雁北地区蓬勃发展，至明清经久不衰。

五台山是忻州佛教文化的代表，与四川峨眉山、安徽九华山、浙江普陀山合称“佛教四大名山”，且居其首，是我国唯一兼有汉地佛教与藏传佛教的圣地。据古籍记载，东汉永平年间已有佛寺建筑。北齐时有 200 余座，唐大中年间可查到寺名 64 个，宋嘉祐年间可查到寺名 72 个。明万历三十一年（1603）碑刻记载有佛寺 90 座，其中大寺 12 座，五顶寺 5 座，诸山中小寺 39 座，诸山丛林寺 34 座。北魏孝文帝，隋炀帝，宋太宗，元成宗、英宗，清康熙、雍正、乾隆、嘉庆等都曾驾幸五台山，自北魏到清朝历朝皇帝、皇后下诏、遣使朝拜从未间断。

山西现存寺院规模之大、单体量之宏伟、时代之早，以北部大同、朔州、忻州为最。如大同华严寺、善化寺，应县佛宫寺，朔州崇福寺，忻州五台山佛教建筑群、金洞寺等。

2. 中部区系——并州多神崇拜建筑区

山西中部地区是华夏民族与草原民族交往和冲突的中心地带、融合之地，也是各种思想剧烈碰撞和社会变革的前沿。从夏商周到宋元明清，先后有群狄、诸戎、匈奴、鲜卑、羯、氐、羌、突厥、回纥、女真、契丹、蒙古、满等民族在此与汉民族产生过激烈的冲突，历史上该地区多种宗教相容并存，形成了“并州多神崇拜建筑区”。所遗多神崇拜的建筑到处可见，除佛教及城隍庙、文庙、关庙等聚落性文化建筑外，尤以圣母、狐突、台骀、龙王、五岳及春秋时晋国上卿赵武庙为多，介休祆神楼是古代波斯帝国国教祆教（拜火教）建筑。

3. 东南部区系——上党诸神建筑区

晋东南“居太行山之巅，与天为党也”，古称上党。该地区历史悠久、地理环境独特，人们的勤劳和智慧创造了厚重而优秀的民族文明和历史，积淀了我国深厚的史前神话。史前神话遗存密度集中、内容详备。华夏文明典籍中记载的“精卫填海”、“女娲补天”、“羿射九日”、“神农尝百草”，以及二仙、崔府君、灵泽王等神话故事，均起源于上党地区。上党作为炎帝活动的主要区域，历代有关记载十分丰富。从先秦时期的《山海经》到晋代的《上党记》、北魏的《风土记》、唐代的《元和郡县图志》、北宋的《太平寰宇记》，有关炎帝在上党地区活动的文献绵延不断。诸多神话传说，凝结并升华为中华民族不畏艰险、顽强拼搏的精神。这些神话的物质文化形态，形成了东南部“上党诸神建筑区”。

4. 南部区系——河东祭祖建筑区

河东，即山西晋南一带，秦时始置河东郡，包括临汾盆地和运城盆地，是华夏文明起源的中心。关于“中国”一词的来源，有学者认为，夏代以前尧、舜、禹的活动中心在晋南一带，故为“中国”；也有学者认为《禹贡》分天下为九州，平阳为冀州之地，冀州处九州之中央，故称“中国”。我国著名考古学家苏秉琦先生认为，史有“中国”之称，正当尧、舜、禹之时。尧、舜、禹建都在河东境内，故河东是最早称“中国”的地方。

人们在厚重的文化积淀的影响下，形成了对皇天后土的崇拜，以及对造福人类的君王及民间杰出人物的敬畏和信仰，故历代建庙而祭之。晋南遗存的道教宫观与祭祖宗庙之多、规模之大，为山西之冠。既有全国性祭祖之庙，也有当地祭祀神祠。所遗存的尧庙、后土庙、稷王庙、商山庙、荀大夫（荀息）祠、东岳庙等诸多祭祖、祭祀庙祠中，尤以尧庙、后土庙和稷王庙最具代表性。这些祠庙的物质文化形态，形成了山西南部“河东祭祖建筑区”。

五、山西木构古建筑地域演化的主要特征

山西古代建筑在全国享有重要地位，是因为所遗建筑时代早、数量多，以及建筑本身结构的完整性和建筑类型的多样性等因素，

是研究中国建筑文化和营建技术的实物资料。还有一个不可忽视的因素，就是建筑结构、用材尺度和制作手法的区域性。而区域特征的形成受地域自然条件、历史条件以及民族文化等因素的影响。从唐建中三年（782）到民国三十八年（1949）的1167年间，各个朝代的古建筑在山西都有遗存，在这一历史过程中形成了明显的时代和区域性梁架结构的差异。

梁架结构及梁栿之间、榑缝处部位构件使用灵活多变，唐代脊部施大叉手直接捧戗，梁栿之间施驼峰及斗拱隔架。五代开始脊部设蜀柱且立于驼峰之上，中部地区梁栿之间设驼峰及纵向出跳斗拱隔承，栿头与令拱相接不出头，由托脚斜撑。南部地区梁栿之间开始使用蜀柱。辽代普遍于脊部设丁华抹颏拱，梁栿之间所设斗拱为完整的“十字”形制。宋代脊部多不设丁华抹颏拱，晚期出现复合式叉手的结构技术，且延续至金代。宋代中部地区梁栿之间施以驼峰及斗拱隔承，东南部地区多设蜀柱顶承，而西南区域梁栿之间基本施以驼峰及斗拱隔承。金代中部地区梁栿结构件形成了两种风格，一是继承了本地区宋代的基本做法，一是与东南部区域风格接近，梁栿之间施蜀柱并施合踏稳固，这一做法是东南部结构件的主流风格。元代梁架结构件与金代相近，但自然朴实、粗糙随意是其主流风格。

以下以辽、宋、金、元时期的木结构建筑为例，分析山西不同区域的地方特点。

1. 北部区域

辽、宋、金是中国历史上经五代十国战乱之后，进入争霸对峙的时期。在建筑技术上很少受到汉族和少数民族政权交替等因素的影响，但不同程度地受到了不同民族文化和审美观念的影响，这种影响主要反映在建筑上，形成了建筑结构的地域性差别。

公元 916 年契丹族建立了辽王朝，统治了山西、河北的北部，吸收了汉族文化，进入了封建社会。辽代统治者效仿汉文化，让汉族匠工修建都城、宫室和佛寺等。因此辽早期建筑保持了很多唐代风格，故有“辽承唐风”之说法。建于辽重熙七年（1038）的山西大同下华严寺薄伽教藏殿，建于辽代的善化寺大雄宝殿，建于辽清宁二年（1056）的应县佛宫寺释伽塔等建筑用材规格大，斗拱施以真昂造，并开斜拱之先河；梁架制作规整，平梁之上蜀柱之下施驼峰承垫，叉手捧戗脊槫之下。梁栿之间于槫缝重心处施以完整的前后出跳“十”字卷头斗拱隔垫，在山西境内现存的唐、五代、宋、金遗构中几乎无此做法，或许是契丹族文化与汉文化融合而产生的一种建筑特点。

北部现存的金代木构建筑较中部和南部规模大，其梁架结构也具有本地区的风格。建筑结构上，除斗拱延续了辽代真昂、斜拱造外，梁架及柱网布列发生了很大的变化，减柱、移柱、内额及梯形托架被广泛使用，梁栿之间的承垫构件几乎不用出跳拱，如建于金天会十五年（1137）的佛光寺文殊殿、金大定七年（1167）的繁峙岩山寺文殊殿，金皇统三年（1143）的崇福寺弥陀殿都是如此，但其梁栿下施以实拍出跳拱，形制与宋代相似。

2. 中部区域

这一区域历来是山西省的政治、军事、文化中心，古建筑遗构中不但形成了本地区的独特风格，同时也吸收了南、北建筑结构之精华。既具有南部宋、金时期铺作之制的严格区分，又体现了北部辽代梁架结构的特征，其建筑结构的发展脉络非常清晰。宋代遗构特点是：平面减柱，平梁之上的结构直接继承了中部地区五代时期的结构手法，平梁之上蜀柱仍由驼峰承托，叉手捧戗脊部攀间的捧节令拱或替木两侧。宋晚期脊部攀间出现了复合叉手的结构形制，金代出现了双叉手。同时辽代托脚斜戗于槫外侧之结构，宋代也吸收使用。该区域出现了《营造法式》中规定的“梁栿对乳栿”和民间的“梁栿压乳栿”两种结构形制同时使用的结构技术。继承并发展了五代建筑中梁栿之下惯用的内外出跳拱，向殿外出跳拱不设交互斗，华拱直至托脚。檐部铺作除施以直昂造外，还出现了直昂造。直昂除造型与假昂有所不同外，功能完全一致，也可以说是假昂的雏形。宋代直昂造仅太原晋祠圣母殿廊部铺作及寿阳普光寺大殿两例，另有金大定八年（1168）建的太原晋祠献殿这一处。

宋崇宁元年（1102）重修的太原晋祠圣母殿、宋大中祥符元年（1008）修建的榆次永寿寺雨花宫（现已毁）、金皇统五年（1141）重建的文水则天圣母庙后殿、金泰和年间（1201—1208）建的清源文庙大成殿等建筑的梁架结构有相似之处。梁栿之下均施以横向向殿内出跳拱，向殿外交栌斗、纵向正心拱延伸与托脚内皮斜接，且托脚上端多同唐、五代结构一致。平梁之上所施蜀柱亦施驼峰承垫，不施角背，这一特点充分体现了宋代继承和发展了五代时期的建筑结构，金代延续宋代之结构技术和建造手法，同时也反映了辽、宋文化共同影响于山西中部地区的客观现象。但宋金建筑遗构中的檐下铺作的区分非常清晰，凡金代遗构基本施以假昂造，而宋代遗构全部为真昂或直昂造。这一特点与山西南部地区一致。

中部区域宋、金建筑实质上形成了两种结构风格。一是以太原、清徐、文水、榆次等地为代表，其特征是结构考究，形制高雅。另一类所处地域比较分散，其建筑风格与晋东南非常接近，属结构简洁明快、形制朴质的建筑风格，但与晋东南地区所不同的是梁栿之间不设蜀柱。

3. 东南部区域

晋东南所遗存的宋、金建筑名列全省前茅，这些建筑规模不大，多为三间之构，其主体梁架与宋《营造法式》接近，而不拘泥于官式作法。北部辽、宋时期木构建筑梁栿之下横向出跳斗拱的结构形制，在晋东南无一实例。其宋、金两代建筑所施减柱造多减去前或内柱，梁架结构多为四椽栿前或后压乳栿用三柱的构造形制，较《营造法式》中规定的“四椽栿对乳栿”稳固而省料。这是晋东南地区宋、金两代建筑的区域共性。

宋、金两代建筑结构在晋东南地区已经形成了明显的朝代差别。首先，是铺作的差别。现存宋代建筑全部施以真昂造，无一例为假昂做法；而现存金代建筑几乎全部施以假昂造，只有个别的施以真昂做法。其二，是梁架的差别，主要体现在平梁以上。宋代建筑平梁之上所施蜀柱以驼峰承托，几乎不施合踏稳固，叉手捧戗脊部攀间的捧节令拱或替木两侧，不同于《营造法式》中蜀柱脚不施任何构件稳固和叉手直接捧戗于脊槫的做法；金代建筑大都施以合踏，很少设驼峰，叉手也多捧戗脊槫与替木之间。其三，是梁栿之间结构的差别。宋代建筑梁栿之间多施以蜀柱和驼峰顶承，金代多以蜀柱（施以合踏稳固）顶承。如宋开宝四年（971）建的高平崇明寺中佛殿，宋大中祥符九年（1016）建的长子崇庆寺千佛殿，宋熙宁六年（1073）建的高平开化寺大雄宝殿，宋元祐四年（1089）建的晋城清莲寺释伽殿，宋绍圣五年（1098）重建的平顺龙门寺大雄宝殿，金皇统二年（1142）建的陵川西溪二仙庙前殿、后殿及梳妆楼，金大定十四年（1175）建的壶关三峻庙大殿、金大定二十四年（1184）重建的陵川礼义崔府君庙山门，金大定年间（1161—1189）重建的沁县普照寺大殿与始建于金大定年间的晋城高都东岳庙大齐殿。

沁县与晋中接壤，故梁架结构及手法在一定程度上带有山西中部的特点，该殿四椽栿之间所施驼峰及栌斗隔承即中部地区五代及宋、金代的惯用手法，而上四椽栿背立小形蜀柱角背稳固之做法又体现了南部尤其是东南部五代及宋、金代的惯用手法。这些特点在沁县部分建筑中表现明显，体现了地区手法的过渡性。

4. 南部区域

山西南部区域现存早期建筑虽不如东南区域多，但占全省同期遗构比例也是非常巨大的。晋南地区所遗宋、金两代木构建筑梁架结构与晋东南又有局部差别，主要表现在晋南建筑的梁栿之间几乎全部施以驼峰隔承，不施瓜柱支承。如绛县太阴寺大雄宝殿（金）梁架结构为六椽栿通檐用三柱，梁栿之间施驼峰及栌斗承垫，不施蜀柱。

此外，永乐宫内现存的多座元代建筑与洪洞广胜寺现存的几座元代建筑以及山西境内多数同期建筑相比，其风格和手法反差强烈，永乐宫建筑之风格、梁架做法及选材均较规整，而其他同期建筑多选材随意，制作大胆。比照中，有官府流行做法和民间做法差别之感。

以上对山西省境内现存部分早期木结构建筑实例的结构和制作手法进行了比较分析，证明了地方建筑结构手法和制作手法的多样化。这些多样化建筑技术的沉淀，反映了建筑技术成就来源于民间，是历代民间匠师在建筑活动中默默无闻地创造着历史财富，他们以丰富的想象力和惊人的胆略构筑了深厚的建筑文化底蕴。历史的发展似奔腾的大海后浪推前浪，正是那些不为后人知晓的工匠共同创造了人类的财富。

我们在考察山西境内早期木构建筑时，最大的遗憾是那些不为后人知晓的工匠，给确切的区域性时代特点的研究带来了不确定因素。因此本文只能在一定范围内的建筑遗构中类比、归纳、总结，得出概括性的时代和区域性差别。

作者简介

李博，男，祖籍辽宁省瓦房店市。太原市太山博物馆副馆长，文博馆员。研究方向为历史建筑保护修复及建筑历史与理论，长期从事古建筑调查、勘察设计、工程监理、研究工作。

李会智，男，祖籍辽宁省瓦房店市。曾任山西省古建筑维修质量监督站站长，研究馆员。研究方向为古代建筑保护修复及木结构区域断代，长期从事古建筑修缮、勘察、设计、研究工作。

第十二讲 五台圣境：山西走向世界的一张文化名片

王志超

五台山、峨眉山、九华山和普陀山，号称“中国佛教四大名山”。五台山是文殊道场，峨眉山是普贤道场，九华山供奉地藏菩萨，普陀山供奉观音菩萨。五台山在这四大名山中位居首位，有“中国佛教首府”之称。五台山首府地位达成共识，有以下几方面原因：第一，五台山佛教文化历史最为悠久。东汉时佛教传入中国，东晋时佛教就传入了山西，也就传入了五台山，北齐时五台山地区已有寺庙200余座，而其他三地相对要晚得多。第二，文殊菩萨是佛祖的大弟子，文殊信仰影响巨大。五台山作为文殊道场自然影响就大，其他三处道场的影响力要小得多。第三，秦汉以降，中国的政治中心在以西安、洛阳、北京组成的“铁三角”上迁徙，山西处于这个三角的中心之地，进可攻，退可守，进可图霸中原，退可成王霸之业。山西在整个中华民族文明发展史上的重要地位就是这样形成并凸现出来的。五台山作为佛教文化圣地自然与封建政治紧密相连，封建皇帝通过五台山佛教怀柔四方、巩固政权，自然就对扶持五台山更加重视。历史上那么多皇帝巡幸五台山，敕建寺庙、赐匾题额等，大大提高了五台山的地位。其他三地远离政治中心，皇帝根本顾及不到。第四，五台山处在长城内环，是北方少数民族融合的主要场所。若将长城作为军事对抗的标志，那么五台山就是文化融合的舞台，汉、满、蒙、藏、土等少数民族都到五台山朝拜，加强了五台山怀柔各方的力量。五台山上的青、黄二庙并驾齐驱，使汉藏佛教在此共同发展，其他三地根本无法比拟。第五，五台山“环基五百余里”，雄跨晋冀两省，又靠近北京、内蒙古，其辐射力广大，其他三处难与之匹敌。第六，五台山台内、台外寺庙在唐代鼎盛时最多达 360 余座，中外文化交流频繁，许多遣唐使前往五台山学法，印度、尼泊尔、斯里兰卡、缅甸、越南、韩国、日本等国不断有僧人到五台山学法，可谓高僧大德云集。现在成为五台山标志性建筑的大白塔就是尼泊尔僧人所建，菩萨顶还是黄琉璃盖顶的皇家寺院。从寺庙规格之高、数量之多、品类之全、幅员之广、高僧之众等诸方面比较，其他三处无法与之比肩，所以有“五台归来不看庙”的说法。第七，五台山文化积淀丰厚，文人雅士纷至沓来，留下的诗词歌赋、志文游记等汗牛充栋，形成了极为厚重而丰富的佛教文化遗存。第八，五台山在俗文化领域影响深远。杨五郎出家五台山、鲁智深大闹五台山、顺治皇帝出家五台山等故事的流传，更令五台山家喻户晓、妇孺皆知。综上所述，五台山牢牢占据了中国佛教四大名山之首位，成为中国当之无愧的佛教首府。

作为佛教圣地的同时，五台山还是避暑胜地，也是中国革命时期形成的红色文化圣地，多种因素作用使之成为世界文化遗产地。

一、佛教首府：造化钟神秀

五台山拥有独特的地质资源和地理环境。五台山位于北纬38° 55'—39° 66'、东经113° 29'—113° 39'之间，横跨山西、河北两省，近邻北京、内蒙古，方圆250千米，行政管辖面积达436平方千米。五台山大约形成于25亿年前，山体高大夷平，拥有东西南北中5座台顶，最高的北台叶斗峰海拔3061米，是“华北屋脊”，也是太行山系的最高峰。而五台中间称为“台怀”，即五台之怀抱，也就是五台山寺庙聚集区。五台山5个台顶上皆有寺庙，还有五台以外的台外寺，历史上五台山寺庙建筑群非常庞大，世无匹敌者。由于五台山气候高寒湿润，还有“万年冰”一块，所以又名“清凉山”。

五台山特殊的地质条件，孕育了特色鲜明的植物种类。计有锥管束植物97种、354属、595种，自然植被分布垂直变化，是亚洲大陆东部具有代表性的山地植被生态景区，其山顶的亚高山草甸景

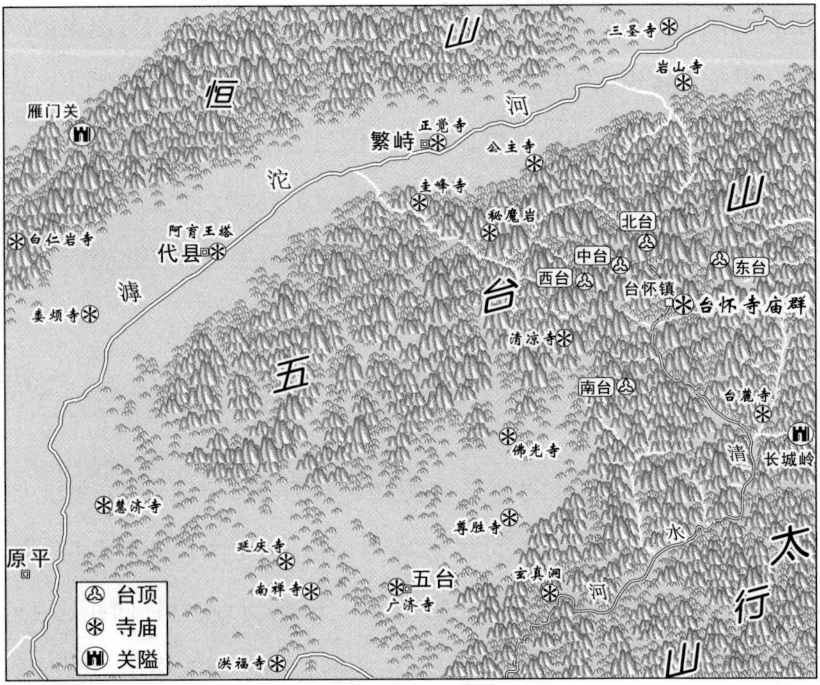

12.1　五台山全景图

观与青藏高原的高寒草甸景观极为相似，是华北山地独具特色的自然生态景观类型。

五台山的野生动物种类也很丰富，有昆虫117种；仅其中列为国家重点保护的动物就有豹、石貂、麝、青羊、豹猫、金雕、勺鸡、大鵟、雕鸮等。

五台山是一座地质和动植物资源公园，拥有丰富的矿产、林草、冰雪及水资源，如做台砚的石材、般若泉的水资源等。正是因为五台山号称“清凉山”，因此到达五台山的佛教徒感觉它与佛祖向往的“雪山”相似。更为奇异的是，佛教徒看了五台山的地形，认为五台就像佛菩萨头上的螺髻一样，台怀镇的菩萨顶恰似印度佛祖出家修行的灵鹫山一样，于是在此建立大孚灵鹫寺。慧根深厚的五台山，由此种下了佛教深深扎根五台山的机缘。综上所述，地质与地形环境造就了五台山佛教文化的最初根基。

二、清凉世界：佛缘结五台

东汉明帝时，在洛阳东郊修建了我国第一座佛教寺院——白马寺，佛教正式传入我国。

佛教传入五台山的时间，目前学术界存在东汉、东晋二说。明朝释镇澄所撰《清凉山志》卷五云：“后汉明帝永平十年，摩腾、法兰二尊者西至。以慧眼观，清凉山乃文殊化宇，中有阿育王所置舍利塔……奏帝建寺，额曰：‘大孚灵鹫寺。’大孚，弘信也。帝以始信佛化，故以名焉。”《清凉山志》卷三又说：“明年春，礼清凉山回，奏帝建伽蓝。腾以山形若印度灵鹫山，寺依山名也。帝复以始信佛化，乃加大孚，孚即信也。始度僧数十居之。”但唐朝释慧祥所撰《古清凉传》和五代梁释慧皎所撰《高僧传》中均称：摩腾、法兰并未至五台山。《高僧传》卷一载：“（蔡）愔又于西域得画释迦倚像，……既至洛阳，明帝即令画工图写置清凉台中。”

此处的“清凉台”并非清凉山，亦非五台山，而是汉朝之藏书机构。因此，《清凉山志》这一说法未必可信，所以东汉佛教传入五台山之说存疑。而东晋十六国时期后赵时佛图澄在山西传教30多年，此后慧远、道安、昙鸾、法显等一大批山西土生土长的佛教高僧积极弘法布道，使山西佛教活动达致高潮，佛教在东晋时传入五台山应该可信。五台山研究专家崔正森先生就秉持“东晋说”。尽管“东晋说”使五台山佛教史缩短了几百年，但丝毫不影响五台山作为世界佛教文化重镇的地位。我也认为“东晋说”比较可信。

可以肯定的是，南北朝时期已经形成了五台山佛教活动的第一个高潮，这与南北朝时佛教在全国的流行是分不开的。魏晋南北朝时期，中国经历长达400多年的社会大动荡、民族大融合时期，政权更迭，社会动荡不安，人民生活在水深火热之中。宗白华先生在《美学与意境》一书中说：“世说新语时代是中国历史上最苦痛的时代，时代的苦痛酿成心灵的痛苦，灵魂与社会同受煎熬。”世说新语的时代正是南北朝时期，在人们无法摆脱这种苦痛时，便要寻找一种精神解脱的办法。在统治者用政治手段和战争机器无法达到有效统治的时候，他们也要寻找一种精神武器来瓦解和涣散人民的反抗意志，控制人民的思想。马克思说：“宗教是人民的精神鸦片。”儒家主张积极“入世”，道教主张消极“遁世”，只有佛教讲求“生死轮回”“因果报应”“顿悟成佛”“人人皆可成佛”“普度众生”等，连杀人如麻的人，只要“放下屠刀就可立地成佛”，也可“酒肉穿肠过，佛祖心中留”，因此佛教得到了当时统治者和平民百姓普遍的认可。佛教从此成为中国社会主流文化中的一支强大力量，五台山也从此成为佛教文化聚集与传播的重镇。

五台山在地理位置上的重要性，造就了它在政治与宗教上的特殊性。五台山雄踞雁代，坐北俯南。环基周围，逶迤二百余千米，奇峰叠嶂，寺庙林立，钟灵毓秀，景色宜人。加之夏无炎暑，气候凉爽，奇花异草，赏心悦目。同时，五台山巍峨壮丽，气势磅礴，北临紫塞（雁门关），南拥中原，盘踞四关之中，遏万里之烟霞，为大国之屏蔽，历来为兵家必争之地。它处在长城脚下，位于历史上农耕民族与游牧民族的交界地带，屏护着北方边疆的内环，也维系着蒙藏人民的团结。因此，形成了显密两宗共同修行的格局。五台山上青、黄二庙杂处，汉地佛教与藏传佛教共同发展，更显示出其神圣性。五台山在极盛时，成为汉、满、蒙、藏、土等各民族共同尊奉的佛教圣地。五台山佛教在中国思想史上具有特殊地位，在北方地区民族团结与交融问题上一直发挥着至关重要的作用。如果说长城是民族对抗的产物，那么，五台山就是民族交融的象征。由此，它受到历代封建王朝的重视。翻开五台山各大寺庙的史册，第一页上总是赫然写着“敕建”二字。据传，北魏孝文帝在山上建立避暑胜地后，隋炀帝、宋太宗都曾到过五台山，而元英宗、清圣祖、清高宗等也都驾幸五台山。唐太宗、武则天、明太祖等虽然没有到过五台山，但曾敕赐名额、御制诗文等。至于历朝历代皇帝、皇后遣使札礼五台山，几乎从未间断过。达官显贵、名人雅士前往朝拜者，更是不胜枚举。因此，礼赞五台山的碑文、诗歌、游记、题刻等，如汗牛充栋，形成了雄厚的文化积淀，成为中华文化瑰宝。

三、文殊道场：智慧五台山

五台山是世界佛教文化中著名的文殊道场，其文殊信仰的形成与弘扬经过了漫长而艰辛的历史过程，最终与五台山佛教文化融为一体。佛祖释迦牟尼身边有两大胁侍菩萨，即文殊和普贤，而文殊又是上首菩萨，即为第一大弟子。在佛教寺庙里的佛像塑造中，左文殊，右普贤，是固定的位置。文殊是智慧的象征，文殊信仰随佛教于东汉时一并传入我国。在中国佛教石窟、造像、壁画中，雕塑和绘制了大量文殊菩萨与维摩诘对坐论辩的情形，可见文殊菩萨影响之大。《妙法莲华经》中，文殊菩萨不仅是佛法的宣讲者，也是佛教大乘观念的护持者和继承者、捍卫者。由此可见，文殊菩萨是佛教位居第一的护持者、宣传者、继承者、捍卫者，其智慧第一，辩才无碍，护持有力。其坐骑为狮子，是力量的象征。

文殊信仰与五台山联系在一起，其纽带是“清凉山”，这与《佛说文殊师利般涅槃经》关系密切。《佛说文殊师利般涅槃经》卷一说：“此文殊师利有大慈悲……佛涅槃后四百五十岁，当至雪山，为五百仙人宣畅敷演十二部经，教化成熟五百仙人……”该经所说之“雪山”被后世演化为“清凉山”。

最早关于五台山与文殊关系的载述可能是唐高宗龙朔二年（662）释会赜所撰《清凉山略传》一卷，但已散佚。现存最早将五台山视为文殊应化道场的著作是唐麟德元年（664）释道宣所撰《集神州三宝感通录》。其卷一云：“文殊师利与五百仙人往清凉山说法，故此山极寒，不生树木，所有松林森于下谷。山南号清凉峰，山下有清凉府，古今遗基见在不灭。”卷三又曰：“有五高台，上不生草木，松柏茂林，森于谷底，其山极寒，南号清凉山，亦立清凉府……中台最高，去并州四百里，望如指掌，上有小石

清凉石写真图

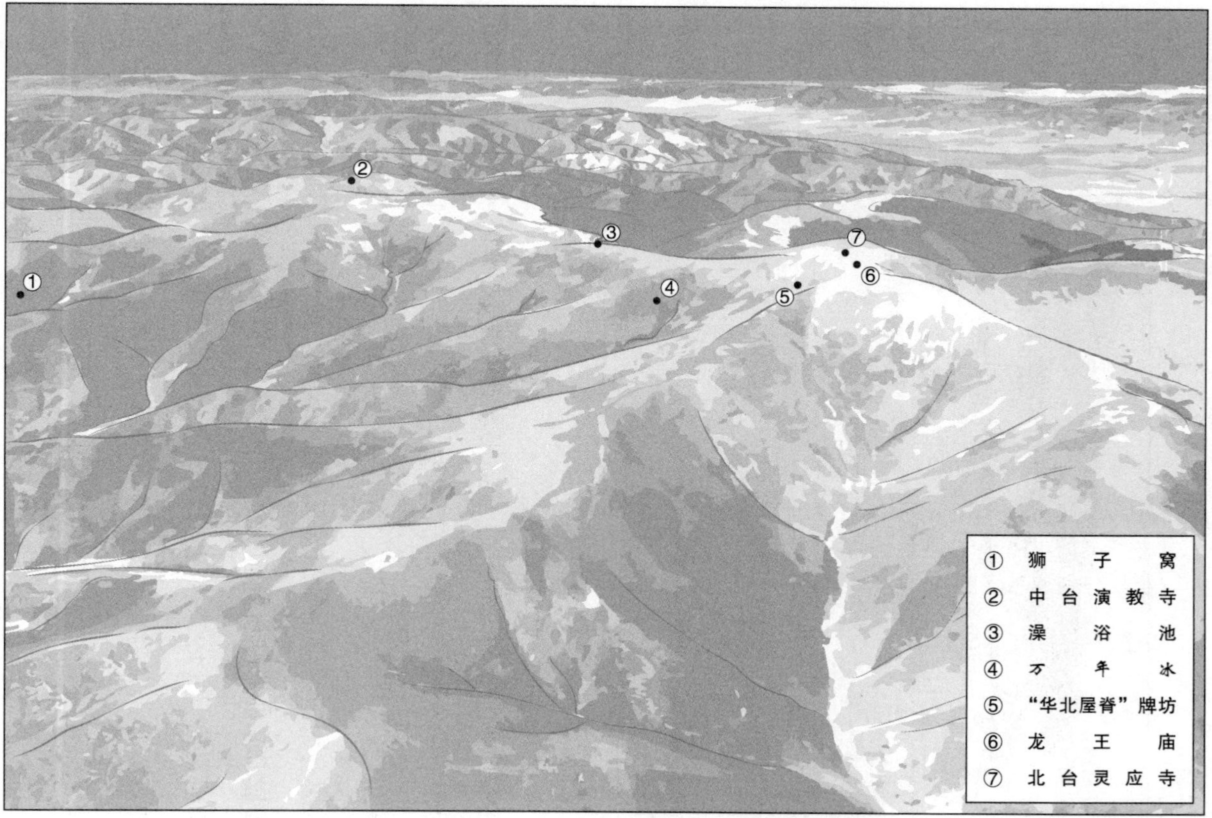

中台台顶夷平面素描图

浮图，其量千许，即魏文帝宏所立也。”道宣在书中有“前《传》云”之语，他所说的《传》极有可能是已佚的会赜所撰《清凉山略传》，因为他们相隔仅两年时间，他很可能是见过的。道宣通过会赜把“雪山”由“此山极寒”附会成“清凉山”，成功地把文殊师利在“雪山”演说法、点化五百仙人的场景移植到了五台山，从此为五台山作为文殊道场打通了最后的关节点，畅通了道路。

佛陀跋陀罗翻译出《华严经》后，五台山就有了华严寺，且研习成风。北魏高僧灵辩法师“于五台山顶戴《华严经》膝步殷勤，足破血流，遂经三载，冥加解悟。”日本僧人记载灵辩曾著《华严论》百卷。北齐时，五台山佛教发展兴盛，应该说《华严经》是文殊菩萨重点弘扬的经典与佛教理念。所以，《华严经》的广泛传播，就是文殊信仰的广泛传播。据传，隋炀帝可能是最早供奉和尊崇文殊菩萨的中国封建皇帝。

道宣在《续高僧传》卷二十曰：“又闻五台山者，即华严经清凉山也，世传文殊师利常所住处，古来诸僧多入祈请，有感见者具蒙示教。”所谓“华严经清凉山”即《大方广佛华严经》中《诸菩萨住处品》所言：“东北方有菩萨住处，名清凉山，过去诸菩萨常于中住；彼现有菩萨，名文殊师利，有一万菩萨眷属，常为说法。”《华严经》在五台山的广泛传播，也证明五台山已成为文殊道场。

佛陀波利于唐高宗仪凤元年（676）顶礼五台山，回国后取来《佛顶尊胜陀罗尼经》，并带梵本进入五台山，于高宗永淳二年（683）

传译流通。现代研究者吕建福先生的《五台山文殊信仰与密宗》一文认为："佛陀波利的见闻神话，为五台山文殊信仰提供了活的依据，因而深受武则天的敬重，……这一神话表明密教在此时已开始插足于五台，利用文殊信仰来传布它的经典和教义。"这样五台山就形成了显密双修的局面。

武周证圣元年（695），实叉难陀新译《大方广佛华严经》，圣历二年（699）完成。此经深受武则天崇信的贤首国师和清凉国师的支持，使五台山作为文殊菩萨应化道场的论断上升到国家层面，与李唐王朝的政治统治紧密结合在一起。五台山一方面有了护国的意义，另一方面也是彰显大唐王朝鼎盛气象、万国来朝的强有力明证，成为展示大唐王朝国家文化实力的绝好标志。

唐代前期，文殊信仰只限于五台山等地的狭小圈子，自大历年间起，由于密宗的推崇，文殊信仰推广于天下寺院，成为普遍的信仰。它不仅从民间上升到国家层面，从局部流传全国乃至世界，实现了五台山文殊信仰的国家化和国际化，五台山作为世界公认的文殊道场的地位从此奠定且不可动摇。

四、圣境天成：五台归来不看庙

五台山佛教文化的形成与发展，经历了几个时期，长达两千年之久，而文化资源的积累也极其丰富。

南北朝时期形成了五台山佛教活动的第一次高潮，唐代时佛教活动达到鼎盛，明清又是一个繁荣时期。“信手拈起一茎草，总是金毛狮子威。”五台山有了“清凉胜境”“佛国”“福地”“中国佛教四大名山之首”等一系列美誉，尤以“山辟最早，境地最幽，灵贶最赫”冠绝三山（九华山、峨眉山、普陀山）。杜牧诗曰：“南朝四百八十寺，多少楼台烟雨中。”那么北齐时五台山建有寺庙200余座，绝不为过。唐大中年间（847—860），可查到有名者64座。唐朝最鼎盛时达到360余座。宋嘉祐年间（1056—1063），著名者72座。明万历三十一年（1603），碑刻载有90座，分4个等级，其中大寺12座，五顶寺庙5座，诸山中小寺庙39座，诸山丛林静名34座。清初续修《清凉山志》收集寺庙104座，其中台内寺庙68座，台外寺庙36座。清末，五台山诸寺中有十大青庙、十大黄庙之称。全山青、黄二庙中，为首者称“五大去处”（“五大禅林”），其中包括青庙3座（显通寺、塔院寺、殊像寺），黄庙2座（菩萨顶、罗睺寺）。1956年普查中，发现寺庙124处。其中青庙99座，黄庙25座。20世纪80年代进行文物普查，发现台内寺庙42座，台外寺庙150余座。菩萨灵迹有金刚窟、玉华池、秘魔岩、梵仙山等数十处。所以，历史上流传“五台归来不看庙”的俗语，说明五台山寺庙太多了，且时间久、规格高、品种全、样式新。真的是“游观之士，四海云驰；栖寂之流，千岩星布；明王圣主，代为兴福之场；列宰名臣，屡有思真之咏”。

五、千年佛国：帝王多青睐

五台山佛教文化的繁荣发展与首府地位的持续巩固，与五台山靠近历代王朝都城的地理位置关系密切，与历朝历代皇帝和宗室的扶持是分不开的。

北魏以佛教为国教，崇佛达到极盛，对五台山的扶持最为显著。北魏孝文帝拓跋宏是第一个巡幸五台山的皇帝。据清《五台县志》载，孝文帝曾到驴夷县（今五台县）佛光山造“佛光寺”，还“登临西台”，“射箭畋略”。宋释延一著《广清凉传》卷上说，孝文帝“曾至五台山避暑，往复宿此”。又游行于中台，上置“小石浮图”。还于清凉谷建清凉寺，又见中台东南30余里的“小峰，顶平无林木，岿然高显，类西域之灵峰……谓之化文殊台”。他“爰发圣心”，造大孚灵鹫寺，即今显通寺。还于寺“前种花园地二顷，夏中发艳，状同铺锦，光彩昱耀，乱人心目”，并环绕灵峰“置十二院”，大大促进了五台山寺庙的扩建和佛教的兴盛。因此许多佛教传说故事都附会于孝文帝。金元之际“一代文宗”忻州人元好问在他的16首《台山杂咏》中说：“一国春风帝子家”“山上离宫魏故基”，表达了他对故乡和远祖的怀念。孝文帝的第四个公主信诚公主就出家于五台山，五台山上开始有了公主寺。

隋炀帝杨广早年封雁门郡公，统辖雁门、繁峙、崞县（今原平市）、五台和灵丘5县，五台在其辖境之内，繁峙、崞县及宁武等地的寺庙皆为五台山的外围寺庙，属于五台山佛教范围之内。隋开皇元年（581），杨广封晋王，拜柱国、并州总管。大业十一年（615）五月，史载其幸太原，避暑汾阳宫，八月驾幸雁门、崞县。《广清凉传》说，隋炀帝避暑地有天池，即今宁武管涔山一带。像隋炀帝这样一个“好游冶”的人，上五台山一定是他的分内之事。

宋太宗赵光义灭北汉后,在太原召见了五台山鹿泉寺沙门睿谏，询问了五台山兴建之由及现时状况，赐物甚多，且敕令修建了太平兴国寺。太平兴国是宋太宗使用过的5个年号中的第一个年号。

元朝有两个皇帝上过五台山，一位是元朝第二代皇帝元成宗。元贞二年（1296）元成宗“幸五台”，瞻礼圣容，崇佛敬僧，而且在头一年就开始在五台山敕建万圣佑国寺，即今南山寺最上部分。万圣佑国寺建成后，元成宗还诏洛阳白马寺的释源宗主真觉国师为其开山住持。另一位是元英宗，至治二年（1322）五月十七日，他从燕京（今北京）出发，“幸五台”。“至王子寺，有感，敕重修葺，是年复建普门寺”。

清朝有4位皇帝多次巡幸五台山，使五台山地位空前提高。清朝第一个上五台山的皇帝是康熙。康熙二十二年（1683）二月十二日，康熙帝首次巡幸五台山，驻跸于台怀镇菩萨顶。二十四日回銮，在长城岭侧射杀一猛虎，绝积年虎患，后此地改称“射虎川”。同年九月十一日，康熙皇帝再次巡幸五台山。康熙三十七年三月，康熙帝携长子胤禔、三子胤祉第三次巡幸五台山，仍住菩萨顶行宫。康熙四十一年二月，康熙皇帝带着太子胤礽、四子胤禛（即后来的雍正皇帝）和十三子胤祥从畅春园启程，第四次巡幸五台山。康熙四十九年二月，康熙帝带领太子胤礽和其他 5 位皇子第五次巡幸五台山，宿于罗睺寺。康熙帝 5 次上五台山，作诗 15 首，题匾 55 块，勒碑 20 余通，修葺寺庙 20 余座，赠送渗金菩萨像 7 尊。乾隆皇帝上过 6 次五台山，分别是乾隆十一年（1746）九月、乾隆十五年二月、乾隆二十六年二月、乾隆四十六年二月、乾隆五十一年二月和乾隆五十七年二月。乾隆皇帝 6 上五台山，写诗 200 多首，题匾 29 块，刻碑 11 通，建台怀行宫 21 处之多，奢侈无度。嘉庆皇帝于嘉庆十一年（1806）三月十八日恭谒西陵后，巡幸了五台山，驻跸菩萨顶行宫，游览 7 日后回京，留下了《五台赞碑文》。

清朝皇帝重视五台山，视五台山为“神京之右臂”，“诚中华卫藏”。通过五台山怀柔天下，使满、汉、蒙、藏、土等各民族共同尊奉五台山为佛教圣地，从而巩固了五台山作为中国佛教首府的历史地位。

六、红色文化：革命的洗礼

五台山是佛教文化圣地，在中华民族发展进步的历史进程中，又成为革命斗争的根据地并发展成为红色文化圣地。五台山作为革命根据地，经过抗日战争、解放战争的洗礼，特别是毛泽东、周恩来、朱德、聂荣臻等老一辈无产阶级革命家在这里的活动与他们留下的诗文唱和，使作为红色文化圣地的五台山更加光彩夺目。

1. 聂荣臻元帅和国际主义战士白求恩战斗在五台山上

抗日战争全面爆发后，中国共产党领导的工农红军改编为八路军和新四军，开赴抗日前线。八路军一一五师在平型关大捷后一分为二，师长林彪率主力转往吕梁山，开辟晋西地区；副师长兼政治委员聂荣臻率师独立团、骑兵营、师教导队等不足 2000 人，开辟以五台山为中心的晋东北地区。1937 年 11 月 7 日，晋察冀军区成立，成立大会在五台山普济寺召开，聂荣臻任司令员兼政治委员。会后，聂荣臻率领部队来到台怀镇，住在金刚窟一带。当时五台山境内共有寺庙 100 余座，和尚、喇嘛 2200 多人，还住着许多满族、蒙古族、回族、藏族等少数民族信众。在聂荣臻的领导下，组织了一支 100 余人的僧侣抗日队伍，其他僧人也积极为抗日捐物、捐粮、提供住处、传递情报、救治伤员，使五台山成为军僧民共同抗日的基地。显通寺和尚照权，经常深入日军占领的塔院寺、罗睺寺等据点搜集情报，给八路军传递信息，被八路军誉为“快腿和尚”。殊像寺的小和尚圣忠，经常到五台县城等地搜集情报，把情报藏在芒鞋底送给抗日干部，后来他曾任山西佛教协会会长等职。

1938年2月，晋察冀边区政府从河北省阜平县转移到五台山射虎川台麓寺。9月，聂荣臻率领军区领导机关移驻五台山耿镇一带。八路军多次在五台山周围与日军交战，以滑石片战斗最为有名。聂荣臻战斗在五台山上，被当地人民誉为“当代鲁智深”。毛泽东主席也夸赞聂荣臻是“当代鲁智深大闹五台山”。毛主席还向全党全军发出号召：“从建立山西的五台山，到建立全中国的五台山，争取最后的胜利。”抗战期间，聂荣臻领导创建的以五台山为中心的晋察冀根据地成为模范抗日根据地，李公朴先生还为此专门写了一本书进行宣传。

1938年6月，加拿大共产党员、胸外科专家白求恩大夫来到中国，支援中国人民的抗日战争。他要求到抗日最前线去，毛主席就写信介绍他到了晋察冀抗日根据地。在军区驻地金岗库村，聂荣臻司令员聘请他为军区卫生顾问。白求恩大夫自力更生，动手制作简易的医疗器具，在五台山耿镇松岩口的一座寺院里创办了“模范病室”，积极救治伤病员。哪里有战斗，白求恩大夫就冲到哪里救治伤员，赢得了广大指战员的信赖与爱戴。1939年11月12日，白求恩大夫病逝于河北省唐县黄石口村。12月21日，毛泽东在延安写下名篇《纪念白求恩》。

1969年12月21日，中共五台县委、五台县人民政府在松岩口建立了白求恩纪念馆。白求恩纪念馆在1982年被国务院公布为第二批全国重点文物保护单位。今天，它已成为爱国主义教育基地，成为五台山红色文化品牌。

2. 陈毅元帅诗颂五台山

陈毅作为新四军代军长，长期战斗在江南。1947 年，他去延安路过五台山，登上菩萨顶后作诗一首：“本不游五台，迂道时日紧。至今有余欢，雪踏菩萨顶。”这是诗人元帅陈毅一生中唯一一首写五台山的诗歌。

3. 朱德、叶剑英、董必武唱和五台山

1947 年夏初，中国人民解放军总参谋长叶剑英在齐燕铭陪同下，从延安出发到晋察冀边区，第一次路过五台山。是年秋，叶剑英从河北省平山县西柏坡村出发，路过五台山回晋绥根据地。这次他在五台山住了 7 天，在李卓然等人陪同下视察寺庙、指导工作，写下《游五台山》诗一首。1948 年六七月间，叶剑英从延安去西柏坡，再次路过五台山，写下《过五台山》诗 3 首。诗传开后，引得朱德、董必武两位革命家诗兴大发，各和诗 3 首，成为佳话。

4. 毛泽东、周恩来等路居五台山

1948 年 3 月，转战陕北的毛泽东主席、周恩来副主席等，指挥中国人民解放军胜利完成了解放战争的战略防御任务，准备与国民党反动派进行最后的决战，遂率领党中央前委离开陕北，东渡黄河，经过山西临县碛口、蔡家崖等地前往河北省平山县西柏坡村，与党中央工委和后委会合，准备指挥推翻蒋介石反动统治的大决战。原计划 4 月 7 日晚到达五台山，但因大雪封路，被迫夜宿五台山北的繁峙县伯强村。8日，毛主席在村子里召开了干部和群众代表座谈会，周恩来带人前去探路，组织战士清路。11日，经一天跋涉，于傍晚时分，毛泽东、周恩来、任弼时及陆定一、胡乔木、汪东兴等路居于台怀镇塔院寺方丈院。12日，毛泽东视察台怀镇寺庙，他从塔院寺东门出来，看到一副对联："劝君莫打三春鸟，子在巢中盼母归。"毛主席默念着，颇为赏识，问陪同的同志："知道这对联是谁写的吗？"众人回答："是庙里的和尚写的，是从佛家慈悲放生的立场出发的。"毛主席说："是呀，大家要知道，自然界中的三春鸟捕捉害虫，是保护农作物和树木的益鸟。"毛主席一路走一路看，还给陪同人员讲杨五郎出家五台山和鲁智深大闹五台山的故事。

周恩来先后看了罗睺寺、显通寺和菩萨顶等寺庙，还与五台山上的少数民族僧人进行了深入交流。当天下午，毛泽东和周恩来等一起观赏五台山珍藏的吴道子绘画真迹等文物，并作了指示："很有价值，好好保护。"

之后，毛主席一行离开五台山，经石嘴山，上长城岭，出龙泉关，进入河北境内。1990年后，五台山台怀镇塔院寺内毛主席、周总理路居处被修缮后，辟为红色文化教育基地，对外开放。凡到五台山游览观光的人必到此瞻仰，以缅怀伟人的音容笑貌和丰功伟绩。

5. 徐向前元帅出生在五台山下

徐向前出生于五台山下的五台县永安村，1955 年被授予中华人民共和国元帅军衔。1985 年，徐帅故居被定为省级爱国主义教育基地，2006 年，徐向前故居被国务院批准列入第六批全国重点文物保护单位名单。1990 年徐帅逝世后，徐帅故居经修缮对外开放，迎接人们前来瞻仰和缅怀。

五台山上还有许多为人津津乐道的红色文化故事。经过历史积淀，今天的五台山在佛教文化基础上，已是一块传承深厚红色文化血脉的革命圣地。

七、五台山学：走向全世界

五台山的历史有多悠久，五台山文化研究的历史就有多长远。特别是在党的宗教政策指引和改革开放的环境下，五台山研究进入一个新时代。

1985 年，在中共山西省委、山西省人民政府的支持下，山西省社会科学院成立了专门的五台山研究机构——五台山研究会，创办了《五台山研究》刊物。任继愈先生等一大批著名学者都积极襄赞五台山研究，推动之功不可磨灭。1987 年，在“首届五台山佛教文化研讨会”上，专家提出了建立“五台山学”的命题。经过近 40 年的努力，特别是崔正森先生出版《五台山佛教史》，五台山列入

《世界遗产名录》，极大地推动了“五台山学”的构建与发展。崔玉卿女士所著《五台山学探究》一书的出版，使“五台山学”端倪毕现。丝绸之路上的敦煌莫高窟藏有一幅精美的《五台山图》，是汉武帝“凿空”西域、开通丝绸之路两千多年来，五台山学携手敦煌学，以东方文明的丰满与光泽反哺西方世界的明证。有中国“一带一路”倡议的支持，五台山全面走向世界之路将畅通无阻！

2009 年 6 月 26 日，在西班牙塞维利亚召开的第 33 届世界遗产委员会会议通过审议，山西五台山被作为文化景观遗产列入《世界遗产名录》。世界遗产委员会的评价是：“五台山位于中国山西省忻州市，是中国四大佛教名山之首，以浓郁的佛教文化闻名海内外。五台山保有东亚乃至世界现存最庞大的佛教古建筑群。五台山由五座台顶组成，将自然地貌和佛教文化融为一体，典型地将对佛的崇信凝结在对自然山体的崇拜之中，完美地体现了中国‘天人合一’的思想，成为一种独特的、富有生命力的组合型文化景观。”五台山从此真正走向世界并被永远保护和传承。

毛主席曾经指出：“从建立山西的五台山，到建立全中国的五台山。”今天我们应该也能够写好后一句，做好后半篇大文章，最终建设好世界的五台山。以习近平同志为核心的党中央，坚持文物保护第一，坚定文化自信，号召讲好中国故事。今天，我国的经济实力居世界第二，在这样的硬实力支撑下，我们一定会把五台山文化推向世界。五台山作为一张精美的文化名片和卓越的文化品牌，一定能走向全世界。

参考文献

1. 宗白华 . 美学与意境 . 北京：人民出版社，1987

2. 崔正森 . 五台山佛教史 . 太原：山西人民出版社，2000

3. 王志超 . 山西地域文化散论 . 太原：三晋出版社，2013

4. 崔玉卿 . 五台山学探究 . 北京：宗教文化出版社，2015

5. 赵改萍，侯慧明 . 山西佛教史 . 北京：中国社会科学出版社，2021

6. 吕建福 . 五台山文殊信仰与密宗 . 五台山研究，1989(2)

作者简介

王志超，男，1964 年，山西平陆人。山西省社会科学界联合会一级巡视员，特约研究员，研究方向为中国文化史、山西地方史。

第十三讲 | 歌舞千年：山西戏剧独领风骚的历史地理环境

张继红

中国的文学源远流长，若从《诗经》算起，有3000余年的辉煌历史。《诗经》以下，依次是楚辞、汉代文章、唐诗、宋词、元曲和明清小说。清代的历史学家、文学家赵翼写过一首著名的《论诗》绝句："李杜诗篇万古传，至今已觉不新鲜。江山代有人才出，各领风骚数百年。"用来形容文学代有特色、各擅胜场，真是颇为切合。古代文化，实质上是知识阶层主导，尤其是统治阶级的文化，所以，"唐诗宋词汉文章"，这些都是文人学士们的精神产品。若从韵文的角度排列，又有"唐诗宋词元曲"的说法，"元曲"得附骥尾。元曲很特别，它相对于唐诗宋词，不完全是上层文人的创造，而是介于雅俗之间的文学形式。

元曲是什么？它是元杂剧和元散曲的总称。元散曲是有固定曲牌的韵文形式，分小令和套数。小令一般是一枝曲牌的韵文。如马致远的小令《天净沙 · 秋思》："枯藤老树昏鸦，小桥流水人家，古道西风瘦马。夕阳西下，断肠人在天涯。"以一定的宫调将相关曲牌组合表达称套曲，如关汉卿的《南吕 · 一枝花 · 不伏老》，就是在"南吕"宫调组合下的套曲，"一枝花"只是其中的第一个曲牌。我们这里要表述的，不是元散曲，而是元杂剧。

元杂剧是以套曲为曲调的剧本。一个剧本一般由四组套曲组成，每组套曲加上道白，即为完整的剧本，俗称"一本四折"。就是说，一个剧本分四个折子，一折就是一个套曲，表现一段相对完整的剧情。著名的元杂剧作家有关汉卿、马致远、白朴、郑光祖，号称"元曲四大家"，也有云"关王马郑"者，王是《西厢记》的作者王实甫。五位元曲大家，有三位是山西人。元杂剧的剧本，可谓雅俗文学的结合体，但是，元杂剧的演出，却是地地道道的俗文学表现形式。

纵观古代文学史，元曲是中国文学的又一个高潮，更是中国雅俗文学结合的第一个高潮。这是元曲的特殊价值。

在元代曲坛上，当然以元杂剧为主角。而元杂剧的兴盛，主要在元代的北方，其中心在大都（今北京）、真定（今河北正定）、东平（今山东东平）、平阳（今山西临汾）。在元杂剧留存至今的 51 位作者中，山西籍的有 13 人，其中 7 人属于平阳籍。平阳，无疑是元代杂剧演出的一个中心。所以说，山西籍的元杂剧作家们，对中国戏剧最初的繁盛，做出了巨大的贡献。

一、“腹里”形胜：金元时期的河东社会地理环境

山西，顾名思义，即在太行山之西，古称“河东”。其实，河东的地面，最早在唐代以前，主要指今天的晋西南一带。这里是中华文化的源头之一，自古有“尧都平阳、舜都蒲坂，禹都安邑”的传说。这里是山西文化的渊薮，是山西最富裕的地方。唐代，河东地区是大唐都城长安（今陕西西安）的屏障，也是长安最近的物资供应地。大诗人王之涣站在黄河东岸的鹳雀楼上，一望长河，感慨万千，即景咏道：“白日依山尽，黄河入海流。欲穷千里目，更上一层楼。”雄浑壮阔之美，如在目前。当今，交通便捷，人人可以亲临河东，吟此诗，感悟人世间的哲理。这就是大河之东、太行之西的魅力。

宋元时期，河东是汉民族和北方少数民族频繁交往的地区，是北方民族交融的关键区域。而山西南瞰开封，东瞰大都，属于“腹里”地区，战略地位愈加重要。

唐末至五代战乱，山西是乱世枭雄朱温、李克用们争夺的要地，梁唐晋汉周，竞相占领山西，称王称霸，战事频仍，故事多多。后唐庄宗李存勖，是一个热爱戏剧甚于江山的皇帝，正史有载；后汉开国皇帝刘知远，成为《白兔记》的主角，扬名天下。契丹族南下后，在北方建立辽王朝，山西是辽与宋分治的地方，杨家将可歌可

泣的故事就发生在这里。其时，山西的北部归辽，今大同城是辽的西京，地位重要。1121 年，宋联金灭辽，金人入主中原。1127 年，南宋建立，形成金与南宋对立的局面。金统治下的版图，以原来北宋统治下的晋冀豫地区最为发达，但是，河南地区与南宋不时有摩擦，今山西地域，当时为河东路，处于山河表里的腹地，是金代南部一块经济发达、社会安定的地域，有朝中重臣在此镇守，人口密度高，物产丰富，为支撑金廷提供源源不断的税赋。河东盛产纸张，国家在平阳府（今临汾）设“经籍局”，官家及私营的刻书业繁盛起来。当时所刻《增注礼部韵略》，当然是官刻本，是著名古籍平水刻本的滥觞；《刘知远诸宫调》，则是金代戏曲的代表作。如今，作为国家图书馆四大镇馆之宝之一的《赵城金藏》，则是金代平阳刻书巅峰时期的代表作。至于河东的版画《义勇武安王图》《四美图》之类，更说明中国版画的发源地在河东平阳府。可见，金代的河东路，在地理、经济、文化上有特别显赫的地位。

进入元代，国家一统，山西行省设河东南路、中路、北路，属于元朝统治中心的中书省，号称“腹里”，一如既往是国家的经济文化中心。其时，平水板的刻书进入盛期，平阳曹鞔刻《元遗山诗集》二十卷，房祺刻《河汾诸老集》，是河东文化史上的大事。众多的平水板图书，创造了中国刻书史上的辉煌时期，积极推动了中国传统文化的传播。

元代著名学者郝经云：“夫河东，表里山河，形胜之区，控引夷夏，瞰临中原，古称冀州天府，南面以莅天下，而上党号称天下之脊……汉晋以来，自刘元海而下，李唐、后唐、石晋、刘汉皆由此以立国，金源氏（金国）亦以一道甲天下，故河东，九州之冠也。”

河东经济社会和文化的繁盛，是宋金时期整个经济、社会和文化繁盛的一个典型缩影，它催生了一代文学形式杂剧的诞生，并促使其迅速走向繁盛。

二、宋金杂剧：元杂剧的滥觞

受地理环境和社会文化的制约，所谓戏剧，中西方的概念是不完全一样的。在公元前 6 世纪末到 2 世纪的古希腊，就诞生了成熟的戏剧，有所谓悲剧、戏剧，以及羊人剧、模拟剧。按照西方戏剧的概念，中国的上古，没有成熟意义上的戏剧，只是有汉代的角抵戏、北朝的兰陵王戏、唐代的参军戏，等等，大抵以滑稽调笑为特征，直到宋金时期，才产生杂剧的雏形，之后杂剧逐渐发达起来。但是，毫无例外，中外戏剧的诞生，都与敬奉神祇的祭祀有关，比如战国时期楚国屈原的《东皇太一》，应为原始的祭祀歌舞剧的唱词。在长期上演娱神戏剧的背景下，人间娱乐的需求萌发了，于是逐渐产生了戏剧因子，诸如上述之角抵戏、参军戏，等等。

宋代地域虽小，但朝政宽松，经济发达，文人自由，文化成就比肩唐朝。宫廷画家张择端的《清明上河图》，描绘了东京汴梁（今河南开封）的生活图景，士民熙熙攘攘，穿梭于街肆之间，一幅升平景象。北宋亡，徽宗、钦宗二帝被金军北掳而去，孟元老著《东京梦华录》，详细记录东京汴梁的繁华景象，寄寓对旧朝的无限眷恋，堪称书卷里的《清明上河图》。其《序》云：

正当辇毂（京城）之下，太平日久，人物繁阜。垂髫之童，但习鼓舞；斑白之老，不识干戈。时节相次，各有观赏。灯宵月夕，雪际花时，乞巧登高，教池游苑。举目则青楼画阁，绣户珠帘。雕车竞驻于天街，宝马争驰于御路。金翠耀目，罗绮飘香。新声巧笑于柳陌花衢，按管调弦于茶房酒肆。八荒争凑，万国咸通。集四海之奇珍，皆归市易；会寰区之异味，悉在庖厨。花光满路，何限满路？箫鼓喧空，几家夜宴？伎巧则惊人眼目，奢侈则长人精神。

序中所描写的，是宋都汴梁一派升平歌舞的气象，举凡城建街市、店铺商行、吃食燕饮、节令歌舞，无不详细记述，看了眼花缭乱，目不暇接。其中最与升平气象相关的是宫廷教坊、勾栏瓦肆、男女乐工、伎艺呈演，名曰大曲、法曲、哑杂剧等，几乎是天天歌舞，夜夜笙歌，热闹非凡。金人攻破汴梁时，掳掠其中工匠乐手，填塞其中都（今北京）及河东地区。之后，干脆迁都汴京（今河南开封），歌舞杂剧，一如前朝。综合而言，宋代戏剧称“宋杂剧”，金代戏剧称“金院本”，后人则将宋代与金代的初级戏剧统称“宋金杂剧”。

宋金杂剧还不是严格意义上的杂剧。但是,宋杂剧中歌舞场面浩大的大曲、法曲,滑稽调笑的《眼药酸》(今有宋人绘画留存),金院本中的《老孤遣旦》《都下家门》等,各以独立的形式演出,分别以曲调、角色、故事等,做了杂剧成熟前的准备;特别是刊刻于山西的金代诸宫调《刘知远》和发生在山西的董解元著《西厢记》诸宫调留存至今,是最接近于元杂剧的戏剧形式。所以,民国初年大学者王国维在《宋元戏曲考》中说:“唐代仅有歌舞剧及滑稽剧,至宋金二代而始有纯粹演故事之剧。故虽谓真正的戏剧起于宋代,无不可也。然宋金演剧之结构虽略如上,而其本则无一存。故当日已有代言体之戏剧否,已不可知。而真正之戏剧,不能不从元杂剧始也。”

北宋,开封、洛阳是文化中心,勾栏瓦肆里,酝酿了丰富的戏剧因素。因而,开封周边的演剧氛围极为浓厚,太行山南麓的温县、偃师近年有戏曲文物出土。山西泽州的艺人孔三传,北宋初年在汴梁的勾栏瓦肆里说唱。据传,他最初创造了诸宫调,是北宋艺人中至今称颂的杰出代表。流传至今的《刘知远》《西厢记》《开元天宝遗事》三部诸宫调剧本,都与他有关系。金代初年,与宋杂剧密切相关的金院本,盛行于河南和山西的晋南一带。晋南的稷山、新绛、侯马、垣曲等地,陆续有金代墓葬戏剧砖雕出土。因此可以实证,河东与汴京、洛阳相邻,古往今来是一个文化圈,山西元杂剧的兴盛,得益于宋金杂剧的滋养,根本上是得益于这种天然接近的地理环境。

三、从关汉卿到郑光祖：独领风骚的山西元杂剧

元杂剧是元代最有代表性的文学样式。从元代肇建，杂剧立即进入大盛时期。元代末年，钟嗣成编著《录鬼簿》，是古代第一部为中国戏曲家立传的书籍，记录元代有名或佚名的元杂剧作家51人，杂剧名400余个，其中最显赫的关汉卿、白朴、马致远、杨显之等，都是金元之际人物。说明金代末年，杂剧的剧本和演出形式，或已达到相对成熟的程度。

如前所述，元杂剧的形式，基本上是“一本四折”。“折”，就是演员将作家的杂剧本子按照剧情折好，一剧四折，每折之上，有相关的宫调、曲牌、唱词，以及念白的提示，甚至有念白的内容。演员持此，便于排演，以备忘却时使用。长此以往，元杂剧的剧本形式，即固定地称为一本四折。如若有过渡性内容，即称为“楔子”，插入四折中相应的地方。一般而言，一个剧本，只有一个楔子。若剧本内容太长，即按照一本四折的形式相加，演绎下去，如王实甫的《西厢记》，有五本二十一折，杨景贤的《西游记》，有六本二十四折，属于极少数内容超长的元杂剧剧本。

元杂剧的剧名，也有固定格式，是放在剧末的，称“题目”和“正名”，各为二句，如山西人罗贯中的《龙虎风云会》，其题目

是“伏降四国咨谋议，雪夜亲临赵普第”；正名是“君相当时一梦中，今朝龙虎风云会”。剧本的名字，一般是正名的末一句，故而此剧的剧名是《龙虎风云会》，也称《赵太祖龙虎风云会》。

元杂剧在元代初年迅速昌盛起来，主要是得到宋金杂剧的滋养，也得益于元代比较宽松的社会人文环境。此外，元代是蒙古族统治下的王朝，汉族文人多半社会地位很低，当时有“九儒十丐”的说法。所以，沉积下僚或仕进无路的文人，即转而进入杂剧创作领域。他们将宋金杂剧流传下来的故事加以改编，故事完整，情节曲折，加入教化等主题，广泛上演，有所谓神仙道化、隐居乐道、披袍秉笏、忠臣烈士、孝义廉洁、烟花粉黛、悲欢离合等类型，于是，元杂剧兴盛起来了。

元杂剧的兴盛，主要在元代前期，国都大都、河东平阳、真定等北方城市是其中心。元代疆域辽阔，山西的战略地位下降，但是，经济地位不断上升，故而文化持续发达。列数山西的元杂剧作家，有大同的吴昌龄，隩州（今偏关）的白朴，太原的刘唐卿、乔吉、罗贯中，平阳的石君宝、李行道、狄君厚、于伯渊、李寿卿、孔文卿、郑光祖，解州的关汉卿，共 13 人，整个元代作家留名者为 51 人，山西人占四分之一强，这在全国各省的元杂剧作家里，应该是独占鳌头了。另有统计，元杂剧作家有名有姓的 51 人，其留存杂剧为 118 种，山西籍作家共有 45 种，占 38%，占比更高。其中，元代杂剧家产量最大的是关汉卿，是元杂剧作家的代表性人物。他应该主要活动在大都（今北京市），故《录鬼簿》也称他是大都人。元杂剧作家，有两个"元曲四大家"之说，一共包含5人，关汉卿、白朴、郑光祖3位是山西人，另外两位是马致远、王实甫。由此种种判断，足以见出山西元杂剧作家在元代独步天下的影响力。他们活跃在元代大都、平阳、杭州等杂剧兴盛的地方，成为耀眼的戏剧界明星。

关汉卿是元杂剧的魁首，他有一支散曲《正宫·一枝花·不伏老》，自承说："我是个普天下郎君领袖，盖世界浪子班头。""我也会围棋，会蹴鞠，会打围，会插科，会歌舞，会吹弹，会咽作，会吟诗，会双陆。"如此这般，混迹于市民生活之中的杂剧作家，养成无所畏惧的性格，所以说："我却是蒸不烂、煮不熟、捶不扁、炒不爆、响当当一粒铜豌豆。"于是，关汉卿创作数十种杂剧，今仍存18种，有三国故事《西蜀梦》《单刀赴会》，有唐代故事《单鞭夺槊》《裴度还带》，有风尘剧《拜月亭》《救风尘》，有五代故事《哭存孝》，有包公戏《鲁斋郎》，而最了不起的是《感天动地窦娥冤》，是当今妇孺皆知的元杂剧。关汉卿的杂剧情节离奇、曲词或慷慨，或缠绵，内容最多的是描写河东大地上的历史故事，再现发生在山西的英雄人物，体现出他对山西史事的熟稔和热爱，也切合他慷慨激昂的个性。20世纪60年代，关汉卿被评为世界文化名人，是我国超越国界、走向世界的近千年之前的大戏剧家。

关汉卿之外，白朴的《梧桐雨》写唐玄宗还都之后对杨玉环的思念，惊艳了数百年；石君宝的《秋胡戏妻》写汉代秋胡从军归来，与其妻巧遇后的性格冲突，曲折离奇；郑光祖人称郑老先生，是元代晚期活跃于杭州一带的戏剧界领袖。其《倩女离魂》写女子灵魂出窍的奇异经历，魔幻而真实；狄君厚的《介子推》写晋国名臣介子推不慕功名富贵，归隐介山的孤介性格，是万代不易的题材；李行道的《灰阑记》写包公破案的智慧故事，在20世纪前半叶，德国剧作家布莱希特采用其故事情节，写成《高加索灰阑记》，成为中西戏剧交融的典型剧本。吴昌龄著有《西游记》，是最早将西游故事编辑为杂剧的。值得注意的是，这部《西游记》的唱词和唱曲，还部分保存在古代戏剧集《缀白裘》中，因此集存有曲谱，我们可以借此一窥元杂剧雄浑的唱腔，弥足珍贵。纵观山西元杂剧作家的剧本内容，多是取材于宋杂剧、院本，或直接取材于历史故事，涵盖了元末贾仲明所列元杂剧的大部分类型，表现出宽泛的内容、开阔的思路、卓越的表现艺术，而有关山西的内容当然是元杂剧中最多的。近800年前，山西籍的元杂剧作家群通过元杂剧这种新兴起来的戏剧形式，令山西故事走出山西，对后世产生深远的影响，从中可以看出山西文化在元代其省特别显赫的地位。

四、歌舞千年：山西古戏台掠影

在中国著名的县——山西省洪洞县的霍山下，有一座古老的佛寺，名广胜寺。广胜寺有三大国宝——金代《赵城金藏》，元代戏曲壁画，明代琉璃飞虹塔。其中的戏曲壁画，是元代杂剧演出的真实记录，国内唯一，珍贵异常。壁画绘于广胜寺下寺的明应王殿，位于殿内南壁上，对应正面的水神明应王，从而知道所绘壁画是一年一度祭祀水神演出的记录。壁画的中央，是剧班成员们列队演出前亮台谢神的场面，共 11 人，7 男 4 女，分两排站立，穿着华丽。前排 5 人是演员，后排 4 人是乐队和杂役，持大鼓、笛、拍板等。后台有帐额，帐顶横书“尧都见爱大行散乐忠都秀在此作场”，并记演出时间为元泰定元年四月日，就是公元 1324 年农历四月的某一天。从题字知道，画面前排中间持笏板的演员，就是核心演员“忠都秀”，应该是当时驰名尧都的戏剧明星，故称“见爱”。其中的“散乐”，是杂剧的别称。“大行”之义学术界尚不能确切知悉，或是戏班子的名称，也或是地域的代称。

广胜寺的元杂剧演出壁画，是中国古代伟大的戏曲演出传统的形象记录，是中国珍贵的戏曲文物。

所谓戏曲文物，主要是戏曲演出的实物遗存，其中的核心是古代戏台。20 世纪 20 年代，清华大学学者、山西万泉县（今属万荣县）人卫聚贤率先研究了本县的古戏台。到 20 世纪 80 年代初，山西师范大学黄竹三先生组织本校老师开始有计划地考察山西乃至全国的戏曲文物，从而建立戏曲文物研究学科，从此，为中国戏剧史研究开辟出一条崭新的路径。

从已知的研究成果看，山西是目前发现古戏台最多的省份，存量超过 4000 座，山西现有行政村约 28000 个，大约每 7 个行政村还存在一座古戏台。事实上，在 1911 年以前，山西的每一个村庄，都有一个以上的戏台。如此密集的古戏台存量，清楚地说明，戏曲很早就存在于城乡之间，戏曲被先民们热烈地追捧着，在古代的山西，戏曲的上演极为普遍。

中国的戏剧，在宋金之前是各种相关艺术的混合体，其演出之始，并无固定的场地，称作“撂地作场”，一如我们当今还能看到的打把式卖艺，卖艺者吆喝一声，耍一趟拳脚，打开场地，即行表演。其表演形式或称为“打野呵”，表演者则称为“路歧人”。此时，观众的观看是平视，很不方便，而且因为有了比较固定的演出团体，于是，有了“搭台唱戏”的需求。此时的“台”，只是平地起台，台上并无其他设施，故一般称作“露台”。后来，在露台之上，立柱搭棚，挡风避雨，使演出不受天气影响，就是现在看到的古戏台的雏形。从撂地作场，到戏台的形成，经历了上千年的历程。比如露台，在《汉书》里即有记载。因而知道，戏台的诞生，是一个从简陋到繁复的极为漫长的历程，反映出观众观赏要求的提高，也是演出活动逐渐复杂、成熟的过程。当然，戏台的演变，在宫廷、城市、农村，其演变形式、程度和速度是不一样的，宫廷的演出场所肯定比较早地实现了固定，我们在敦煌的壁画里可以清晰地看出来；城市大众的观演场所，早先是《东京梦华录》里所言的

“勾栏瓦肆”，固定与否要看演出是否长久；至于农村的演出，主要与节日里酬神相关，故而戏台的出现可能较城市要早一些。据宋代碑刻记载，早在宋代初年，山西万泉的后土庙，就出现了成熟的戏台，那时候称作“乐楼”“舞厅”“乐厅”等，到元代，今运城盐湖区的碑刻里，出现了“戏台”的名称。

中国现存最古老的戏台，是金元时期的遗存，今有10余座，全部在山西，主要散布在山西中南部的临汾、长治、晋城等地。如今，临汾市尧都区西北25千米处的魏村，有一座元代古戏台，建在村北岗上的牛王庙内。牛王庙正名为“广禅侯庙”，传说是宋真宗所赐封。戏台正对大殿，台、殿之间献亭，是祭祀三王（牛王、马王、药王）的地方。这座戏台，元代称“乐厅”，台基高1.2米，正如古代露台的一般高度。台面呈正方形，长宽各约10.8米。台上建单檐九脊歇山顶建筑，显得极为华丽壮观。建筑的四柱是石制方棱柱，角柱上设雀替大斗拱，斗上横架四根大横梁，从而形成较大的演出空间。空间分前后场地，前台表演，后台做化妆等准备。因不设东西山墙，观众可以三面观看，这是元代前期戏台的典型样式。值得注意的是，石柱上分别有至元二十年（1283）、至治元年（1321）的石刻记载，尚有捐赠石柱者的姓名。因此知道，至少在元初至元年间，即开始建造了这座戏台，距今已有700余年，历尽沧桑，珍存至今。我们可以想象，戏台建造之前，乡间的演出已然很频繁。观众对演出有了更高的要求，才有戏台的肇始。戏台建成，由乡间众人集资建成，既出于对神的崇拜，也含有对戏曲的热爱。因而，700余年来，这座戏台上演出不曾停止，因而保证了它历经风雨而不倒。从山西留存如此多的金元戏台可以看出，山西乡间是我国杂剧极为繁盛的地方，山西也可称为民间杂剧的起源。当代戏曲文物学的开拓者黄竹三教授说：“金元时期，平阳更是北方文化活动中心，这里戏剧艺术的繁荣是先于大都的。晋南民众性好优戏，元代郭嗣兴《咏临晋》曾描述蒲州的民俗：“‘使令稀婢仆，歌舞盛优倡。’其地每年‘元宵张灯，设火树烟花，鼓吹杂戏’。”可以想见，金元时期，山西南部地区的杂剧演出，不仅早于大都，而且极为频繁，对推动杂剧兴起并走向繁盛贡献极大。

山西的古戏台，从金元到明清、民国，存量极大，是戏台建筑的宝库，它们遍布城乡，曾经美轮美奂的身影或已被破败替代，其深深的内涵，却有很高的研究和欣赏价值。就其形制而言，有四面观戏台、三面观戏台、一面观戏台，反映出观众观赏戏剧的变化历史；有二连台、三连台，看出戏剧上演竞争激烈的对台戏的热闹历史，可以想见观众山呼海啸般的呐喊声；有借助村口门洞建好的戏台，以及在寺庙过厅之间搭建的戏台，戏台下是空洞，便于吸纳声响，增强声响效果；有建在山顶上的戏台，有建在会馆的戏台，还有建在厅堂之间的戏台，从而满足各类观众及各类场合欣赏戏剧的需要。可关注的是，山西宋金以来的墓室里，出土过戏台模型和许多戏俑，最典型的是侯马金墓中的戏台模型和戏俑。它们都是模制的产品，可以广泛镶嵌在墓室之中，从而知悉金代的时候，民间对戏曲演出的痴迷，戏剧爱好者不亚于当今的追星族。长者已逝，还要将戏剧演出的模型带到墓室内，期盼继续观赏。而且，墓室的长砖上还刻着“食养身，戏养神”的俗语，可以看出当时百姓对戏剧功能的深度认识，早已经形成观赏戏剧的信俗。信俗的形成，是大众共同的文化创造，需要很长时间；而且，一旦形成信俗，就有固定性。可以看出，宋金以来的山西戏剧，已经扎根民间，开花结果，成为中国戏剧发展的一片热土。

五、剧种繁多：绵绵不绝的山西戏剧传统

元杂剧是中国文学界的一个高峰，元代产生了大量戏剧名家、戏剧作品，为戏剧的后续发展奠定了坚实基础。元杂剧后，孕育于南宋末期的南戏在明代大放异彩，称为“明传奇”。明传奇的唱腔，就是留存至今的昆山腔，简称“昆腔”。它发源于南宋，成熟于明代中叶。昆腔与余姚腔、弋阳腔、海盐腔并称为明代四大声腔。昆腔在戏曲界而能独占鳌头，具有流丽悠远的特点。明传奇著名者，莫过于汤显祖的《临川四梦》中的《牡丹亭》，讲述女子杜丽娘和才子柳梦梅凄美的爱情故事，使得汤显祖获得极大荣誉，汤显祖被誉为“东方的莎士比亚”。清代康熙年间，洪升的《长生殿》、孔尚任的《桃花扇》，也是明传奇的代表性作品。不过，明

传奇这种戏剧形式发源于南宋，也主要活跃在江南。明代的北方，尤其是明代前期，主要还是演出元代留存的杂剧。乡村里节奏慢，还是红红火火上演着传统戏剧，可惜不能在文学史上留下些许痕迹，故而明代时，山西的戏剧演出比较寂寞。但是，当我们看到山西现存的大量明代戏台，就可以想见戏剧演出从来不曾停歇，乡村照样是戏剧的海洋。

大约在明代中期，昆曲流入山西境内，成为上流社会流传的主要剧种。生于明代末年的傅山先生，在他的《两汉书姓名韵》中记载，15 岁的时候，曾经在太原看过《金门记》的演出，《金门记》是一部记述汉代东方朔的剧本。明代山西的传奇还有榆次王介石的《马卓传奇》，介休宋廷魁的《介山记》，平阳徐昆的《雨花台》，等等。于是，在山西演出的昆剧被称作“晋昆”，这是昆剧在北方占据统治地位的一个侧影。

清代开始，地方戏逐渐兴起，称为“花部”，花，杂也。花部的剧种有秦腔、蒲州梆子、弋阳腔、罗罗腔、二黄调等，均为晚明和清初兴起的民间俗调，也称“乱弹”。它们成长起来后，纷纷进京演出，登上大雅之堂，与长期占统治地位的昆腔形成著名的“花雅之争”。大约在清代乾隆朝末期，以秦腔为主的花部占据了主动地位，雅部开始衰落。这其中，也有山西戏曲的贡献。

历史地看，山西的花部戏曲，主要是源于秦腔。最早受到影响的，是距秦腔故乡极为近便的蒲州，称为“蒲州梆子”。这也是地理因素所决定的。随后，蒲州梆子戏沿着汾河谷地北上，结合当地剧种，逐渐形成山西的中路梆子。之后又越过太原，形成北路梆子。中路梆子又因占据山西政治中心太原的特殊地理位置，得到空前发展，遂称“晋剧”。山西三大梆子与上党盆地的上党梆子，合称山西近代戏曲的“四大梆子”。它们约在清末民初完全成熟，是中国传统戏曲在山西最后绽放的艳丽花朵。

“花部”的兴盛，像极了宋金杂剧趋向元杂剧的兴盛。四大梆子是基于大量民间俗戏的涓涓细流而汇成四条大河的。据《山西戏曲志》统计，20世纪中叶，山西的地方戏剧种超过60个品种，这在全国各省份中是首屈一指的。这些大大小小、林林总总的戏剧品种，受制于山西境内的多山、多盆地的地理特点，诞生在山西曲曲折折的大山里，或山岳环绕的小盆地里，腔调各异，既有区别，也互相感染渗透，它们有晋北、吕梁的道情，雁北地区的赛戏，雁门关南部的秧歌，太原地区的莲花落子，太谷的秧歌，上党地区的队戏和落子，晋中和临汾的皮影戏，河东的眉户戏，翼城的目连戏，晋南的锣鼓杂戏，万荣的青戏，真是繁花似锦。这是四大梆子最终形成大戏种的民间基础，是中国戏剧发展的不绝之源。值得一提的是，有的剧种源头极其久远。有学者根据长治地区所存的《迎神赛社礼节传簿》，认为长治地区的迎神赛社戏剧活动最早的源头或在元明时期；曲沃任庄的《扇鼓神谱》则是北方傩戏的活化石，也属于戏曲文物的范畴，它们均有极高的研究价值。

清代以来山西的地方戏曲，其剧目基本上来自元明时期的剧本，或来源于历史故事，称为“折子戏”。所以，以晋剧为代表的山西地方戏，突出的特点，不是剧本，而是上演；是明星演员，而非剧作家。这是近代山西戏曲给人印象特别深刻的地方。上演的关键是角色。每个剧种都有许许多多的戏班子，各班都要有自己的名角才能立足而不败，如蒲州梆子的名角有侯俊山，艺名“十三旦”；而郭宝臣，被颂为“优界人杰”，是晚清“艺界八杰”之一；中路梆子的名角有“天贵旦”王春元、须生大王丁果仙，北路梆子的名角有须生“老十三红”曹光明、“十六红”吴占元、“十八红”马金虎、“小电灯”贾桂林；上党梆子的名角有“宫调泰斗”赵清海、“两头红”刘雅斗。名角太多，难以计数。他们都是大戏班的台柱子，是各个剧种兴盛的保证；他们各有拿手的绝活、代表性的剧目，一旦演出，剧场前人山人海。他们的杰出表现，是对宋元以来光辉戏剧传统的续写。

中国的戏剧传播，有着深远的脉络，宋金杂剧的城乡互动，元杂剧的南渡，南戏向传奇的演变，四大声腔向北方的蔓延，都是戏剧史上长久的话题，同时，山西的剧作家和名角们无不参与其中，展现他们杰出的文采，曼妙的身影。最值得关注的一段戏剧史是清代至民国，山西戏剧伴随着晋商游走九州。晋商会馆建立在全国各地。会馆是商人汇聚的地方，因为汇聚，不免有娱乐，而最能解乡愁的莫过于家乡的戏剧。于是，会馆里无不有关庙，关庙对面，无不有戏台。时至今日，江苏苏州、山东聊城、河南社旗等地的晋商会馆，尚有古戏台屹立其中。游人徘徊于此，观赏戏台前的对联，不免想到数百年之间，山西的梆子戏在这里频频上演。于是，山西的戏剧，与当地的观众、当地的文化实现交融，成为齐鲁文化、燕赵文化、荆楚文化、吴越文化、南粤文化的一部分，晋剧的声腔，杂交了当地文化的因子。中华九州的地理，与河之东、山之西的文化，在戏剧演出的漫长历史中，有了如水浸洇般的交流，展示出山西古人长久以来开放包容的心胸，雍容大度的文化情怀。

山西的戏剧，在抗日战争、解放战争时期，发挥了鼓舞人民、打击敌人的巨大作用，忠实践行了文艺为人民服务的宗旨，焕发了古老戏剧的生命力。而且，从山西晋中的戏曲演出队伍中，走出一个伟大的演员，她就是当代中国最耀眼、知名度最高的明星郭兰英。当我们关注山西这块热土时，一定会想到郭兰英，而郭兰英成长的历史地理环境，正是占据中国北方要塞山西。在这里，孕育了伟大而久远的戏剧艺术传统，近千年之间，诞生了闪耀世界的剧作家关汉卿、白朴、郑光祖以及郭兰英等著名戏剧艺术家，体现出山西在中国戏剧史上的重大贡献。

作者简介

张继红，男，山西原平人，编审，政府津贴专家，硕士生导师，研究方向为中国古代戏剧史、山西历史文化。

第十四讲　晋通天下：晋商兴起的地理背景与历史贡献

李广洁

一、晋商兴起的历史地理背景

晋商的历史渊源颇早。公元前 8 世纪，春秋早期时，河东的池盐已经在商品交换中充当重要角色，地处淮河流域的楚国已经开始食用河东盐。公元前 585 年，晋国准备迁都，在晋南物色合适的建都地点。许多人建议把河东盐池西北的“郇瑕之地”作为新都城，说这里靠近盐池，有盐利可资。但韩献子等大臣持反对意见：“夫山、泽、林、鹽，国之宝也。国饶则民骄佚，近宝公室乃贫，不可谓乐。”他们担心靠近盐池，百姓会舍本逐末，以盐池之利崛起的商人势力对国家的统治不利，于是把国都迁到了新田（今侯马市）。战国初期的猗顿因为从事畜牧业和经销河东之盐，成为富比王侯的大商人，是先秦时期山西商人的代表。

秦汉时期，山西的地理位置特殊，北部处于农牧过渡带。出于生活的需要，汉民族和游牧民族在边境地区开始了物品交易，这在西汉初年已有端倪。匈奴“尚贪乐关市，嗜汉财物；汉亦关市不绝，以中其意”。西晋末年，雁门繁畤（今浑源县西）人莫含，家世货殖，赀累巨万。其宅院建在桑干河之南，世称莫含壁、莫回城（今应县三门城一带），这是1700年前的“晋商大院”。北魏时，蒲州一带多商贾，百姓罕事农桑。山西北部作为边塞重地，长期有军队驻防，军粮供应问题一直是一大难题。北宋庆历、嘉祐年间，范祥在河东进行盐政改革，实行“钞引法”，将官营、官运食盐改由商人交钱领钞券，凭钞券到河东盐池领盐，运到有关地区自行销售。就是给商人提供食盐销售的特许，以解决当时巨大的边防开支。据《宋史·食货志》记载，范祥的“钞引法”实行后，可助边费十分之八。盐政改革后每年可节省数百万缗的运输费用，而且增加了国家财政的收入，自然也催生了一批从河东盐池起家的山西商人。

明朝初年，退居漠北的元朝残余势力伺机南下，成为明代的严重边患。明朝统治者在东起鸭绿江、西抵嘉峪关的北部边防线上相继设立了辽东、宣府、蓟州、大同、太原、延绥、宁夏、固原、甘肃九个边防重镇，史称“九边重镇”。明朝在长城沿线驻扎了庞大的军队，形成了北方临边地区的巨大军事消费区。当时政府为了解决长城沿线驻军的军粮运输问题，借鉴宋代的“钞引法”，实施“开中法”。军队守边，商人供饷，以盐为中介，故曰“开中”。就是把食盐的专卖权授予商人，条件是由商人承担运粮任务，由此产生了不少粮商、盐商。山西紧邻蒙古草原，其北边驻守的军队较多。在九边重镇中山西有两处——驻防大同的大同镇和驻防偏关的山西镇，临近山西的有宣府镇、延绥镇。山西二镇、近山西二镇共驻兵36万，占到九镇的40%。“开中法”首先在大同镇实行，山西南部的河东又是传统的产盐地，在这样的背景下，晋商应运而起。当时商人通过“开中法”所获得的利润为每引六钱银子，如果手中握有一万盐引，则可获得六千两银子，利润可观。晋商经营的主要是河东盐、长芦盐、淮盐，其起步阶段的活动范围是黄河上下、大江南北，很快就在南北贸易中占据了重要地位。

由于得天独厚的资源优势和地理优势，明代的晋商主要是今运城、临汾、晋城、长治地区的商人，他们充分发挥了运城的食盐、粮食，上党的丝绸、铁器的商业价值。最出名的要数蒲州的王家和张家。明代重臣王崇古和张四维，都是出身于蒲州的盐商世家。王家和张家联姻，王崇古是张四维的舅舅。他们两家联合起来，成为富可敌国的大商户。作为朝廷重臣，张四维和王崇古共同促成了明代政府国策的改变。北部边疆贸易的开放，促进了更大范围的商业经营活动。史称：“边境休息，东起延永，西抵嘉峪七镇，数千里军民乐业，不用兵革，岁省费什七。”晋北大同一带的商人在晋南商人之后崛起。到了清代，山西中部的晋商开始崛起。

明清时期，中国有十大商帮，包括山西晋商、广东粤商、安徽徽商、福建闽商、浙江浙商、山东鲁商等，其中以晋商实力最强。晋商把山西富有的盐、铁、麦、棉、旱烟等特产销售到全国各地，又把南方的丝绸、茶、米转销漠北、西北及俄罗斯、日本等地。至清乾隆、嘉庆时期发展到鼎盛。

二、晋商的历史贡献

兴于明、盛于清的晋商，纵横欧亚，连通南北，驰骋商场500年，其影响是巨大的，贡献是多方面的，粗略梳理，有20个方面。

第一，促进了一些城市的兴起、繁荣。明代中叶，一部分山西盐商南下发展，开始在富庶的江南地区定居，与南方人一道经营两淮盐业。万历年间，蒲州的盐商在扬州已经形成了很大影响。清初，平阳亢家富极一时，人称“亢百万”。亢家在扬州建筑“亢园”（即著名的瘦西湖的前身），“长里许，自头敌台起，至四敌台止，临河造屋一百间”。明清时期扬州的繁荣，有晋商的贡献。乾隆初年，乔家在西脑包（今包头）开设了第一个商号“复盛公”，后来不断扩展，几乎垄断了包头的商业和金融业。在晋商的带动下，包头店铺林立，不到50年，人口就增长了10倍，达到3000人。老包头的城垣，几乎就是环绕着乔家商号的商业网络而筑起的，故有民谣曰：“先有复盛公，后有包头城。”晋商在清代对整个蒙区的经济发展都有贡献。由山西商人开办的商号，其活动范围包括了内蒙古各盟旗和外蒙古喀尔喀四部。河北的张家口，也是因晋商的到来开始繁荣的。从张家口经库伦到恰克图的贸易，基本上由晋商垄断。张家口的上堡、下堡是城市发展的基础。下堡为张家口最老、最富庶的地区，当时晋商的住宅和票号都集中在这里。乾隆年间，山西商人进入青海，深入藏区开展贸易，促进了西宁城的发展。到光绪后期，西宁城的山陕商人已有上千人之多；民国时期更为兴盛，当地有“山陕客娃半山城”之说。古都咸阳在元末战火中荡然无存。明洪武元年（1368），临晋县（今属临猗县）王申村的李家在渭水古渡口附近的东明街开设新兴油店。翌年六月，咸阳县丞在李家的新兴油店主持咸阳新城的奠基礼，故当地民谚云：“先有新兴油店，后有咸阳县。”辽宁的朝阳城也是如此。当年太谷县曹家先设立商号“三泰号”，经营客栈、当铺、烧锅，才促进了朝阳城的发展。

第二，开创了中国近代金融汇兑业务。明清时期，山西商人为适应商业发展的需要，由商业向金融业发展。明万历年间，晋商刘家的“永德泰”钱庄在汾城县（今襄汾县汾城镇）创立，标志着中国近代汇兑业务的开始。道光三年（1823），“日升昌”票号在平遥成立，进一步强化了晋商在汇兑业务上的优势。咸丰、同治时期，山西的钱庄、票号几乎垄断了全国的汇兑业务。当时晋中的票号主要控制东北、蒙古、俄罗斯一带的生意，而晋南的平阳钱庄则称雄于京师、中原、江浙、西南、西北及东南亚一带，“北号（票号）南庄（钱庄）”两大晋商劲旅“汇通天下”。

第三，逐步建立了中国近代企业制度。晋商在长期的经商过程中建立了一套比较完善的企业制度，在清代的十大商帮中，只有晋商做到了这一点。这些制度中最重要的是股份制，晋商在嘉庆、道光年间开始采用股份制，后来的票号都采用了股份制。晋商当年的股份制已经初步具备了现代股份制的三个基本特点：股权多元化、一个控股的大股东、所有权与管理权分离。晋商实行“用乡不用亲”，即人们常说的不用“三爷”——少爷、姑爷、舅爷，这就把家族式管理转变为制度化管理。晋商还采用了独特的激励机制——身股制，即员工可以以身股参加企业分红。这种制度保证了员工利益与企业利益一致，激励员工的工作积极性。

第四，优化各地的市场经营秩序。明清时期各地的晋商会馆，承担着规范市场经营秩序的职责。如河南社旗山陕会馆中保存着三通碑刻。立于雍正二年（1724）的《同行商贾公议戥秤定规概》碑，制约不法商家在秤上面做文章、坑害顾客，杜绝缺斤短两之弊。立于乾隆五十年（1785）的《公议杂货行规》碑，内容涉及不得搞虚假包装、不得卖劣质产品、不得诱惑顾客、不得打价格战、不得冒用别人的招牌做生意等。这些经全镇的杂货商家集体讨论制定的商业道德规范“十八不准”，是18世纪的工商管理条例，具有强制性。立于道光二十三年（1843）的《过载行差务》碑，是赊旗镇的过载行为了抵制官府“屡经加增”的摊派而定的合约。当时刻立这几块碑刻的目的，是为了规范商家行为、优化市场经营秩序。有关的会议都由晋商牵头，在山陕会馆中召开，说明山陕会馆实际上具有赊旗商会的作用，山陕会馆在一定程度上承担了市场管理的职能。乾隆年间，由于易州的牙行作梗，致使北京的烟行长期无法正常交易，在河东烟行会馆的交涉下，问题得以解决。嘉庆年间，在河南洛阳的潞泽商人，以潞泽会馆为依托，与当地税收部门交涉，要求减少梭布税收。晋商会馆在维护同乡商人利益的同时，所在地的同行业商人都有所受益。

第五，输出了山西的建筑文化。从明代中期开始，晋商逐渐在各地建立了很多会馆，以叙乡谊，以通商情。明清时期，全国的晋商会馆为数众多。最西到新疆，最南到云南，都有晋商会馆。清代，晋商在北京设立的会馆有近 40 座。现在全国尚存的晋商会馆有近 50 座，而保存完好的大约有 30 座。晋商在外地建造山西会馆时，有些建筑材料，如琉璃瓦等大多是从山西运去的。有不少建筑工匠也来自山西，如建造山东聊城山陕会馆的工匠就来自汾阳府。山西商人在输出货物的同时，也在我国城市建筑发展方面做出了贡献。河南社旗县的山陕会馆，在我国古建筑史上占有很高的地位。在全国现存的 80 多座会馆建筑中，社旗县的山陕会馆规模最大，建筑最精美，被专家们誉为“天下第一会馆”。苏州的全晋会馆，占地面积 6000 平方米，分为东、中、西三路，建筑宏伟，精雕细刻，飞金涌碧，具有鲜明的山西建筑特色。

第六，开创了许多有影响的老字号。临汾的赵家兄弟于明朝正统元年（1436）创办的北京著名老字号“六必居”，距今已有近600年的历史。北京至今留有招牌的老字号“都一处”“红星二锅头（‘源昇号’）”等是临汾、浮山等地的晋商首创和经营的。明清时期，北京的油盐酒店，多为襄陵人经营，北京的布行多为翼城人经营。晋商姜赞堂（今襄汾人）在前门外开的“敬记纸庄”，是北京最早经销平阳麻纸和西洋纸张的店铺，其业务联通海外诸国，一度占领全国纸业的半壁江山。在西北地区，临晋县王申村的李家在渭水古渡口附近的东明街开设新兴油店。明代的咸阳城，依油而建，因油而辉煌。李家的新兴油店因地处丝路要冲，生意兴隆，商贾云集，成为咸阳的商业中心，故有“金东街，银南街”之说。鼎盛时期，新兴油店每年转售晋南的清油高达千万斤（1斤为500克）。新兴油店是地道的老字号，被誉为“中国清油业第一家”。到清代后期，王申村李家开设的“新泰和”绸缎庄，名列西安各大字号之首。

第七，促进了中国白酒业的发展。在清代流传一句俗语——“会做山西酒，腰无分文天下走”。这不只是一句民间流传的俗语，也是山西汾酒在国内广为传播的真实写照。近年，李长清先生的《饮酒思源：国酒之源“杏花村汾酒”传统酿造工艺大传播》一文，对汾酒在全国的传播进行了系统的研究，有助于我们了解晋商对白酒业发展的贡献。贵州茅台酒与山西汾酒颇有渊源。据民国年间出版的《贵州经济》记载，咸丰以前，“有山西盐商某，来茅台地方，仿照汾酒制法，用小麦为曲药，以高粱为原料，酿造一种烧酒。后经陕西盐商宋某、毛某先后改良制法，以茅台为名，特称曰茅台酒。”在河南赊店，山西商人带着汾酒的酿酒师，开设前店后厂的“永绿美”“永隆通”酒馆，酿制的“赊店汾酒”长销不衰。明洪武年间，有山西酒商移居河南的枣集，用汾酒的酿造技术酿酒。到清代中期酿造技术有所发展，这种酒改称“宋河粮液”。清代康熙初年，山西的汾酒进入湖北，当地将按照汾酒酿造方法酿造的酒称为“汉汾酒”。“汉汾酒”由晋商再传播到湖南湘潭以后，逐渐形成了比较大的市场，在湖南又酿出了“湘汾”。在江苏，乾隆时期有太谷县商人贺氏至双沟（属江苏省泗洪县），用山西汾酒的酿造技艺酿造出香飘十里的“双沟大曲”。辽宁《朝阳县志》记载：“直、鲁人之北来者，皆事耕种不谙经营。朝境之初有商业，自晋人始。晋人悉知蒙族无贵贱，皆嗜酒。边寨所产高粱、莜麦价廉且多。俗传先有三泰号晋人烧锅，后有喇嘛庙。由是直、鲁人之营商者，亦相继而起。”在西北的新疆，当地的清香型白酒“古城大曲”，是乾隆二十二年（1757）由山西汾酒的酿酒师到奇台县建烧锅，才发展成为西北边陲名酒。伴随着晋商的脚步，山西汾酒走向全国，奠定了今天中国白酒业的基本格局。

第八，促进了明清时期的关帝信仰的传播。关帝崇拜是晋商一个独有的现象。籍贯晋南的关帝是晋商心目中诚信、忠义的化身，晋商尊关帝为武财神。各地的晋商会馆都建有关帝庙，各地会馆中最引人注目的建筑往往是关帝庙。河南舞阳北舞渡山西会馆有一块《创建戏楼碑记》，说出了山西商人敬奉关帝的原因：“山左有孔子，道德高于万山，世人重其文也。然有文以为之经，必有武以为之纬。惟我关羽生于山右，仕于汉朝，功略盖天地，神武冠三军，尤可称秉烛达旦，大节垂于史册，洵足媲美孔子，躬当武夫子称。护国佑民，由中达外，至今普天有血气者，莫不尊亲。三晋商贾贸易……夙托神庇，无往不利，思仰答于万一。”有许多会馆，是先有庙后建馆。外地人识别山西会馆，只需看有没有关帝庙。湖北老河口人说山陕会馆：“上会馆赛如金銮殿，下会馆门前铁旗杆。”所谓“赛如金銮殿”，指的就是关帝庙。晋商对关帝信仰的贡献还表现在对关公戏的传播上。各地的晋商会馆都有戏台，每逢关帝诞辰和传统节日，都要演戏酬神、娱乐，所演剧目多与关帝有关。晋商把关帝信仰带到经商之地，促进了关公文化的传播。晋商以关帝的忠义来约束同乡、团结同行。随着晋商的足迹，明清时期的关帝信仰达到前所未有的广度。

第九，促进了明清时期戏曲文化的传播。所有的晋商会馆中，都建有戏台。作为传统戏曲的载体，戏台承载着我国古代多种多样的民俗文化。晋商会馆中的戏台，促进了各地戏曲的发展和繁盛。如苏州的全晋会馆，位于苏州城内张家巷，初建于1765年，重修于

1879 年。整座戏台金碧辉煌，绚丽多彩，是苏州现存古典戏台中最精美的一座。光绪、宣统年间，戏台上以演昆剧为主，民国以后，出现昆剧与京剧并存的局面。现在，全晋会馆已辟为中国昆曲艺术博物馆。乾隆朝之后，在晋商的支持下，山西的梆子戏剧组经常被请到晋商聚集的外埠商号、会馆演出。可以说，晋商走到哪里，山西的梆子戏就唱到哪里，有“商路即戏路”之说。聊城山陕会馆的戏台有墨记：“山西太原府红盛班在此，八月十五日”。“山西泽州府凤台县全盛班，光绪八年十月初六日。”在北方的内蒙古、陕西、宁夏、甘肃、河北、河南、山东等地，山西的晋剧、蒲剧、上党梆子，随着晋商的足迹广为流传。山西的梆子戏与当地的戏剧相结合，还产生了新的剧种，如山东的“枣梆”戏，就是“上党梆子”在山东的演变。

第十，对慈善活动的促进。“以义制利”是晋商的经营准则，许多晋商以诚信起家，以实业富家，以慈善传家。他们虽然家兴业旺，生意昌盛，但大部分晋商并没有改变乐善好施的传统。从清代到民国初年，活跃在黄河上下、大江南北的晋商，足之所至，善之所至。修桥补路，扶危济困，投身公益。晚清时，运城兴办的慈善机构“同善局”“养病所”，主要是由当地的盐商出资。万泉县（今属万荣县）阎景村的晋商李家，善行善举，无所不及，晋、陕、豫、甘、宁诸省人称其为“李善人”。李家为富一方，主动担当社会责任，开展义修池塘、义修公路、义建校舍、义建育婴堂等系列公益活动，改善了当地百姓的生产生活条件。灾荒之年，李家出钱买粮，广设粥棚，接济穷人。民国十七年，晋南大旱，李家赈济河东十几个县每县1000银元。李家在薛店村、阎景村、运城池神庙三处设粥场赈灾，时间长达一年之久。河东各县县长纷纷请求政府表彰李家的善举。榆次的常家，也是一个乐善好施的晋商家族。常家大院里有一座精美的戏楼，就与常家的慈善有关。光绪初年，山西大旱，许多地方粮食绝收，为了帮助乡民度过灾年，常家开始修建戏楼，有意拉长工期，让乡民通过在工地上的劳动，体面地在常家吃饭。这次灾荒持续了三年，常家的戏楼也盖了三年。类似李家、常家这样的慈善之举，在晋商中有很多。

第十一，对中国武术发展的促进。随着晋商经营规模的扩大，运输的货物越来越多，为了保障货物的安全，武装押运的镖局应运而生。镖局的发展，促进了中国传统武术的发展。据有关学者考证，形意拳、心意拳就产生于山西。山西现存拳种有60多种，在晋商比较集中的晋中有近40种。这些拳种的发展与晋商有很大关系，其中有20多种拳术与晋商有直接关系。晋中一带曾流传民谣："王家的枪，戴家的手，左家的弹腿天下走，安家的大弓射出口，大盛魁的镖师不用吼。"

第十二，对教育事业发展的促进。晋商对教育一向重视，明清时期山西出现了许多儒贾并举、义利并存的商人家族。据相关史料记载，高平、翼城、新绛、永济等地的商人为书院、义学捐款助学，或坚持数十年之久，或“平生所积，以仗义散尽”。不少晋商家族都办有自己的私塾以教育子弟，如榆次常家在咸丰、同治、光绪年间办私塾 17 所，创下了家族办学的纪录。常家在清末创办的笃初小学堂，是山西最早的私立新式小学。他们开办的“知耻女学堂”，是山西最早的女子学堂之一。从康熙年间到光绪三十二年（1906）废除科举制度的 200 余年间，常家一门考中秀才、贡生、举人的学子达 170 多人。光绪初年，常家还出资捐助山西官书局刻书。常家不但有“外贸世家”的美名，同时有“教育世家”的美称。各地的晋商，常常在晋商会馆举办义学，造福一方。道光年间，归化（今呼和浩特市）的晋商会馆出资兴办了“四大义学”，为世人称道。甘肃张掖的山西会馆，在民国年间曾经兴办私立学校“三晋小学”。

第十三，对国际贸易的开拓。在对俄国的贸易中，山西商人逐渐开辟了一条通往欧洲的茶叶之路，这就是经由内外蒙古或者新疆，对俄罗斯及欧洲的贸易路线。从福建的武夷山，经江西的九江，湖北的汉口、襄樊，到河南的赊旗、洛阳，北上太行山到山西的泽州、潞安、祁县子洪口，经过太原、雁门关、杀虎口（或经过张家口北上库伦），北上到归化（今呼和浩特）、库伦（今蒙古乌兰巴托）、恰克图，西北经伊尔库茨克、新西伯利亚、莫斯科，最后到彼得堡；或经由库伦、科布多、乌鲁木齐、伊犁、塔尔巴哈台，到今西亚地区。晋商开辟的从福建到莫斯科、彼得堡的万里茶叶之路，

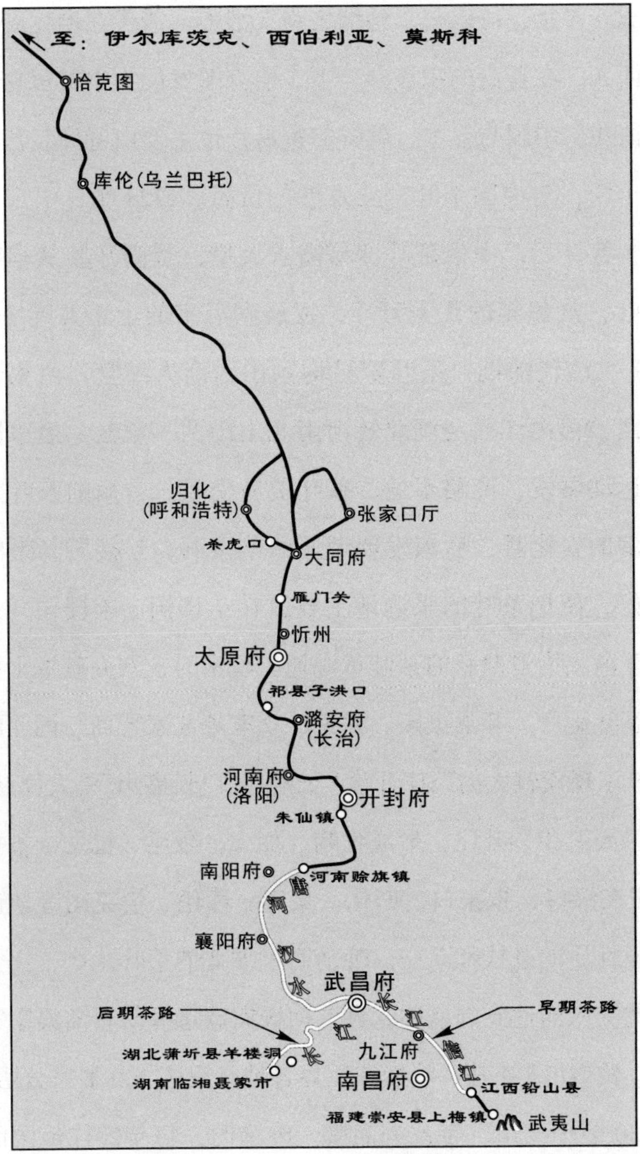
至：伊尔库茨克、西伯利亚、莫斯科
恰克图
库伦(乌兰巴托)
归化
(呼和浩特)
张家口厅
杀虎口
大同府
雁门关
忻州
太原府
祁县子洪口
潞安府
(长治)
河南府
(洛阳)
开封府
朱仙镇
南阳府
河南赊旗镇
唐河
襄阳府
汉水
武昌府
长江
后期茶路
早期茶路
湖北蒲圻县羊楼洞
湖南临湘聂家市
江
长
九江府
南昌府
信江
江西铅山县
福建崇安县上梅镇
武夷山

图 14.1 晋商茶路

繁荣了 200 多年，可以与“丝绸之路”媲美。清代在恰克图经商的都是山西人。在晋商的积极参与下，恰克图发展为中俄贸易的国际商埠。清代，中国与日本、朝鲜的贸易，也主要由晋商经营。

第十四，对中国茶叶产业发展的贡献。1728 年，中俄《恰克图条约》签订后，中俄茶叶贸易需求大增，晋商开始从福建大量购进茶叶，从每年的几十万斤，发展到后来的上千万斤（1 斤为 500 克）。清代前期，茶叶贸易均系山西商人经营，由福建武夷山到江西，再由江西经湖北转河南北上山西、蒙区。后来因为太平天国运动爆发，商路不通，茶叶贸易受阻。晋商的茶叶采购地改到湖南的安化县，后来发现湖北的羊楼洞、羊楼司一带的茶叶质量较好，便把茶叶的采购地主要放在羊楼洞、羊楼司一带，使这一带逐渐成为晋商新的茶叶货源地。晚清时，晋商基本上控制了湖北的茶叶生产。祁县渠家、乔家、李家等 5 家晋商与湖北咸宁县柏墩的 5 家规模较大的茶庄开设“长顺川”“长盛川”“大德诚”“宏源川”“天聚和”茶庄，形成收购、加工、贩运、批发一条龙。这 5 家茶庄在汉口、张家口、归化、集宁、库伦、恰克图等地设有中转和批发性质的茶栈和茶庄。晚清时期湖北的茶叶生产，完全是因为晋商的介入而达到鼎盛的。湖北何氏家族选择与晋商渠家紧密合作开设“长盛川”茶庄，陆续在世界各地开设了 260 多家分店分号，衍生出 50 多个“川”字系列品牌。晚清时，每年销往俄国的茶叶有 700 多万斤，几乎全是由晋商经销。通过晋商的茶叶贸易，中国的茶叶源源不断地进入西亚、欧洲市场，晋商对中国茶文化在海外的传播发挥了积极的作用。

第十五，对中国盐业发展的促进。在唐初，河东盐池出现了“垦畦浇晒”产盐法——在盐湖北边湖岸一侧垦地为畦，然后将湖中卤水引入畦内，利用阳光、风力蒸发晒制成盐。这是盐业生产工艺的重大创新，是产盐技术的重大进步，领先西方国家约1000年。英国科学家李约瑟博士称其为“中国古代科技史的活化石”。自“垦畦浇晒”之法问世后，运城池盐的质量和数量大幅度提高。明弘治年间，河东盐商刘家以运城盐池为依托，将生意一直做到两淮的海盐产区，并且与两淮大盐商阎家和张家联姻，联手称霸大河南北、江淮上下。万历年间，经盐商刘家之手，陆续将数百名盐业生产能手和管理人才从河东输送到两淮盐区，把河东盐池传承久远、完整先进的湖盐“垦畦浇晒”工艺推广到全国海盐产区，催生了海盐工艺的革命，对全面提高盐产量和国家盐税收入做出了贡献。

第十六，对中国丝绸业发展的促进作用。明清两代，是我国丝绸业最为发达的时期。当时著名的八大丝绸产地有苏州、南京、杭州、嘉兴、潞安、成都、广州、福州等。潞安（今长治市）是北方唯一的丝绸主产区。与苏、杭不同的是，潞绸在生产形式上介于专业工场生产与民间分散生产之间。潞绸的机户主要分布在潞州各县，他们在劳动时间的掌握上有较多的自由。由于产品质量好，受到市场欢迎，潞绸的产量猛增。在明代，潞绸为国内三大名绸，是贡品之一。由于产量剧增，潞绸上贡量占其总产量的比例逐渐降低，商品化程度不断增加。到万历年间，潞绸的商品化程度达到高峰，绸庄丝店遍布街巷，机杼之声随处可闻，潞绸生产得到了空前发展，也为潞绸的外运远销提供了无限商机，“潞绸遍宇内”。潞绸不仅行销国内，还远销国外。“贡篚互市外，舟车辐辏者，传输于省、直，流衍于外夷，号利薮。”经过晋商的长途贩运，潞绸成为全国的畅销产品，穿潞绸衣，着潞绸装，成为当时人们的时尚。时人赞誉潞绸“织作纯丽，衣被天下”。潞绸为晋商提供了源源不断、高质量的货源，而晋商的经营活动，使得潞绸畅销海内外，进一步促进了潞绸的发展。

第十七，对中国冶铁发展的促进作用。山西富藏煤、铁，冶铁之业源远流长。明清时期，山西的冶铁业得到了空前的发展。在清代乾隆、嘉庆年间，长治县的荫城镇已发展为全国的铁货集散中心，荫城周围的130多个村庄，家家有铁炉，人人会打铁，铁货行销全国各地，每年的交易额高达1000多万两白银。德国人李希霍芬在山西见识了泽、潞一带的冶铁盛况，十分惊讶。他在所著《中国旅行日记》一书中说：“在欧洲的进口货尚未侵入以前，是有几亿人从凤台县取得铁的供应的。……大阳（今晋城大阳镇）的针，供应这个大国的每一个家庭，并且远销中亚一带。”泽、潞的各种铁器制成后，由铁行贩运到河南的清化镇，然后再转运到全国各地。从泽、潞通往河南的道路上，运输铁货十分繁忙，可谓滚滚铁流，奔向全国。晋商的销售网络，促进了中国冶铁业的大规模发展。

第十八，对数学、珠算、会计等应用科学的贡献。数学、珠算、会计等应用科学与商业活动关系密切，因此明清时期的晋商很重视对它们的研究与实际应用。晋商及晋商子弟在应用科学方面贡献很大。明末清初，晋商实行的“龙门账”就是一套既简单又明确的商业会计方法，对我国会计学的发展有一定贡献。明代汾州（今汾阳市）商人子弟王文素早年随父亲到河北经商。出于经商的需要，他很小就练习打算盘，尤长于算法。他致力算学30年，以一己之力，编著成50万字的《算学宝鉴》，为中国算学史之最，是当时世界最高水平的数学巨著。清代数学家张敦仁（1755—1833），阳城县润城人，出身于商人家庭。他的主要著作有《缉古算经细草》三卷、《开方补记》九卷、《求一算术》三卷，都有较高的价值。

第十九，对中国北部边疆地区经济开发的贡献。晋商是从明代的军粮运输开始起步的。可以说，晋商在起步阶段就对中国北部边疆的开发有了贡献。到了清代，晋商在蒙区的贸易，更是促进了牧区城镇的兴起与发展。库伦的晋商有1600多人，当地称晋商为“西帮商人”。在晋商茶叶贸易最兴盛的时期，每年有7万只骆驼往来于张家口、库伦之间。晋商“大盛魁”商号的经营活动，保证了牧民日常生活用品的质量和及时供应，同时也解决了牧民畜产品的及时销售，所以在牧区很受欢迎。在西北的新疆、青海、宁夏，晋商的商业活动对当地社会经济发展的贡献也不小。在新疆伊宁一带，晋商多为祁县人。在宁夏银川，以晋商为主创建的“敬义泰”“天成西”“百川汇”“隆泰裕”等“银川八大家”，几乎覆盖了银川城内的各个行业。在新疆、青海的一些山西商人甚至能用蒙古语、哈萨克语、维吾尔语同当地居民交流。在东北，晋商人数更多。20世纪30年代，东北的山西商人有数十万。从白山黑水，到天山南北，从蒙古草原，到青藏高原，到处都有晋商活动的身影。在获取利润的同时，他们为中国北部边疆的开发、社会的发展，做出了较大的贡献。

第二十，对中国社会观念改变的促进。中国传统社会“重农轻商”，商人的社会地位一向较低。在明代，出身于河东盐商的朝廷重臣张四维已经明确提出了要从根本上改变重农轻商的观念。到了清代，山西的大部分地区已经改变了“重农轻商”的观念。雍正皇帝在其《朱批谕旨》中批道：“山右大约商贾居首，其次者尤肯力农，再次者谋入营伍，最下者方令读书。”山西晋中地区有重商谚语云：“有儿开商店，强如坐知县”，“良田万顷，不抵日进分文”，“要想富，庄稼带店铺”。随着晋商在全国各地经营活动的开展，全社会逐渐改变了“轻商”的观念。山西人的经商活动还带动了山西周边省份的商业贸易。如嘉庆《涉县志》记载：“西人善贾，涉民慕之，远出逐什一之利，苏杭、关东无不至。”20世纪初，旅居日本的中国近代思想家梁启超说：“鄙人在海外十余年，对于外人批评吾国商业能力，常无辞以对，独至，有历史、有基础、能继续发达之山西商业，鄙人常以自夸于世界人之前。”可见，知识阶层是以晋商为骄傲的。

参考文献

1. 左传 . 北京：中华书局，1990

2. 晋书 . 北京：中华书局，1974

3. 魏书 . 北京：中华书局，1974

4. 梦溪笔谈 . 北京：中华书局，2009

5. 宋史 . 北京：中华书局，1985

6. 明史 . 北京：中华书局，1974

7. 明经世文编 . 北京：中华书局，1962

第十五讲 中流砥柱：山西在抗日战争中的地位和作用

巨文辉

回顾全面抗战的历史，山西对于全国所产生的非凡影响，堪比历史上华夏摇篮、春秋霸业、北朝融合、大唐祖庭和明清晋商几个鼎盛时期。

山西是敌后抗战的战略支点，是抗战文化资源大省，在中国抗战史上具有举足轻重的地位和作用。八路军和山西人民在中国共产党的领导下，前仆后继，英勇奋斗，创造了举世瞩目的辉煌业绩，孕育了不朽的太行精神、吕梁精神。

一、全面抗战开始后山西战略地位的凸显

山西特殊的地理区位，不仅在古代历史上具有重要的战略地

位，在抗战时期的战略地位也举足轻重。毛泽东等中国共产党领导人在抗战前和抗战初期就指出了山西对全国抗战的意义。在 1935 年 12 月召开的瓦窑堡会议上，通过了毛泽东起草的《中央关于军事战略问题的决议》，确定下一步党的军事战略总方针是“把国内战争同民族战争结合起来，准备对日作战力量，扩大红军”。为贯彻这一方针，“第一方面军行动部署之基础，应确定地放在‘打通苏联’与‘巩固扩大现有苏区’这两个任务之上”；“具体步骤即把红军行动与苏区发展的主要方向放在东边的山西和北边的绥远等省去”。1936 年红军东征期间，毛泽东明确提出“经营山西”的战略构想。他指出：“在争取迅速对日作战方针下，第一时期以经营山西为基本战略方针。”“山西的经营是必不可少的，因为没有山西即不能设想同日帝进行大规模作战。”毛泽东在 1936 年从战略高度指出“经营山西”是对日作战的必要条件，后来的八年抗战充分证明了这一战略构想的正确性和预见性。1937 年平津沦陷之后，中国军队必须力保山西。保住山西高原，向东可以下太行威慑平汉铁路、威胁平津；向西可以通过黄河连接陕甘宁根据地，屏护大西北；向北可以通过蒙古草原联络苏联，打通国际援华渠道；向南可以穿越中条山出击豫北，进入中原。1937 年 10 月 23 日，毛泽东在给八路军领导人的电报中指出，八路军在山西的部署是：“游击战争主要应处于敌之翼侧及后方，在山西应分为晋西北、晋东北、晋东南、晋西南四区，向着进入中心城市及要道之敌人，取四面包围袭击之姿势。”王若飞在1937年10月30日出版的《解放》周刊第21期发表《华北游击战争的展开》一文，指出八路军应该在山西抗日前线实施游击战略，给敌人以严重打击。“山西将造成一种特殊的局面，即敌人永远不能完全占领的局面。敌人虽可以凭借其优越武器（飞机、坦克、重炮等）暂时占领若干交通城市，但其他许多城市及山地，将仍在我军手中，并且那些深入山西腹地的军队有随时受我军包围消灭的危险。今天的山西不仅是敌人永久不能完全占领的区域，而且将成为展开华北游击战争的中心，成为华北抗战的中心，成为收复华北失地的根据地。”王若飞在文中提出“坚持山西游击战争，保持山西的战略支点，是目前抗战中的重要任务”。张闻天在1937年11月15日出版的《解放》周刊第25期发表《把山西成为北方游击战争的战略支点》一文，指出太原失守之后，在山西已经开始了广泛的游击战争的新阶段，“共产党在山西的方针，是把山西成为整个北方游击战争的战略支点，用以抵制日寇对西北与中原的前进。共产党要在北方作出一个模范的例子，证明给全国人民看：不论日寇军队的飞机大炮怎样厉害，不论日寇怎样占领了我们的中心城市与交通要道，我们仍然有办法同敌人作战，消耗他、疲惫他、瓦解他、打击他，最后完全驱逐与消灭他”。文章最后提出：“我们相信山西是不会沦亡的，山西将成为北方游击战争的战略支点！”

国民党方面也对山西在全国抗战中的地位有清醒的认识。1938

年 3 月 3 日，蒋介石致电阎锡山："查山西得失，关系全战局至重，且全境皆山，随地可守。希严令所部在晋境，虽一兵一卒不准渡河。违者即希以军令从事。"

二、山西是八路军的故乡

1. 山西是八路军的立足之地

从红五星到青天白日徽的嬗变，是在烽火硝烟中仓促完成的。日军发动全面侵华战争的第二天，中共中央通电全国，号召结成民族统一战线的坚固"长城"，抵抗日本侵略者。在气势汹汹的日本侵略军面前，国民党军队不堪一击，日寇的铁蹄践踏长城内外。天镇县城 2000 余同胞受辱丧命，宁武县城 4800 具无辜的尸体填满了护城河……危难时刻，国共两党达成共识，将红军改编为国民革命军第八路军。在朱德总指挥、彭德怀副总指挥统帅下，未待改编完毕，身着红军军装的八路军第一一五师、第一二〇师、第一二九师就东渡黄河，沿同蒲铁路与溃逃的部分国民党军队逆向而行，奔赴山西前线。八路军总部随军驻节山西。八路军的番号由山西广为传播，山西成为八路军立足和发展的故乡。开国将帅中十大元帅、9 位大将、42 位上将、103 位中将、784 位少将，曾经在这里战斗和生活过。

2. 八路军通过山西抗日民族统一战线的独特形式得以迅速壮大

山西抗日民族统一战线在全国形成最早,也独具一格,太原和临汾一度成为华北抗日救亡运动的中心。抗战爆发前夕，被营救出狱的薄一波掌握了牺盟会的实际领导权，经阎锡山同意，组建了名义上属于阎锡山军队建制，实际上由共产党主导的山西新军。到 1938 年底，山西新军包括山西青年抗敌决死一纵队、二纵队、三纵队、四纵队，工人武装自卫旅，暂编第一师，政治保卫队，政治保卫一支队，政治保卫二支队，共 9 支旅级部队，下属 50 个团，总兵力超过 5 万人，成为扬名敌后抗日根据地的一支重要武装力量。在牺盟会大发展的同时，中共中央与阎锡山协商成立了有共产党、八路军代表参加的第二战区民族革命战争战地总动员委员会（简称“战动总会”），著名的民主革命战士续范亭担任主任委员，邓小平、程子华、彭雪枫、南汉宸等担任要职。战动总会在晋东北、晋西北和绥远、察哈尔动员民众参加八路军，支援抗战，成为全国少有的具有战时政权作用的统一战线组织。

统一战线组织和抗日群众团体不断壮大，各路精英云集山西，形成全民抗战的热潮，党领导的八路军和地方武装力量在山西迅猛发展。牺盟会在各地建立牺盟中心区、县牺盟分会。战动总会在山西 30 个县设立县、区、村动员委员会。各地党组织和牺盟会、动委会相互配合，发动群众，组织群众，成立工、农、青、妇等抗日救国会和儿童团。抗日团体组织群众拆城、破路、站岗、放哨、盘查行人、捕捉汉奸，提供人力物力支援抗战。热血青年踊跃参军参战，“母亲叫儿打东洋，妻子送郎上战场”。一位在晋东北做民运工作的干部回忆说：“在那个时候，谁也不知道动员新战士要怎样去做。那时我们在盂县，就拿着一面锣，在村子里一面敲一面喊‘当兵去哟，当兵打日本，当兵保家乡’……于是老乡们就三五成群地来了。三五天的工夫就集合了四五百人。顶好的方式也不过是召开群众大会，进行宣传。就是这样地搞，部队就成立起来了！”党的全面抗战路线使整个山西沸腾起来。不到一年的时间，八路军主力部队由入晋时的3万人发展到10万人。“十二月事变”后，山西新军正式编入八路军序列。

3. 山西是开拓华北、华东和华中根据地的出发地

1938年4月，遵照中央关于开展平原游击战的指示，八路军以山西各抗日根据地为支点，向周边地区实施大规模战略展开。一二九师主力一部和一一五师主力一部挺进冀南、冀鲁豫边区，开辟冀南、冀鲁豫两个抗日根据地；一二〇师分兵向冀热察、大青山挺进，开辟冀热察、大青山两个抗日根据地。在开赴大青山的八路军队伍中就有太原成成中学全体爱国师生组成的游击队。由山西开来的八路军使敌后抗日游击战争突破以山西为中心的山区，推向广阔的平原，推向整个华北。

1938年底到1939年初，遵照中央巩固华北、发展华中的方针，八路军主力以山西各根据地为支点，进一步实施战略展开。一二〇师主力一部从晋西北挺进冀中，一二九师主力一部从晋东南挺进冀南，一一五师主力从晋西挺进山东，开辟了冀中、山东湖西、鲁西、冀鲁边和鲁南等根据地。在山西的八路军主力两次向外扩展，实现了八路军以山西为立脚点和出发地，开展华北、华东、华中敌后抗战的战略部署，显示出山西在抗战中的重要作用。到抗战胜利前，八路军还有多次向外扩展的经历。如在1944年局部反攻中，晋绥和太行、太岳根据地抽调精干部队挺进河南，开辟新区。从山西开往外埠的八路军主力，多数是从山西入伍的青年，这是山西人民对华北抗战的一大贡献。

三、敌后抗日战略支点在山西的形成

1. 山西是华北敌后抗战指挥中心

全面抗战爆发后，中共中央革命军事委员会副主席周恩来和八路军高级将领陆续来到太原，与阎锡山协商抗战事宜。为了加强对华北抗战的领导，以朱德为总司令、彭德怀为副总司令的八路军（后为十八集团军）总部，以刘少奇为书记、杨尚昆为副书记的中共中央北方局进驻山西。随着华北敌后抗战局面的打开，周恩来、刘少奇、朱德陆续离开山西，但八路军前方总部和中共中央北方局，作为华北敌后抗战的指挥中心和中枢机构，长期驻节山西，领导山西、河北、山东、河南、绥远、察哈尔、热河、北平、天津等地，以及辽宁、江苏、安徽部分地区的敌后抗战，政令所及人口约8000万。八路军三大主力师师部和中共中央晋察冀分局（北方分局）、晋绥分局、太行分局也长期驻节山西，强化了战略支点的作用。

2. 山西是“晋”字号三大战略区的龙头

毛泽东和党中央逐步确立了以山西为战略支点、独立自主地发展华北敌后抗日游击战争、创建敌后抗日根据地、准备同日本侵略者进行长期艰苦斗争的指导思想。太原失守后，在山西以共产党为主体的敌后抗日游击战争，取代国民党军队的正规战争占据主要地位。根据毛泽东电示，八路军兵分4个方向，向山西4个区域挺进。主力部队分成许多地方工作团和游击支队，深入敌后山区，与山西地方党组织一道开辟抗日根据地。在晋东北地区，聂荣臻率一一五师一部，依托五台山和恒山，与赵振声为书记的中共晋察冀省委共同创建晋察冀抗日根据地。在晋西北地区，贺龙、关向应率一二〇师，依托管涔山脉，与赵林为书记的中共晋西北省委共同创建晋西北抗日根据地。在晋东南地区，刘伯承、张浩（后为邓小平）率一二九师及一一五师三四四旅，依托太行、太岳山脉，与李菁玉（后为李雪峰）为书记的中共冀豫晋省委共同创建晋冀豫抗日根据地。在晋西南地区，罗荣桓、陈光率一一五师师部和第三四三旅，依托吕梁山脉，与张友清领导的中共山西省委及王达成领导的中共晋西省委、林枫领导的中共晋西南省委，共同创建晋西南抗日根据地。在山西敌后抗日根据地，抗日军民用血肉之躯筑起了一道道新的长城。随着八路军由晋东北、晋西北、晋西南和晋东南向外辐射，多次展开，在华北敌后形成了“晋”字头三大战略区——晋察冀边区、晋绥边区、晋冀鲁豫边区和山东抗日根据地。

3. 山西创建了第一块敌后抗日根据地

创建敌后抗日根据地对于全党来说都是一个新课题，没有现成的范式，需要在实践中探索前进，其中最基本的问题是政权问题。日寇的炮火吓坏了阎锡山旧政权的一些县长，全省 105 个县中，有 78 个县长“自行告退”，而一批不怕死的牺盟特派员和进步青年却挺身而出，主持县政。借助牺盟会的推荐，具有共产党员秘密身份的宋劭文、薄一波、张文昂、戎伍胜分别出任了全省 7 个行政区中的第一、第三、第五、第六行政区政治主任（后改称督察专员）。他们运用合法权力，改造旧政权，罢免那些不事抗日的旧县长，委派坚决抗日的新县长。全省 105 个县中，70%的县长为共产党员和进步人士担任，抗日的法令畅通无阻，奠定了抗日民主政权建立与完善的基础。1938 年 1 月，晋察冀边区经过军政民各界代表大会民主选举，成立了中国共产党领导的华北敌后第一个省级抗日民主政府——晋察冀边区行政委员会。晋察冀边区被中共中央誉为“敌后模范的抗日根据地及统一战线的模范区”。晋察冀分局书记彭真在延安向中央政治局系统地汇报了晋察冀边区的各项政策和基本经验。毛泽东称赞这个报告是“马克思主义的”，指示整理成《关于晋察冀边区党的工作和具体政策报告》一书，印发中央各部门和全国各抗日民主根据地，号召大家向晋察冀边区学习。

4. 山西是反顽斗争的重心

山西境内，日伪势力、国民党顽固派势力与人民抗日武装犬牙交错，摩擦不断。随着国民党在正面战场节节失利，日本积极诱降国民党政府，国民党出笼了一整套反共策略。与日军秘密勾搭的阎锡山叫喊："不能抬上棺材抗战""天要下雨，赶快准备雨伞"。面对国民党顽固势力逐渐抬头、反共妥协的逆流甚嚣尘上的局势，山西各根据地采取了"坚持抗战，反对投降；坚持团结，反对分裂；坚持进步，反对倒退"的正确方针。正当党领导山西抗日军民与日寇浴血奋战之时，1939 年 12 月，阎锡山指使晋西、晋东南的旧军进攻新军，捣毁牺盟会、抗日政府和抗日群众团体，屠杀共产党员和抗日干部，制造了骇人听闻的"十二月事变"，成为国民党第一次反共高潮中最核心、最严重的事件。在中共中央的直接领导下，山西各根据地党组织和抗日军民自卫反击，打退了旧军、国民党顽固派和日军的夹击。本着有理、有利、有节的斗争策略，中共中央与阎锡山谈判，双方达成协议：在晋西北、晋西南地区，以汾离公路为界，路南为阎军驻防区，路北为八路军驻防区；在晋东南地区，以临屯公路及长治、平顺、磁县一线为界，以南为国民党驻防区，以北为八路军驻防区。在晋西南的八路军、新军撤往晋西北，给阎锡山留下一块地盘，在一定程度上恢复和维持了山西的抗日民族统一战线局面。在抗日和反顽双重斗争中，山西各抗日根据地经受了严峻的考验，变得更加坚强和成熟。

5. 山西是拱卫陕甘宁边区和国统区的战略屏障

关山险隘的山西是延安党中央联系华北、华东、华中和华南各抗日民主根据地的主要通道。进入相持阶段后，日军停止了对正面战场国民党军队的战略进攻，转移其主要兵力打击共产党领导的抗日武装，企图摧毁山西抗日根据地和陕甘宁边区。山西各抗日根据地以广泛的游击战争巍然屹立，钳制西进和南下的日军，减轻了国民党军队的压力，有效地支援了国民党正面战场的作战，保卫了洛阳、西安等国民党统治区。如洛阳、西安有失，则重庆不保。另一方面，保卫了党中央所在地陕甘宁边区，成为延安大本营的战略屏障。抗战期间，日军主力西渡黄河、窜犯延安的图谋始终未能得逞。不仅如此，经济条件相对落后的陕北，得到了山西各敌后抗日根据地（特别是晋西北区）在财力、物力上的大力支持。

四、山西是华北抗战的主战场

1. 山西是全面抗战取得第一个胜利的地方

八路军挺进山西，旗开得胜。1937 年 9 月 25 日，一一五师在平型关伏击日军精锐板垣师团一部，歼敌 1000 余人，击毁汽车 100 余辆，取得了全面抗战以来第一个比较大的胜利，粉碎了“日军不可战胜”的鬼话。为配合忻口会战，一二〇师一部在雁门关打了一个漂亮的伏击战，切断了日军由大同至忻口的补给线；一二九师一部奇袭日军阳明堡飞机场，击毁敌机24架；一二九师主力在七亘村、黄崖底，一一五师一部在广阳接连取得胜利。忻口会战是国共合作的光辉范例，歼敌2万人。第二战区副司令长官卫立煌对周恩来说："八路军把敌人几条后路都截断了，对我们忻口正面作战的部队帮助很大。"蒋介石也致电朱德、彭德怀："贵部林师及张旅，屡建奇功，强寇迭遭重创，深堪嘉慰。"

2. 山西是敌后抗战的主战场

抗战时期，在山西发生的敌我投入兵力分别在5万人以上的战役有3次：忻口会战、百团大战、中条山会战，占华北战场重大战役的五分之三。除中条山会战使国民党中央军蒙受"抗战以来最大之耻辱"外，忻口会战和百团大战都取得了辉煌战绩。以八路军为主的山西敌后战场，更是扎入侵华日军心脏的尖刀。忻口会战后，八路军和友军连续取得神头岭、响堂铺伏击战等战斗的胜利。当日军占领太原、临汾之后，便不得不停下脚步，调集兵力，向山西各抗日根据地发动大规模的多路围攻，以解除后方的严重威胁。山西抗日军民针锋相对地进行了一次次的反围攻作战。晋察冀根据地连续粉碎了日军8路围攻和25路围攻；晋西北根据地粉碎日军6路围攻，收复7座县城；晋西南根据地取得午城大捷等一连串的胜利；晋东南根据地连续粉碎日军6路围攻和两次9路围攻，收复18座县城，其中著名的长乐村之战，歼敌2200余人。根据地在反围攻作战中站稳了脚跟。毛泽东在《论持久战》中指出："在山西，我已三面包围了同蒲路（路之东西两侧及南端），四面包围了太原城"，"我之包围好似如来佛的手掌，它将化成一座横亘宇宙的五行山"，"把法西斯侵略主义者，最后压倒在山底下，永世也不得翻身"。1939年华北日军总兵力占侵华日军总数一半以上，日军将山西作为所谓"治安肃正"作战的重点地区。为粉碎日军"以铁路为柱、公路为链、碉堡为锁"的"囚笼政策"，坚定全国人民抗战必胜的信心，遏制国民党妥协投降逆流，1940年8月，由彭德怀指挥八路军发动了震惊中外的百团大战。百团大战是以正太路破击战为重点，向华北敌占交通线和据点展开大规模的进攻，共毙伤俘日伪军4.6万人。日本的战史称："共军乘其势力的显著增强，突然发动百团大战，给了华北方面军以极大打击。……特别是在山西，其势更猛……"百团大战后，日军确立了以消灭抗日根据地和"扫荡"共产党军为主要作战目标。1941年到1943年是山西敌后抗战极端困难的时期，根据地遭受日军重创，急剧缩小。中流砥柱，赖有群雄。太行区1941年冬季黄崖洞保卫战、1942年5月和1943年5月反"扫荡"作战，太岳区1943年秋季粉碎日军"铁滚大扫荡"，北岳区1941年秋季、1943年春夏和秋冬反"扫荡"作战，晋西北区田家会伏击战、甄家庄歼灭战和"挤敌人"斗争，沉重打击了日军，摆脱了困难局面。山西敌后战场反"扫荡"作战的频率和规模，在敌后战场首屈一指。

3. 山西是多种游击战法的发祥地

山西各地的党组织与八路军密切配合，广泛发动和武装群众，使群众性抗日游击战争的烽火燃遍山西。在对敌作战中，抗日军民创造了麻雀战、地雷战、地道战、破击战、窑洞战、围困战、联防战等形式，使敌人陷入人民战争的汪洋大海。壶关县常行村18个民兵，以窑洞为依托，阻击千余日伪军向太南根据地“扫荡”，激战4昼夜，毙敌56人。沁源围困战历时两年半，延安《解放日报》发表《向沁源军民致敬》的社论，称赞“模范的沁源，坚强不屈的沁源，是太岳抗日民主根据地的一面旗帜，是敌后抗战中的模范典型之一”。伪山西《新民报》1943年载该报随军记者张文心《癸未春太行作战纪评》称：“一向即以狡黠著称之共党军，彼等确有不可漠视之独特战法……共党军其所以几年仍未全灭者，实不能不归功于其特有战法，即彼等得意之游击战。”

4. 山西是战略反攻的基地

在世界反法西斯战争胜利形势的鼓舞下，渡过了严重困难时期的山西各抗日根据地军民，开始了对敌攻势作战。经过1944年的春季攻势、夏季攻势、秋季攻势和1945年的春季攻势、夏季攻势，解放区迅猛扩大，沦陷区日益缩小。山西战场上的日伪军龟缩于大中城市和交通线，处于被动挨打的境地。毛泽东和党中央发出《对日寇的最后一战》指示后，山西各根据地军民发起猛烈的全面反攻，前锋直逼太原、大同，解放了一批批城镇据点和交通要道。仅1945

年的反攻作战，就收复县城31座，解放区的面积已占全省总面积的60%。在党的号召下，各地掀起了支前参战热潮，大批青壮年积极报名参加八路军，广大民兵以县为单位组成反攻营，开赴前线，迎来了抗日战争的伟大胜利。

五、山西为民族独立与解放做出了突出贡献

1. 山西为我党积累了丰富的新民主主义革命经验

民主是抗日根据地的一面大旗，作为抗战老区的山西创造性地进行了新民主主义的政治、经济和文化建设。1940年的北方局黎城会议标志着山西各根据地进入全面建设时期，会议部署了巩固根据地的建党、建军、建政三大任务。以邓小平为代表的一批党的高级干部，全面领导山西敌后抗日民主根据地的各项工作，积累了丰富的经验。战争伟力最深厚的根源存在于民众之中，走群众路线是敌后抗日根据地实施民主政治的主要模式。党在山西动员群众、组织群众、依靠群众、相信群众、服务群众，奠定了不同于国统区片面抗战和独裁统治的全面抗战方针，极大地丰富了党的群众路线理论和民主政治范畴。统一战线是贯彻民主政治的一大法宝。山西各根据地抗日民主政权实行“三三制”政策，即在各级政权中，共产党员、左派民主人士和其他抗日分子各占三分之一。各地由村民直接选举村长和人民代表，陆续召开了参议会。在“豆选”这种淳朴

的选举方式中，从未行使过选举权力的庄稼汉第一次投下了神圣的一票。邓小平在《党与抗日民主政权》一文中指出，“三三制”政权的实质就是团结一切抗日力量，实施民主政治。减租减息是动员民众的一个关键环节，党在根据地广泛开展的减租减息运动深得民心，解决了抗战环境之下的农民土地问题。精兵简政是减轻人民负担、解决“鱼大水少”矛盾的必要措施。在领导机关驻扎较多较集中的太行区，精兵简政工作受到毛泽东和党中央的表彰。

根据地在敌后极端困难的条件下得以坚持，经济战线的斗争功不可没。邓小平指出：“敌后的经济战线，包含了两个不能分离的环节，一是对敌展开经济斗争，一是在根据地展开经济建设。”山西敌后根据地建立了自己的银行，发行自己的货币，实行贸易统制，俨然新民主主义的经济雏形。结合抗灾自救，根据地开展了大生产运动，发展互助合作的经济模式。1944 年 4 月 1 日，在左权县麻田，八路军前方总部颁布《滕杨方案》，正确处理了生产和分配、集体和个人的关系，调动了干部和群众的生产积极性，推动了部队和机关的生产运动。

山西各敌后抗日根据地吸引了全国成千上万的知识青年和文化名人，投身于抗日洪流，创作出一大批鼓舞民族斗志、记录烽火岁月的文艺作品，与沦陷区的殖民文化和国统区的封建文化截然相反，塑造了中国新民主主义文化的一代新风，诞生了民族的、科学的、大众的山西抗战文化，形成独具特色的“山药蛋流派”，为中国红色文化的洪钟大吕谱写了璀璨的乐章。

2. 山西培育了高素质的党员队伍

党是创建敌后抗日根据地的领导核心。为适应战争环境，各方面力量在工作能够达到的地方，分头开展建党工作。随着党员人数的壮大，各地区党组织开展了巩固和纯洁组织的工作，从思想上建党。党在敌后抗战中的领导作用，要求根据地的全体党员提高马克思主义水平，实现党内思想上、政治上和行动上的高度一致。从 1942 年到 1945 年，山西各根据地党组织普遍开展了整风运动。在整风运动中，晋绥、北岳、太行、太岳分别成立了以林枫、刘澜涛、李雪峰、薄一波为首的学习委员会，领导干部主要集中在党校学习，一般党员大都在各地办的整风学习班学习，并在群众中进行时事教育。由党员干部充当教师，以提高群众政治、文化水平为己任的冬学遍及根据地的山庄窝铺。全党在马克思主义原则上的团结一致，奠定了夺取抗战胜利的思想基础。

在领导干部集中整风的同时，山西各根据地农村党员积极响应毛泽东“组织起来”的号召，致力于改造农村面貌。平顺县西沟村共产党员李顺达建立了太行区第一个互助组；兴县白家沟村党支部书记贾宝执办起晋绥边区第一个农业生产合作社。“一手拿锄，一手拿枪”。宁武县新屯堡共产党员、民兵队长张初元成为根据地劳武结合的楷模。随着一批批生产和战斗英雄的涌现，山西各根据地召开群英大会，极大地鼓舞了广大军民杀敌、生产的积极性。随着抗战形势的好转，各根据地党组织加强了敌占城市和交通线的工作，通过各种渠道，向太原、大同等城市派遣秘密党员，这些秘密党员成为接管城市工作的骨干。抗战胜利前夕，全省党员人数已达到 15 万。

3. 英雄的山西军民用鲜血浇铸了不朽的抗日丰碑

在艰苦卓绝的抗日战争中，山西军民付出了巨大的牺牲，铸就了不怕牺牲、敢于胜利、艰苦奋斗、无私奉献的太行精神，强有力地推动了中华民族的独立和解放事业的胜利发展，成为中国共产党和中华民族抗战精神的伟大象征。我们耳熟能详的许多抗日英烈就是牺牲在山西战场，八路军副总参谋长左权、八路军七七二团团长叶成焕、中共中央北方局秘书长张友清、归国华侨女英雄李林、朝鲜义勇队华北支队政委陈光华等一大批抗日英雄，血染黄土高原，魂归三晋大地。全面抗战时期，以山西为中心的晋察冀、晋绥、晋冀鲁豫抗日根据地军民歼灭日伪军 66 万人，其中仅在山西境内由八路军主力和各地地方武装及民兵进行的 70 次著名战役战斗中，就歼灭日军近 7 万人，占侵入华北日军总数 22 万人的 31.8%。八路军 3 个主力师由战争开始时的 3 万余人发展到百万大军；上述 3 个根据地民兵发展到 110 万人。同时，山西人民做出了巨大牺牲。抗战时期，在山西各种惨案中伤亡的群众与国共两军中伤亡的抗日将士之和达 300 万人。日本华北方面军司令官冈村宁次被山西抗日军民的民族气节所震慑，骇然感叹："肃清八路军非短期所能奏效。"1943

年6月日本中国派遣军司令部接到华北方面军报告："从今年1月到5月与共产军交战次数为5524次之多。……敌大半为中共军。与蒋军相反，在本年交战1.5万次中，和中共的作战占七成五。在交战的200万敌军中，半数以上也都是中共军。在我方所收容的19.9万具敌遗体中，中共军也占半数。但与此相比较，在我所收容的7.5万俘虏中，中共军所占的比例则只占一成五。这一方面暴露了重庆军的劣弱性，同时也说明了中共军交战意识的昂扬。……只有对于为华北致命伤的中共军的灭绝性作战，才是华北皇军今后的重要使命。"

江山如此多娇，引无数英雄竞折腰。新四军代军长陈毅在《过太行山抒怀》诗中咏叹道："山西在怀抱，河北置左肩，山东收眼底，河南示鼻端。长城大漠作后殿，提携捧负依陕甘。更有人和胜天时，地利攻守相攸关。创业不拔赖基地，我过太行梦魂安。"抗日战争中的山西就是那个让中国人民梦魂安详的地方。纵观山西在全国抗战中的地位和作用，我们可以看出，山西是八路军敌后抗日的战略支点和主要战场，是打败日本侵略者的战略基地，山西为民族独立和人民解放做出了卓越的贡献。

作者简介

巨文辉，男，山西省档案馆一级巡视员、研究员，研究方向为中共党史、山西地方史。

图书在版编目（CIP）数据

表里山河十五讲 / 李广洁主编 . — 太原 : 山西科学技术出版社 , 2023.8

ISBN 978-7-5377-6273-1

Ⅰ . ①表… Ⅱ . ①李… Ⅲ . ①地理学—普及读物 Ⅳ . ① K90-49

中国国家版本馆 CIP 数据核字（2023）第 088323 号

表里山河十五讲
BIAOLI SHANHE SHIWU JIANG

主　　编：李广洁
出 版 人：阎文凯
策划编辑：谢一兵
责任编辑：樊玉婷　张东黎
装帧设计：王利锋
出版发行：山西出版传媒集团 · 山西科学技术出版社
地　　址：太原市建设南路 21 号　邮编：030012
编辑部电话：0351—4922063
发行部电话：0351—4922121
经　　销：各地新华书店
印　　刷：山西人民印刷有限责任公司

开　　本：787mm × 1092mm　1/32
印　　张：10.5
字　　数：200 千字
版　　次：2023 年 8 月第 1 版
印　　次：2023 年 8 月山西第 1 次印刷
书　　号：978-7-5377-6273-1
审 图 号：晋 S（2021）005 号
定　　价：48.00 元

版权所有 · 侵权必究
如发现印装质量问题，影响阅读，请与我社发行部联系调换。

[illegible]（CIP）数据

[illegible]

[illegible]

[illegible]出版社[illegible]

[illegible]